国有财产保护公益诉讼制度研究

GUOYOU CAICHAN BAOHU GONGYI SUSONG ZHIDU YANJIU

潘牧天◎等著

中国政法大学出版社

2024·北京

图书在版编目（ＣＩＰ）数据

国有财产保护公益诉讼制度研究 ／ 潘牧天等著. -- 北京 ： 中国政法大学出版社，2024.
7. -- ISBN 978-7-5764-1679-4

Ⅰ. D922.291.04

中国国家版本馆 CIP 数据核字第 2024FU0934 号

出 版 者	中国政法大学出版社
地　　　址	北京市海淀区西土城路 25 号
邮寄地址	北京 100088 信箱 8034 分箱　邮编 100088
网　　　址	http://www.cuplpress.com (网络实名：中国政法大学出版社)
电　　　话	010-58908285(总编室) 58908433（编辑部）58908334(邮购部)
承　　　印	固安华明印业有限公司
开　　　本	720mm×960mm　1/16
印　　　张	14.75
字　　　数	250 千字
版　　　次	2024 年 7 月第 1 版
印　　　次	2024 年 7 月第 1 次印刷
定　　　价	69.00 元

上海政法学院学术著作编审委员会

总 序

四秩芳华，似锦繁花。幸蒙改革开放的春风，上海政法学院与时代同进步，与法治同发展。如今，这所佘山北麓的高等政法学府正以稳健铿锵的步伐在新时代新征程上砥砺奋进。建校 40 年来，学校始终坚持"立足政法、服务上海、面向全国、放眼世界"的办学理念，秉承"刻苦求实、开拓创新"的校训精神，走"以需育特、以特促强"的创新发展之路，努力培养德法兼修、全面发展，具有宽厚基础、实践能力、创新思维和全球视野的高素质复合型应用型人才。四十载初心如磐，奋楫笃行，上海政法学院在中国特色社会主义法治建设的征程中书写了浓墨重彩的一笔。

上政之四十载，是蓬勃发展之四十载。全体上政人同心同德，上下协力，实现了办学规模、办学层次和办学水平的飞跃。步入新时代，实现新突破，上政始终以敢于争先的勇气奋力向前，学校不仅是全国为数不多获批教育部、司法部法律硕士（涉外律师）培养项目和法律硕士（国际仲裁）培养项目的高校之一；法学学科亦在"2022 软科中国最好学科排名"中跻身全国前列（前 9%）；监狱学、社区矫正专业更是在"2023 软科中国大学专业排名"中获评 A+，位居全国第一。

上政之四十载，是立德树人之四十载。四十年春风化雨、桃李芬芳。莘莘学子在上政校园勤学苦读，修身博识，尽显青春风采。走出上政校门，他们用出色的表现展示上政形象，和千千万万普通劳动者一起，绘就了社会主义现代化国家建设新征程上的绚丽风景。须臾之间，日积月累，学校的办学成效赢得了上政学子的认同。根据 2023 软科中国大学生满意度调查结果，在本科生关注前 20 的项目上，上政 9 次上榜，位居全国同类高校首位。

上政之四十载，是胸怀家国之四十载。学校始终坚持以服务国家和社会需要为己任，锐意进取，勇担使命。我们不会忘记，2013 年 9 月 13 日，习近平主席在上海合作组织比什凯克峰会上宣布，"中方将在上海政法学院设立中国-上海合作组织国际司法交流合作培训基地，愿意利用这一平台为其他成员国培训司法人才。"十余年间，学校依托中国-上合基地，推动上合组织国家司法、执法和人文交流，为服务国家安全和外交战略、维护地区和平稳定作出上政贡献，为推进国家治理体系和治理能力现代化提供上政智慧。

历经四十载开拓奋进，学校学科门类从单一性向多元化发展，形成了以法学为主干，多学科协调发展之学科体系，学科布局日益完善，学科交叉日趋合理。历史坚定信仰，岁月见证初心。建校四十周年系列丛书的出版，不仅是上政教师展现其学术风采、阐述其学术思想的集体亮相，更是彰显上政四十年发展历程的学术标识。

著名教育家梅贻琦先生曾言，"所谓大学者，有大师之谓也，非谓有大楼之谓也。"在过去的四十年里，一代代上政人勤学不辍、笃行不息，传递教书育人、著书立说的接力棒。讲台上，他们是传道授业解惑的师者；书桌前，他们是理论研究创新的学者。《礼记·大学》曰："古之欲明明德于天下者，先治其国"。本系列丛书充分体现了上政学人想国家之所想的高度责任心与使命感，体现了上政学人把自己植根于国家、把事业做到人民心中、把论文写在祖国大地上的学术品格。激扬文字间，不同的观点和理论如繁星、似皓月，各自独立，又相互辉映，形成了一幅波澜壮阔的学术画卷。

吾辈之源，无悠长之水；校园之草，亦仅绿数十载。然四十载青葱岁月光阴荏苒。其间，上政人品尝过成功的甘甜，也品味过挫折的苦涩。展望未来，如何把握历史机遇，实现新的跨越，将上海政法学院建成具有鲜明政法特色的一流应用型大学，为国家的法治建设和繁荣富强作出新的贡献，是所有上政人努力的目标和方向。

四十年，上政人竖起了一方里程碑。未来的事业，依然任重道远。今天，借建校四十周年之际，将著书立说作为上政一个阶段之学术结晶，是为了激励上政学人在学术追求上续写新的篇章，亦是为了激励全体上政人为学校的发展事业共创新的辉煌。

党委书记　葛卫华教授

校　　长　刘晓红教授

2024 年 1 月 16 日

序 言 / PREFACE

对国有财产的科学管理与充分保护，对于避免国有财产流失，保障国有财产的保值增值，实现国有企业可持续发展，促进社会和谐稳定，推动经济社会高质量发展具有举足轻重的作用。2020年，习近平总书记在中央全面依法治国工作会议上指出，"要继续完善公益诉讼制度，有效维护社会公共利益"。党的二十大报告在构建高水平社会主义市场经济体制和增进民生福祉方面也作出一系列重大部署。党的二十大报告专门强调，"加强检察机关法律监督工作""完善公益诉讼制度"。这是突出以人民为中心，彰显人民立场价值导向，打造中国特色法治话语，实现"中国式现代化"的重要战略举措。这不仅对法学理论研究者们赋予了一份重大的政治责任与历史使命，也对检察机关在公益诉讼领域如何更好发挥职能作用提出了更高要求，寄予了更高期待。

当前，从立法与司法的现实状况看，我国国有财产保护领域只有行政公益诉讼，民事公益诉讼作用还未得以发挥和体现。学术界和实务界普遍认可的理由是，根据《中华人民共和国民事诉讼法》第58条规定，只有针对特定损害社会公共利益的行为才能提起民事公益诉讼，保护国有财产属于维护国家利益，国家利益有别于社会公共利益，故不能提起民事公益诉讼。然而，笔者认为，在国有财产保护领域，保护的方式与方法的运用，途径与手段的选择，均须与时俱进。这方面，深化学理研究，关注检察公益诉讼立法，学界和实务界均责无旁贷。

对理论研究者而言，应该树立的理念是，对国有财产的充分保护，不应仅仅以社会公共利益与国家利益为基础划定民事公益诉讼与行政公益诉讼的界限。国有财产保护既需要行政公益诉讼也需要民事公益诉讼。国有财产受损后提起民事公益诉讼既有法理基础又有实体法依据。虽然我国公益诉讼制度起步较晚，相关理论研究还不够充分，但从我国国有财产保护的实践需求与经验积累上看，将民事公益诉讼制度引入国有财产保护的公益诉讼领域，既与公益诉讼制度固有的价值追求与理论内涵相一致，也具有现实可行的操作空间。国有财产保护需要民事公益诉讼，立法应根据实践发展需要进行完善。理论研究者有责任对这一重大课题开展深度研究，予以周密论证，审慎考量并努力探索一条制定我国"检察公益诉讼法"的科学路径，进而将检察公益诉讼作为推进国家治理体系和治理能力现代化的重要手段，让"检察公益诉讼法"成为治国安邦之利器。

对检察机关而言，保护国有财产是检察机关履行法律监督职责的重要内容之一。国有财产保护能否提起民事公益诉讼，这是检察办案人员在当前司法实践中最为关注的一个问题。各级检察机关应坚守新一届最高检党组提出的检察工作要遵循"求真务实、真抓实干"精神。作为检察工作当中的重要一环，国有财产保护检察公益诉讼尤其需要坚持目标导向和问题导向，在遵循司法规律和立足公益诉讼检察职能定位的前提下，积极探索国有财产保护检察公益诉讼领域检察履职方式的实践创新，充分发挥检察监督职能，加大国有财产保护、国有土地使用权出让等重点领域公益诉讼案件办理力度，积极探索有效路径，引入民事公益诉讼办案工作的体制机制，当好国有财产"看护人"，管好用好国有财产，更好地全面维护国家利益和社会公共利益。

对公民个人而言，在法治社会，每个人都应该培养并树立维护国有财产安全、保护国有财产不受侵害的法律意识，这不仅是对国家资源的保护，更是对社会正义的维护。公益诉讼制度的完善是法治国家不断进步的标志。改革开放以来，随着我国经济的高速发展，国有财产得到了快速增长，规模不断扩大，但国有财产流失问题却十分突出，俨然成为亟待解决的棘手问题，也是广大人民群众所关注的焦点问题。

从我国检察公益诉讼的理论研究与司法实践角度看，国有财产保护公益诉讼作为检察公益诉讼的重点领域，司法实践中亟需破解的难题较多，但理论研究远落后于实践发展，目前相关理论成果并不多，已有文献虽对国有财产保护公益诉讼制度进行了有益的探索，但总体来看，虽有其形却难求其实。基于这一思考，笔者以独特的创新视角，在对相关法学理论的深入研究的基础上，结合检察公益诉讼在国有财产保护领域的诸多有益的实践探索，对这一问题加以深入研究、系统阐述，形成了《国有财产保护公益诉讼制度研究》这一著作。

　　本书作者秉承对国有财产保护的高度责任感和积极探究精神，立足于我国检察机关办理公益诉讼案件过程中遇到的难题和挑战，从法律规则的内在逻辑、司法实践的深刻洞察和对现有法律制度的批判性思考等方面深入剖析了我国在保护国有财产方面存在的问题，并借鉴国际经验，寻求破解困境的有效路径和突破点，力图构建一个更加完善、高效、符合国情的国有财产保护公益诉讼制度。书中对国有财产保护公益诉讼的价值、功能、运行机制以及案例评析等各个方面进行了系统研究，全面介绍了公益诉讼的理论基础和实践应用，通过融合理论分析和案例研究，确保理论与实际的紧密结合，既有深度也有广度。特别是从我国国有财产保护的实践需求与经验积累上，将民事公益诉讼制度引入国有财产保护的公益诉讼领域，这既是一种开拓性的制度设计，又极大丰富了相关理论研究。

　　可以说，本著作当属国内第一部就国有财产保护领域的公益诉讼制度问题进行系统研究与深刻阐述的学术著作。本书的出版，一定程度上填补了学界在这一领域的研究空白，期望对理论界和实务界有所启迪和裨益。希望该研究成果不仅能为相关政策制定者提供理论指导和实践参考，还能增强公众对国有财产管理和保护的意识，从而推动社会各界形成更加积极的对话和合作，共同促进国有财产的保值增值。期待着这部著作会激发更多的学术讨论和思想碰撞，推动我国公益诉讼制度体系的不断完善和进步，尤其希望能够在推动我国"检察公益诉讼法"的制定层面产生积极的启迪与推动作用。同时，也希望越来越多的人参与到国有财产保护的实际行动中来，汇集民智，保护好、利用好国有财产，为实现中华民族的伟大复兴做出我们每一个人应有的贡献。

　　当然，本书缺点错误在所难免，敬请大家批评指正！

潘牧天

2023 年 11 月 30 日于上海政法学院

目 录 CONTENTS

国有财产的宪法地位及其法律保护

第一节　国有财产的概念和分类

一、国有财产的概念界定与辨析

（一）国有财产的概念界定

财产不仅是人类重要的物质财富，也是人类政治和社会生活中的关键要素，不论在何种政治体系下，它都具有重大的影响力。在资本主义社会，财产塑造了经济结构和社会等级。在社会主义体系下，尽管表现形式不同，但财产同样在经济和社会结构中占据显著地位。资产阶级启蒙思想家将财产权与生命权和追求幸福的权利一并作为天赋人权不可转让和剥夺的"自然权利"体系。[1] 而财产权从其产生时就分裂为公有财产权和私有财产权。[2] 也就是说，公有财产是财产权一出现时就分裂出的一种类型，而国有财产则是公有财产进一步发展的结果，是伴随着国家的产生而产生的。由于政治经济制度以及法律文化上的差异，不同法系的国家对于"国有财产"的概念使用与范围都不尽相同。

大陆法系的国家通常使用"国有财产"的概念，如法国和日本。在法国，虽然有将国有财产区分为"国家公产"和"国家私产"的历史传统，但随着

---

〔1〕　参见李龙主编：《西方法学名著提要》，江西人民出版社 2000 年版，第 93 页。
〔2〕　参见唐清利、何真：《财产权与宪法的演进》，法律出版社 2010 年版，第 45 页。

法国《国有财产法典》的出台与修改，国有财产的概念与范围逐步明确和统一。根据 1962 年法国《国有财产法典》规定，国有财产是指包括一切应归属于国家的各种动产、不动产及其之上的权利，并将之区分为国家公用财产与国有非公用财产。国家或国家公共机构所有的作办公室用的不动产，属于这些公法人的非公用财产；在天然构成上，与其他公用财产不可分割的除外。[1] 2006 年法国《公法人财产总法典》又将"国有财产"定义为属于国家、地方当局及其团体、公共机构的动产或不动产和权利，以及属于其他公众的动产或不动产性质的财产和权利。[2] 在日本，国有财产与公有财产是两种不同的财产类型，国有财产是指中央政府所有的财产，而地方政府（都道府县和市町村）所有的财产则被称为公有财产（又称地方财产）。按照日本现行《国有财产法》规定，国有财产是根据法律规定的由国家负担的国有财产，或根据法令规定赠与而成为国有的财产，包括有经济价值的所有有形物和无形物的财产以及相应的财产权两方面。[3] 在德国，主要使用"公共财产"的概念，并进一步按照中央和地方政府的两级差异区分公共财产，联邦政府财产被称为"国有财产"，而州及市镇政府拥有的财产则被称为地方财产。其中"国有财产"又分为"国家公产"和"国家私产"，国家公产主要包括铁路、水电、市政交通等关系到国计民生的基础产业资产；国家私产主要包括国有企业资产、少量联邦不动产等。[4]

英美法系的国家又各具特色，同为英美法系国家，英美两国使用的概念也有所差异。美国使用"政府财产"概念，对国有财产的理解和定义就是指联邦政府财产，包括联邦、州和市镇政府所有的财产，主要由政府的行政财产（如政府使用的房地产和公务车等）、政府所有的土地及其附属资源以及政府投资设立的政府企业所有资产等部分构成。在英国，王室财产和中央政府财产被称为"国有财产"，但由于受大陆法系的影响，存在类似于国家公产与私产的划分，根据英国法律国有财产分为国有商业性财产与国有非商业性财产，对于国有非商业性财产主要依靠行政法或相关部门规章等公法来规制，不适用私法调整；而国有商业性财产则受私法的规制，在市场交易中与私有

---

〔1〕 参见梁慧星主编：《民商法论丛》（第36卷），法律出版社2006年版，第32页。
〔2〕 参见谭静等：《国有资产立法的国际比较研究》，载《财政科学》2023年第4期。
〔3〕 参见谭静等：《国有资产立法的国际比较研究》，载《财政科学》2023年第4期。
〔4〕 参见谭静等：《国有资产立法的国际比较研究》，载《财政科学》2023年第4期。

财产同等对待。[1]

在我国,《中华人民共和国物权法》(以下简称《物权法》)第一次使用"国有财产"的概念,第45条规定,"法律规定属于国家所有的财产,属于国家所有即全民所有。国有财产由国务院代表国家行使所有权,法律另有规定的,依照其规定。"并在其第46条至第52条列举了矿产、水流、海域、土地、自然资源、野生动植物资源、无线电频谱资源、文物、国防资产和基础设施等法律规定属于国家所有的财产。根据这些规定上述列举的财产专属于国家并被给予特殊的保护。那么,国家出资的企业是否为国有财产呢?《物权法》第55条则采用了另一种表述,"国家出资的企业,由国务院、地方人民政府依照法律、行政法规规定分别代表国家履行出资人职责,享有出资人权益"。可见,对于国家出资的企业,《物权法》是从尊重资本的增值性、市场竞争性以及流动性的角度将其与第46条到第52条列举的国家专属财产有意区分开来,这种表述上的差异只能得出国家出资的企业不像上述专属财产那样受到特殊保护,并不意味着国家出资的企业不在"国有财产"保护的范围之内。不过《物权法》也只是就国有财产的谱系作了划分,并未给出何谓"国有财产"的规范性定义。何谓"国有财产"?在公益诉讼检察实务中,官方定义为国有财产,是指宪法和法律规定属于国家所有的国有资源、国有资金、物权、债权、股权和其他财产性权益。[2]上述对国有财产的定义在实践中具有重要的指导作用,但过于模糊笼统,也未解释国有财产的内涵和外延。我们认为,我国国有财产的概念应具备更多的特质,并依此采相应原则以建立完整的保护体系。

首先,国有财产应当是"物"和"权利"的有机统一。何谓财产?财产是每个人所必备的最起码的物质生存条件。[3]马克思则认为,财产是人类社会重要的现象,财产不仅是人对物的关系,还体现着一定的生产关系和社会关系。关于财产的内涵,有三种学说:一为"物说",认为财产即"物",主要指有形物,也包括无形物,无形物包含权利。大陆法系国家的立法实践体现了"财产即物"的原则。二为"权利说",认为财产不是指作为对象的物质客体本身,而是一种或一组权利,不是指人与物之间的关系,而是人与人

〔1〕　参见谭静等:《国有资产立法的国际比较研究》,载《财政科学》2023年第4期。
〔2〕　参见张雪樵、万春主编:《公益诉讼检察业务》,中国检察出版社2022年版,第240~242页。
〔3〕　参见尹田:《再论"无财产即无人格"》,载《法学》2005年第2期。

之间的关系。英美法系是这种观点的代表。三为"混合说",认为财产不仅包括"物"而且包括"权利",是作为财产客体的"物"与作为财产内容的"权利"的统一。[1]混合说较全面地概括了财产的内涵,与马克思辩证唯物主义认识相一致,故我国学者多数接受该观点。本课题组认为,国有财产属于财产,应当具有财产的本质特征,其表现形式是"物",实质内容是"权利"。

其次,国有财产是国家"应有的"财产。"应有"有两层含义,一是应当有且实际上也拥有,另一是应当有但由于某种原因实际上未拥有。根据法律规定,矿藏、水流、海域、城市的土地、无居民海岛、国防资产和无线电频谱资源等专属于国家所有,对于这些财产来说,一般情况下"应有"就是"实有"。但是,实践中大量存在国家对某些财产应当拥有而实际上未拥有的情况,此时财产作为"物"国家不拥有,但是财产作为"权利"国家是拥有的。需要注意的是,"应有"与"曾有"、"将有"不同,"应有"代表一种权利和义务关系,而"曾有"或"将有"只是与"现有"不同的一种事实状态。如国家因政策扶持和社会保障依法支出的资金,已经支出后就不再属于国有所有的"物",但是相关资金若是违法支出,那么应当作为国有财产予以追回。

最后,国有财产取得方式不一定是"法律规定"。《中华人民共和国民法典》(以下简称《民法典》)第246条第1款规定,法律规定属于国家所有的财产,属于国家所有即全民所有。据此,有观点认为所有国有财产的取得都必须要有法律规定。其实不然,国有财产种类很多,法律规定的只是部分国有财产,这些国有财产因地位极其重要,所以法律明确进行规定[2]。根据民法原理,物权法定原则是指物权的种类和内容需要有法律规定,不是指所有物权取得都是依据法律规定。财产所有权取得方式有原始取得和继受取得两种,"法律规定"只是国有财产原始取得的一种情形,国有财产原始取得方式还有征收、税费、处罚等多种情况。另外,有些国有财产还可以通过民事

---

〔1〕 参见闫何清:《财产、制度与人——关于财产问题的哲学研究》,中共中央党校 2011 年博士学位论文。

〔2〕 根据《中华人民共和国宪法》第 9 条和第 10 条、《民法典》第 247~257 条以及相关资源法的规定,一切矿藏、水流、海域、城市的土地、无居民海岛、国防资产、无线电频谱资源等都属于国家所有,法律规定属于国家所有的农村和城市郊区的土地、野生动植物资源、文物、铁路、公路、电力设施、电信设施和油气管道等基础设施和除法律规定属于集体所有的森林、山岭、草原、荒地、滩涂等自然资源也属于国家所有。

法律行为而继受取得。

综上，在我国，所谓国有财产是指应归属于国家的一切有形物、无形物及其之上的权利，凡不属于私有或地方所有，除法律另有规定外，均为国有财产。

（二）国有财产与相关概念的辨析

理解国有财产的内涵和外延，还需要与相关概念进行辨析和区分。

1. 国有财产不等同于国有资产。日常生活中人们习惯于称国有财产为国有资产，其实两者有一定的区别。与国有资产（"State-owned Assets"）相比而言"国有财产"（"State-owned Property"）更符合法律概念的特征。一般来说，资产能够带来经济效益，通常用于企业活动中；财产是指可以使用和支配的物质财富，其应用范围更为宽泛。资产表达的是客体与客体之间的区别，其本质上是一个经济范畴；财产所揭示的是财产对主体的有用性和主体对财产的支配关系，其本质上是一个法律范畴。[1]值得注意的是，2015 年全国人大常委会授权最高人民检察院开展公益诉讼试点工作时规定检察机关可以在"国有资产"领域提起公益诉讼，2017 年《中华人民共和国行政诉讼法》（以下简称《行政诉讼法》）修改正式确立我国行政公益诉讼制度时将"国有资产"改成了"国有财产"，一字之差，意义深远。

2. 国有财产与国有资源有别。国有财产有时也被称为国有资源，其实国有资源只是国有财产的一种。资源包括自然资源和社会资源两类，国有资源通常是指国有自然资源。资产与资源既有区别也有联系。一种自然物质，惟有能够为人类开发利用才属于"自然资源"；惟有能够为人类稳定开展且具有经济价值、成为经济活动的对象才构成"自然资源资产"，才有进入财产法秩序之可能。[2]为纾解现有自然资源耗竭性开发及一系列环境问题，促进自然资源的永续使用，我国正在开展自然资源资产核算工作。学界认为将符合条件的自然资源视为资产进行保护和利用是中国资源管理的创举，意义重大。[3]

---

〔1〕　参见郑显华、周家才：《论在立法中用"国有财产"取代"国有资产"的必要性》，载《前沿》2011 年第 8 期。

〔2〕　参见程雪阳：《国有自然资源资产产权行使机制的完善》，载《法学研究》2018 年第 6 期。

〔3〕　参见郭韦杉等：《自然资源资产核算：概念辨析及核算框架设计》，载《中国人口·资源与环境》2021 年第 11 期。

3. 国有财产与公共财产有别。《中华人民共和国宪法》（以下简称《宪法》）第 12 条规定："社会主义的公共财产神圣不可侵犯。国家保护社会主义的公共财产。禁止任何组织或者个人用任何手段侵占或者破坏国家的和集体的财产。"根据上述规定，公共财产概念的外延应当大于国有财产，公共财产包括国家财产和集体财产。但是在财税法领域，依据"预算信托"理论，公共财产只是国有财产的一种[1]。从财产所有权的角度来定义，公共财产是指那些属于公有制的财产，即是指国民财产中不属于个人所有的国民财产；从财产职能属性来定义，公共财产是指提供公共产品或服务的财产，它是提供私人产品或服务的财产的对称。[2]

4. 国有财产与公共资金有别。公共资金是指通过税、利、费、债方式筹集和分配的资金，可分为公共财政资金和社会公共资金两类。根据《中华人民共和国预算法》（以下简称《预算法》）、《中华人民共和国审计法》（以下简称《审计法》）等法律规定，公共财政资金作为国有财产又可以分为纳入预算管理的资金和未纳入预算管理的资金两大类，包括国家税收、行政事业性收费、国有资源和国有资产收入、应当上缴的国有资本经营收益、政府举借债务筹措的资金等。公共资金的表现形式是货币资产，这一点与其他国有财产容易分别，实践中比较难以辨别的是社会公共资金中哪些属于国有财产。如养老保险基金中既有国家财政补贴又有单位、个人上缴的资金等，能否因该基金中有国家投入的资金或因为是国家管理运营而视其为国有财产加以保护是值得关注的问题。

5. 国有财产与公众共用物不同。所谓公众共用物，是指公众可以自由、直接、非排他性享用的东西，通俗理解就是每一个老百姓不经其他人（包括政府、组织、单位和个人）批准或许可，也不需要额外花钱而可以自由地、直接地、非排他性使用的东西。公众共用物具有重要的意义和作用，它是人们生存发展、相互交往、人与自然交往的基本条件和物质基础，是经济社会发展的物质基础和物质源泉，是市场经济和商品贸易存在与发展的基本条件

---

〔1〕 公共财产是财税法的研究重点。相关观点可参见吴凌畅：《从"公共财产"到"公共财产法"——以财税法学科研究定位为视角》，载《财经法学》2017 年第 1 期。

〔2〕 参见吴凌畅：《从"公共财产"到"公共财产法"——以财税法学科研究定位为视角》，载《财经法学》2017 年第 1 期。

和场所。[1]显然，公众公用物中很多不属于国有财产，如自然环境。

二、国有财产的理论分类

传统大陆法系国家根据国有财产用途不同，将国有财产分为国家公产和国家私产，并把国家公产分为公用公产和公务公产。公用公产指供一般公众使用的国家财产，公务公产指为公众服务的目的而由政府机构使用的国家财产，国家私产是指国家机构为了自己的需求而拥有的财产。有学者提出，借鉴大陆法系的国家公产和私产理论，根据国有财产的实际用途不同，可以将其分为两类：一类是作为生产资料的国有财产，即国家私产，这类国有财产国家行使收益权，服务于国库收入最大化的目的，可以进入市场流通；另一类是作为生活资料的国有财产，即国有公物，包括公用公物和独占使用公物两种。前者服务于所有公民的基本权利保障，如公路、公园、公厕、公共图书馆等，后者服务于单个公民基本权利的保障，如住宅用地、殡葬用地等。[2]还有学者主张，从国有财产对实践生活的功效出发，将其区分为生活生存所需的国有财产、生产经营所需的国有财产、生态环境保护所需的国有财产和文化传统保存所需的国有财产四大类；生活生存所需的国有财产处于使用的第一梯度，生产经营所需的国有财产对国民经济发展具有举足轻重的作用，生态环境保护所需的国有财产是可持续发展的必要源泉，文化传统保存所需的国有财产负载着深厚的文化传承使命。[3]

在公益诉讼检察实务中，通常认为国有财产主要分为以下五种类型：一是依据宪法和法律规定取得的应属于国家所有的财产，包括经营性国有资产、行政事业性国有资产、资源类国有财产和其他类国有财产四种。经营性国有资产也称企业国有资产，是指国家作为出资者，在企业依法拥有的资本及其权益。行政事业性国有资产，是指行政事业单位占有、使用的，在法律上确认为国家所有、能以货币计量的各种经济资源的总和。资源类国有财产包括矿藏、水流、海域、无居民海岛、国防资产、无线电频谱资源和法律规定的自然资源、野生动植物资源、文物、基础设施等。二是基于国家行政权力行

---

[1] 参见蔡守秋：《公众共用物的治理模式》，载《现代法学》2017年第3期。

[2] 参见肖泽晟.：《论国家所有权与行政权的关系》，载《中国法学》2016年第6期。

[3] 参见莫静：《宪法上国有财产之使用规则的定性研究》，载《理论与改革》2016年第4期。

使而取得的应属于国家所有的财产，包括税务机关或海关通过行使征税权而取得的税收类国有财产，有关行政主体根据法律法规规章或行政命令就特定的自然资源、基础设施或公共服务等收取费用而形成的费用性国有财产，和行政机关对违法行为人作出罚款、没收违法所得等行政处罚决定而形成的罚没类国有财产。三是国家因政策扶持和社会保障等支出的各项资金，包括财政补贴类国有财产和社会保障类国有财产两种，前者指企业或个人在符合相关标准前提下从政府无偿取得的财产，后者指国家通过收入再分配保证无收入、低收入以及遭受各种意外灾害的公民能够维持生存，保障劳动者在年老、失业、患病、工伤、生育时的基本生活不受影响而支出的国有财产。四是由国家已有资产的收益所形成的应属于国家所有的财产，如将国有房屋、土地进行出租收取的租金等。五是其他类型国有财产，如遗失物、漂流物、埋藏物等。

对于上述分类笔者认为，传统大陆法系国家将国有财产分为公产和私产的分类虽有一定的理论基础，但不完全符合我国的基本国情。将国有财产区分为生产资料和生活资料两大类，尝试划定社会主义市场经济中可以进入市场交易的国有财产使用权的范围，这有一定的指导意义。而将国有财产区分为生活生存所需类、生产经营所需类、生态环境保护所需类和文化传统保存所需类四种，强调了生态环境和文化传统保护的重要性，但理论基础需要论证。实务中将国有财产分为依据宪法和法律规定取得的、基于国家行政权力行使而取得的、国家因政策扶持和社会保障等支出的、由国家已有资产的收益所形成的以及其他五种类型，实践指导性强，但理论依据不够充分。

分类是人类认知事物的基本方法，科学分类的标准是全面和不重复，分类要遵循同一性原则和互斥性原则，即分类时要按照同一标准，分类后的每个子项应当互不形容。遵循以上原则，笔者认为，根据标准不同，可以将国有财产进行如下分类：一是根据国有财产的表现形式不同，可以将其分为实物类国有财产和权利类国有财产两种，前者如国有资源、资金等实物，后者如债权、股权等财产性权益；二是根据国有财产的占有主体不同，可以将其分为国有单位占有的国有财产和非国有单位占有的国有财产两种类型；三是根据国有财产的取得方式不同，可以将其分为依据法律规定或公权力行使而取得的国有财产和非依据法律规定或公权力行使而取得的国有财产两种类型。

第二节 国有财产的地位和作用

一、国有财产的宪法地位

无论是资本主义社会还是社会主义社会，无论近代抑或现代，财产一直都是人类政治和社会生活不可回避的事实存在，甚至被认为是政治发展的一项源动力。社会主义国家始终以国有财产为立国基础，国有财产也成为发挥社会主义优越性、实现社会主义目标的重要基础。我国宪法规定了国有财产的重要作用以及发挥作用的具体形式，形成了我国特殊的社会主义经济制度和经济形式。

我国《宪法》第6条规定："中华人民共和国的社会主义经济制度的基础是生产资料的社会主义公有制，即全民所有制和劳动群众集体所有制。社会主义公有制消灭人剥削人的制度，实行各尽所能、按劳分配的原则。国家在社会主义初级阶段，坚持公有制为主体、多种所有制经济共同发展的基本经济制度，坚持按劳分配为主体、多种分配方式并存的分配制度。"第7条规定："国有经济，即社会主义全民所有制经济，是国民经济中的主导力量。国家保障国有经济的巩固和发展。"第9条规定："矿藏、水流、森林、山岭、草原、荒地、滩涂等自然资源，都属于国家所有，即全民所有；由法律规定属于集体所有的森林和山岭、草原、荒地、滩涂除外。国家保障自然资源的合理利用，保护珍贵的动物和植物。禁止任何组织或者个人用任何手段侵占或者破坏自然资源。"第10条第1款规定："城市的土地属于国家所有。"第12条规定："社会主义公共财产神圣不可侵犯。国家保护社会主义的公共财产。禁止任何组织或者个人以任何手段侵占或者破坏国家和集体的财产。"可见，我国《宪法》中所规定的"全民所有"，实际上是"国家所有"的设置前提和本质所在。作为最高位阶的根本大法，《宪法》从总体上规定了国家财产的性质、功能、目标和规范框架，为建立公共性的、整体性的国有财产保护客观法制度和规范体系奠定了基础。我国《宪法》用"神圣"二字，也表明国有财产作为经济基础的财产形式，其地位与社会主义的命运联系起来。

经济基础决定上层建筑，国有财产的存在，影响着"个人—社会—国家"

三者之间的关系，并成为影响国家形式、宪法结构的重要因素。在这三者之间的关系中，"社会—国家"对立的二元结构，成为私有财产权和公有财产权对立的原因；但同时人民对福利的需求以及个人安全保护的增加，都需要国家履行更为全面的职能，而国有财产的存在既能缓和"社会—国家"的结构，又能满足个人的需求。[1]我国经济和政治体制决定了国家公共财产的全民性和公共性特质。虽然国有财产不能和所有制画等号，但在实现方式的前提下，可以把国有财产作为全民所有制的实现机制、实现形式、工具或手段，而不能将其两者完全割裂开来。全民所有制的理论真谛就在于实现社会全体成员，共同使用全部生产工具和按照共同的协议来分配全部产品，即所谓财产公有。[2]

国有经济是我国社会主义经济的基础，其作为一个整体，是由大量经营性或资源性等国有财产所构成，国有财产的安全与保护事关我国基本经济制度的命运，也是党执政兴国的重要依靠力量。国有财产存在的意义，不仅表现在经济领域，也体现在政治和社会发展上，它是中国特色社会主义的重要物质基础和政治基础，是党执政兴国的重要支柱和依靠力量，为我国经济社会发展、科技进步、国防建设、民生改善作出了重大贡献。

二、国有财产的重要作用

长期以来，公有制在中国社会主义国家的土壤里培植了国家财产在国民经济中的主导力量，国家财产在中国社会无处不在，广泛地渗透在各项社会事业，造福于人民经济生活，深刻地影响国家的政治、经济与文化。

（一）国有财产是实现共同富裕的根基

中国共产党始终把人民的利益放在心上，把解决人民群众迫切需要作为党的执政工作来抓。但这些问题的解决需要有财力、物力、人力上的支持，需要有足够的资源来保障。在党的十五届四中全会上通过的《中共中央关于国有企业改革和发展若干重大问题的决定》中指出："包括国有经济在内的公

---

〔1〕 参见秦前红、谷道敏：《论国有财产的宪法地位及其功能——以中国政治和经济发展为语境的探讨》，载《哈尔滨工业大学学报（社会科学版）》2012年第6期。

〔2〕 参见马俊驹：《论我国国家公共财产权制度体系的建构》，载《社会科学文摘》2023年第3期。

有制经济，是我国社会主义制度的经济基础，是国家引导、推动、调控经济和社会发展的基本力量，是实现广大人民群众根本利益和共同富裕的重要保证。"习近平总书记在主持召开中央财经委员会第十次会议时再次强调："共同富裕是社会主义的本质要求，是中国式现代化的重要特征，要坚持以人民为中心的发展思想，在高质量发展中促进共同富裕。"[1]可以说，实现全体人民共同富裕是中国特色社会主义基本经济制度的初心和使命，而国有财产是实现共同富裕的根基。为凸显公共财产（国有财产和集体财产）保护的重要性，我国《宪法》第12条着重强调"社会主义的公共财产神圣不可侵犯"，其中重点突出"神圣"二字，表明国家保护公共财产的政治决心，同时也是在宣誓通过保障公共财产增值保值以此推进全社会共同富裕的美好愿景。因此，要全面实现共同富裕、维护全体人民的根本利益和核心利益，就需要夯实国家所有权的制度根基，推动国家所有权制度的持续完善。[2]

（二）国有财产是国家进行宏观调控的重要手段

我国国有企业体量大，覆盖范围广，能够直接影响国家经济的运行和发展，使国家在面临异常波动和危机的情况下，能够有更强的调控能力和抗风险能力，维护国家宏观经济稳定。同时，通过国有企业，国有财产能够在关键领域和关键行业，如能源、交通、通信、军工、航空等，发挥其主导作用，从而推动这些领域和行业的稳定发展。此外，国有财产也是处理经济周期、缓解经济风险的重要工具。在经济下行阶段，国家可以通过增加国有资产的投入，刺激经济回升，保持经济社会稳定。

（三）国有财产是推动中国特色社会主义现代化建设的重要力量

国有财产是推动中国特色社会主义现代化建设的关键推动力，无论是在保障基础设施的建设，还是在驱动高科技发展，都扮演着重要的角色。通过国有企业，国家能够将更多的资源投入科技研发和基础设施的建设等关键领域，从而提升国家的综合竞争能力。如一些大型基础设施建设、重大科技创

---

〔1〕《在高质量发展中促进共同富裕 统筹做好重大金融风险防范化解工作》，载《人民日报》2021年8月18日，第01版。

〔2〕参见徐海燕：《论实现共同富裕的法律途径——以国家所有权制度为视角》，载《北京理工大学学报（社会科学版）》2022年第2期。

新和军工产业等领域，由于投资巨大，风险高，回报周期长，私营资本往往无法或者不愿投入，然而这些领域的发展对于国家的经济社会发展具有关键作用，国有财产就需要发挥引领作用。

（四）国有财产是维护国家主权的重要物质支撑

国有财产是维护国家主权的重要物质支撑。近年来，逆全球化趋势明显，全球产业链、供应链面临重大冲击，风险加大，"卡脖子"问题越发突出，加快科技自立自强是应对新挑战、解决新问题的必然选择，也是塑造我国在国际大循环中主动地位的关键。在国有体制的优势下，可以整合各方面力量进行协同攻关，加快提升自主创新能力，实现科技自立自强，有效抵御外部的压力和操纵，维护国家主权。

（五）国有财产是确保社会公平正义的重要手段

在市场经济中，国有财产提供公共服务、进行财富再分配等方式，有助于调节社会贫富差距，确保基本公共服务供应，实现公平和社会正义。在很多公共服务领域，如教育、卫生和社会保障等，这些领域大多无法直接创造利润，或者其盈利潜力并不高，无法依靠市场机制或私有企业来实现其服务供给。此时国有财产就需要发挥其作用，通过政府支持和补贴来保障公民的基础生活需求，确保必要的公共服务能够有序运营。因此，国有财产和国有企业一方面在承担着供应社会基本公共服务的角色，另一方面也在缓解着市场的缺失和失灵问题，保护社会公众的重大利益。

第三节　国有财产的法律保护

一、国有财产保护的着眼点：国家所有权

对国有财产的充分保护，需构建完备的法律制度体系，而明晰并准确把握国家财产权和国家所有权的固有属性至关重要，这是设计完备可行的法律制度保护体系，明确保护领域，指定保护主体，确定保护方式与方法、选择保护的手段与途径的前提和基础。

（一）　民法学原理上的国家财产权

根据民法原理，财产权是与人身权相对的法律概念，它是以财产为标的，以经济利益为内容的权利。[1]在财产权体系内部，因具体实现利益或标的不同又可以进行划分：财产权的指向是某一"物件"，这种权利被称为对物的权利，即物权；财产权的指向是特定人的"给付"，即履行特定的行为，这种权利被称为对人的权利，即债权；财产权指向无形体的精神产品，这种权利被称为知识产权。[2]

国家财产权是指"国家作为权利主体所享有的财产利益的总和"[3]，它是财产权的特殊权利，蕴含着丰富内容的综合性权利，包括物权、债权和知识产权等，它不仅是国家政治权力之根，也是国家经济自由和秩序之源。国家财产起源于罗马法的"公用物"和"公有物"，当时没有界定"所有权"法律意义的权利享有者，也没有规定现代意义上的"国家所有权"的概念。[4]直到19世纪，法国学者蒲鲁东才提出完整的国家财产理论，他将国家财产区分为国家公产与国家私产，前者受行政法支配，后者受私法调整。[5]此学说后被大陆法系国家纷纷付之立法实践。在社会主义法系中，国家所有权是最具有典型性的制度。如1986年《中华人民共和国民法通则》第73条规定："国家财产属于全民所有。国家财产神圣不可侵犯，禁止任何组织或者个人侵占、哄抢、私分、截留、破坏。"1995年的越南民法典也同样规定了国家所有权制度。所有权是财产权中最重要的一种权利，包括占有、使用、受益和处分四项权能。有学者将国家财产权与国家所有权等同，这是不妥当的。国家所有权固然也体现公有制与物权理论的契合，但国家所有权却不能替代国家财产权。[6]《民法典》第246条第1款规定："法律规定属于国家所有的财产，属

---

〔1〕　参见江平主编：《民法学》，中国政法大学出版社1999年版，第82页。

〔2〕　参见吴汉东：《论财产权体系——兼论民法典中的"财产权总则"》，载《中国法学》2005年第2期。

〔3〕　马俊驹、王彦：《公有制下国家所有权制度的变革和完善》，载《社会科学研究》2015年第4期。

〔4〕　参见高富平：《建立国有资产分类规范的法律体系》，载《华东政法学院学报》2000年第5期。

〔5〕　参见王名杨：《法国行政法》，中国政法大学出版社1997年版，第301页。

〔6〕　参见鲍家志：《国家财产权在中国民法典中的地位——论中国民法典财产权总则篇的设置》，载《社会科学家》2016年第5期。

于国家所有即全民所有。"民法典虽然规定了国家所有权，但不等于此规定就充分实现了公有制财产在私法上的立法价值，这只是公有制财产的一种制度宣示和归属表述，却并没有解决国有财产的具体配置以及有效利用的问题。也就是说国家所有权的设定仅解决了国有财产"定纷止争"的问题。财产的真正价值不在使其所有，而在于使其利用，以发挥物资的效能，裕社会之公共福利。[1]因此财产权比起所有权的范畴具有更大的包容性。此外，针对国家财产权的权利主体而言，有人认为国家只是纯粹的权力主体，不具有人格，不可能成为权利主体和享有权利。但是，通过"法律创制"即可使国家拥有法人格，并由政府代表国家主观意志，具备参加民事活动的能力，就可依据法律产生平等对待请求权，在其职权职责范围内与他人发生权利义务关系。

针对国家财产权的主体问题，也有学者提出有必要确立公共财产权的概念。国家公共财产权是国家为履行公共职能而与经济和政治体制相结合，调整国家与社会、个人之间财产关系的资源配置手段。国家公共财产权的基本法律性质是公权，是一项与国家政治和经济体制不可分割的财产权，是国家权力调控和管理社会的物质基础，是国家权力运用不同法律机制配置社会资源的手段。[2]公共财产权不仅包括政府基于其公共性特质取得、用益和处分国家财产的权力，还包括对私人财产征税、处罚、国有化等非对价性给付以及征收土地房屋、收费、发行公债等对价性给付取得、支配这些财产的权力。从本质上看，国家公共财产权的内核仍然是公有权，属于国家公权力范畴，但是为了充分利用国有资产，还需采用私法形式来实现社会公共利益和国家发展目标，如运用国库财产维系社会和政府的正常运转，或直接介入市场经营领域。因此，国家公共财产权具有公权和私权的二重性，受公法和私法共同调整。笔者认为，公共财产权虽与国家财产权密切相关，但二者是两种不同的财产权，在产权的性质和作用上存在差别。公共财产权强调所有公民或特定的公民群体所共享的财产权。例如，公园、图书馆、广场等公共资源就属于公众拥有的财产，任何人都有权利在不违反规定的前提下，平等地使用这些公共资源。而国家财产权指的是国家所有的财产或资源，如国有企业、

---

〔1〕 参见郑玉波：《民法总则》，中国政法大学出版社 2003 年版，第 17 页。
〔2〕 参见马俊驹：《论我国国家公共财产权制度体系的建构》，载《社会科学文摘》2023 年第 3 期。

国有土地、矿产资源等，国家有权对其进行统一的管理和调配。国家财产权的管理和使用一般受到严格的法律规范，对可能造成国有财产损失的行为进行干预和处罚，以确保国有财产的安全。总的来说，公共财产权强调平等、自由的使用权，而国家财产权更强调国家对于其财产的管理权和调控权。二者各有侧重，共同构成了社会财产权制度的重要组成部分。

（二）国家所有权属性之辩疑

国家财产权是一类权利的总称，包含很多权利内容，其中国家所有权最为重要。在我国，主流理论认为，国家所有权乃是国家对国有财产或称"全民所有制财产"，所享有的占有、使用、收益和处分的权利，是全民所有制在法律上的表现。[1]与个人财产权相比，国家所有权在主体、客体、权利行使等方面都具有一定特殊性，但在本质上与一般所有权并无二致，都是"权利人依法对特定物进行直接支配和排他"的一种民事权利。[2]关于国家所有权的属性，从现有研究来看学界争论很大。目前大致形成了民法所有权（即"私权说"）、"公权说""公、私混合说""双阶构造说""所有制说""三层结构说""基本权利说"等观点。但上述观点大致可归类为"私权说""公权说""公、私混合说"三大类。

第一种观点是"私权说"，主张国家所有权属于私权利。有学者提出国家所有权是公有制社会的国家为全体人民的利益对全民共同占有的财产享有的占有、使用、收益和处分的权利[3]；公物实质上仍属于行政主体的私产，公法法人拥有财产所有权。[4]"私权说"把国家所有权视为作为民事主体的国家对专属其所有的特定财产或资源进行支配、利用的民事权利，认为应由私法规定，通过私法手段实施，除因其特殊目的、功能所作特别规定外，应照搬私法规则，套用私法原理。[5]国家所有权也应适用我国《民法典》第240条

---

〔1〕　参见王利明：《物权法论》，中国政法大学出版社2003年版，第272页；参见马俊驹、余延满：《民法原论》，法律出版社2007年版，第320页。

〔2〕　参见巩固：《自然资源国家所有权公权说》，载《法学研究》2013年第4期。

〔3〕　颜运秋：《公益诉讼：国家所有权保护和救济的新途径》，载《环球法律评论》2008年第3期。

〔4〕　参见孙宪忠等：《国家所有权的行使与保护研究》，中国社会科学出版社2015年版，第99页。

〔5〕　参见巩固：《自然资源国家所有权公私属性辩疑——以"敦煌毁林事件"为切入点》，载《湖南师范大学社会科学学报》2023年第1期。

对所有权的一般规定，具有占有、使用、收益、处分以及相应的排他权能。[1]"与个人所有权、集体所有权等其他所有权在权利属性和权能构造上是一致的，在法律地位上是平等的。"[2]但与"一般"民法意义上的所有权相比，国家所有权又呈现出特异之处：其一，国家所有权在权能行使及内容范围上存在特殊性。国家所有权承载着"为公民自由和自主发展提供物质和组织保障"的功能，它既是一项民法意义上的所有权，也是一项经济制度。就权利属性而言，国家所有权可称为"特殊私权"，它与物权并无实质差异，只是它具有一般物权所不及的特殊功能及宪法规范的制约作用而已。其二，国家所有权在主体、客体、内容和行使方面存在特殊性。民法上存在私人所有权与"公共所有权"之别，国家所有权属于"公共所有权"，作为公共所有权的国家所有权，在其主体、客体、内容和行使方面与私人所有权均不相同，[3]我国《民法典》虽然没有明确国家是民事主体，但却规定了国家所有权，这事实上是承认了国家的民事主体地位。国家财产所有权的取得主要来自公共权力，国家有了财产所有权，就能够以国家私物（私产）即国库财产的形式维系社会和政府的正常运转，或直接介入市场经营领域。[4]在我国，物权法是国家所有权制度的主要部门法渊源。作为民法典的基础组成部分，物权法中"所有权的一般规定"被置于"国家所有权"专章之前，这明显是对国家所有权"民事权利"属性的认可，并给它赋予了私法上所有权的相关内容。无论在解释论或立法论中，都不可能忽视这一法律事实和逻辑前提。[5]从法教义学的角度看，"私权说"似乎更忠于实定法。

第二种观点是"公权说"，主张国家所有权是保障每个公民平等合理利用国有财产的公共控制权，具有强烈的公权属性。[6]坚定支持"公权说"观点的当属巩固教授，在他看来，国家所有权与物权并非同一层面的事物，二者并不排斥，而是互补并存。[7]虽然国家所有权以"所有权"的名义出现，但

---

〔1〕 参见朱虎：《国家所有和国家所有权——以乌木所有权归属为中心》，载《华东政法大学学报》2016年第1期。

〔2〕 程雪阳：《中国宪法上国家所有的规范含义》，载《法学研究》2015年第4期。

〔3〕 参见程淑娟：《国家所有权民法保护论》，法律出版社2013年版，第14页。

〔4〕 参见马俊驹：《论我国国家公共财产权制度体系的建构》，载《社会科学文摘》2023年第3期。

〔5〕 参见张力：《国家所有权遁入私法：路径与实质》，载《法学研究》2016年第4期。

〔6〕 参见肖泽晟：《论国家所有权与行政权的关系》，载《中国法学》2016年第6期。

〔7〕 参见巩固：《自然资源国家所有权公权说》，载《法学研究》2013年第4期。

并非所有以"所有权"名义出现的事物都当然属于物权。国家所有权实际上是宪法对"全民"之于一国主权范围内的资源整体（无论多少种类、数量、是否被实际控制、价值大小）按照"全民意志"（体现为国家立法）进行"干预"（决定由谁利用、如何利用、收益如何分配等）之权的确认，其实质是国家积极干预资源利用的立法权及管理权。而作为一种"公权性支配"，国家所有权在内容形成和实现上具有法定性。在主体上，国家本质上是一个抽象概念，在全民意义上代表着全社会的公共利益和公共权力，可被视为"全民"。在客体上，宪法上的公权力并不追求对物的直接控制，而是有依赖于明确的制度规范——通过立法来确认和保护国家对国有财产的掌握利用的主导权，从全民整体利益的高度出发，制定有关资源之分配、利用、惠益分享的统一规则，以实现资源利用效益的最大化。在内容上，国家所有权的公权性是宪法权公法性的最佳展现。在行使上，由国家机关代表国家行使权力，不同于民法所有权，代表国家管理国有财产的国家机关不享有"对特定物的直接支配和排他"的权利，这种不可处分性和行使的非消极性也是公权力的典型特质。[1]"公权说"把国家所有权视为作为政治实体的国家基于全民公益分配、管护公共资源的公共权力，主张由公法规定，经由公法手段实施，主要适用公法相关原理和规则。[2]"公权说"过于强调国家基于主权对自然资源享有的"积极干预"权，忽略了所有权本质上的平等原则。另外，国家所有权虽然具有特殊性，但不能据此否定其民法上的所有权属性。[3]

第三种观点是"公、私混合说"，该观点认为国家所有权蕴含着宪法所有权与民法所有权的双阶构造，纯粹私权说与纯粹公权说均不恰当。[4]主张国家所有权既是一种民法上的所有权又是一种宪法上的所有权，即"公、私混合"所有权。这种观点是为回避性质之争所采取的妥协折中的办法，认为传统绝对任意的所有权逐渐受到了公法和私法的限制，[5]而国家所有权兼具私权利与公权力双重属性，受私法和公法共同调整，是一种特殊的混合法律关

〔1〕　参见巩固：《自然资源国家所有权公权说再论》，载《法学研究》2015 年第 2 期。

〔2〕　参见巩固：《自然资源国家所有权公私属性辨疑——以"敦煌毁林事件"为切入点》，载《湖南师范大学社会科学学报》2023 年第 1 期。

〔3〕　参见崔建远：《自然资源国家所有权的定位及完善》，载《法学研究》2013 年第 4 期。

〔4〕　参见税兵：《自然资源国家所有权双阶构造说》，载《法学研究》2013 年第 4 期。

〔5〕　参见叶榅平：《论自然资源国家所有权行使的基本原则》，载《法治研究》2019 年第 4 期。

系，其制度建构"应当超越私法的传统界域"。该观点最大特色在于强调国有财产的"公有"属性，从"共益共享"的角度出发，探讨了普通公众作为共同体成员的合法权益。它认为，国家所有权是"全民所有"这一本质的法律表述，强调国家所有权并非空泛的概念，每一个社会成员都应当享有针对公共财产的"公有权"，这不仅意味着"通过民主程序选择真正能够代表自己利益的所有权行使者"的权利，还意味着"对那些属于国家所有的、由政府管理和维护的公共财产于一定范围内享有直接占有和自由使用的权利"〔1〕。

"混合说"又分为"双阶构造说"与"三层结构说"。（1）"双阶构造说"认为国家所有权是蕴含宪法所有权与民法所有权之公权与私权双阶构造。所谓"双阶构造"是一种理论框架，用于解释和理解权利、义务和责任的结构和功能。在"双阶构造"框架下，宪法所有权为国家所有权的上层构造，它与主权、国家责任、公共利益等紧密相关，体现了国家对于国有财产的统一、调控和保护职能。宪法所有权的内容主要包括资源的保护、合理利用、开发和管理等方面，以及对于侵犯资源的制裁和救济。而下层构造的民法所有权主要体现了国家在法律面前作为一个独立的法人主体享有的权益，包括资源的所有权、使用权、处分权等以及各种限制，强调的是其具体、独享、排他性的特征。"双阶构造说"提供了一个包容性的视角，强调国家所有权既是宪法上的主权，也是民法上的具体权益。通过在这两个层次上合理安排权利和义务，有助于找到一种满足公共利益和私人利益的平衡点，以实现资源保护和利用的协调发展。（2）"三层结构说"是对于国家所有权的一种理论解析，认为国家所有权包含私法权能、公法权能和宪法义务三层结构。〔2〕私法权能指的是在民法层面上，国家作为所有权主体，享有对财产的占有、使用、收益和处置的权利，它主要体现了国家作为法人的特征，表现出与其他法人和自然人类似的权能。公法权能是指在公法层面上，国家作为公权力主体，享有对特定资源或者财产的管理、调控和指导的权能，这也意味着国家在必要的时候，为了公共利益的需要，介入和干预财产的使用、分配等问题。宪法义务这一层体现的是国家对于其所有权的行使，必须符合宪法的原则和要求，甚至需要为了满足公共利益或者保护公民权益，承担一定的义务和责任。三

---

〔1〕 马骏驹：《国家所有权的基本理论和立法结构探讨》，载《中国法学》2011 年第 4 期。

〔2〕 参见王涌：《自然资源国家所有权三层结构说》，载《法学研究》2013 年第 4 期。

层结构理论揭示国家所有权的复杂性和多元性，进一步细化和拓展了国家所有权的内涵。

综上，笔者同意第三种观点，即"公、私混合说"。其一，国家所有权属于一种权利。虽然我国宪法和行政法都规定了某些资源属于"国家所有"，但是明确规定"国家所有权"概念的只有《民法典》。《民法典》是权利保障的宣言书，其专章规定了国家所有权、集体所有权和私人所有权，说明国家所有权属于一种民事权利，需要得到《民法典》的保护。其二，国家所有权具有一定的"公权"属性，其与私人所有权不同，权利主体不能随意处分权利，行使权利与履行职责需密切相关。虽然公法和私法的功能各有不同，但二者调整的法益是一致的，它们并不是对立的法律领域，而是法律在规范社会经济生活时体现出的层次划分及综合效应。法律的局限性意味着任何一部单行法律都无法完全调整社会现象，因此需要不同领域法律之间的融合与协调。国有财产保护的法律体系更不可能唱独角戏，而应采取公法、私法共同调整，建立公私法结合的保护体系，这样才能在确保公权力的正当行使与维护国家财产权完整二者之间取得平衡。

（三）国家所有权的存在为国有财产保护提供了强有力的制度保障

保护国有财产需要有法律、法规的具体规定，而构建以人民为中心、以公正为核心价值的国家财产权法律体系，是我国推动法治现代化和创新发展中国特色社会主义法治的关键环节。

国家所有权的存在为国有财产保护提供了强有力的制度保障，它赋予国家对国有财产的支配、使用、收益以及处置等权利，通过该权利的设定，国家得以依法运用行政、立法和司法等手段确保国有财产的安全和完整性。在市场经济大环境下，我国始终秉持社会主义基本经济制度，有效利用公法和私法工具，维护国有财产安全，为广大民众提供平等保障，以满足人民群众对美好生活的需求和期待，同时也为实现全民所有、政府管理、全民共享的社会主义公有制构建了坚实的法律保障体系。从理论角度上，国家所有权制度设计有利于明晰财产权益，保护国有财产，减少社会冲突。通过法律规定，为国有财产在获取、使用、转让等方面的权利和义务设立清晰的界定，这不仅为国有资产的管理提供了严谨的制度路径，也形成了有助于防止国有财产被侵犯的法律保障。国家所有权制度让国家作为国有财产的主要所有者，对其进行有效的管理和全面监控。其中，行政机关扮演着重要角色，借助强有力的行政干预措施，对资产使用、流转等各环节的不当行为能够及时予以处理。同时，司法机关也发挥着关键作用，通过司法制裁，遏制侵犯国有财产权益的不法行为，以保护国有财产的有序流动。此外，严谨的国家所有权制度也有助于激励实体（包括国有企业和私人企业）遵守法律，规范操作，高效利用资源，从而推动国民经济的持续健康发展。

目前我国对于国有财产的保护公法和私法均有规定。从功能上讲，国家所有权是由《宪法》规定的，从宪法出发，产生了普遍的法律，然后是行政法规，最后是合同和个体文书。[1]《宪法》规定国家财产权，行政法或行政经济法调整的公共财产权，而民商法调整国家财产所有权。这是一个由宏观到微观、由一般到特殊的规制过程。

二、国有财产保护的法律体系

（一）国有财产保护立法的国际比较

由于受历史传统因素的影响，世界上两大法系国家形成了各具特色的法律保护架构。在大陆法系国家中，法国、日本构建了以"综合法+专项法"为特征的国有财产法律体系，而德国受其联邦制的政治体制影响，构建了分级所有的国有财产法律体系。在英美法系国家，美国作为典型的联邦制国家和判例法国家，建立了"联邦—地方"分层立法体制和管理体系；而英国受到大陆法系的影响，构建了"公法+私法"相结合的国有财产法律体系。[2]

1. 大陆法系国家的立法特点

法国、日本采用"综合法+专项法"的立法保护体系。法国在国有财产方面的立法实践历史悠久，不仅在宪法、民法典中作出规定，还出台专项立法对国有财产的范围、管理、经营等相关问题进行规范明确，这些立法经验也成为大陆法系国家参考的范本。早在1804年《法国民法典》就明确规定，无主财产属于国家。1946年《法国宪法》在序言中规定，任何企业在其经营活

---

〔1〕 参见［法］雅克·盖斯旦、吉勒·古博：《法国民法总论》，陈鹏等译，法律出版社2004年版，第18页。

〔2〕 参见谭静等：《国有资产立法的国际比较研究》，载《财政科学》2023年第4期。

动中已经具有或者正在具有社会公用或事实上垄断地位时，均需成为集体所有财产。此外，还有一系列的专项法律，如《国有财产法典》《国有市场法典》《国有企业法》《公法人财产总法典》《国有土地法典》等，对于国有财产中的"公产"与"私产"采用不同的管理和经营模式。对于国有企业，法国于2003年设立国家参股局，同时辅以政府财政部门和各主管部门，以合同制方式专门履行国有财产的管理职能。总的来说，法国国有企业的经营与同类私营企业一样受私法调整，只是其组织形式从属于公法。日本虽采用"综合法+专项法"的立法体系，但却实行分层管理体制。日本只有中央政府所有的财产才属于国有财产，而地方各级政府所有的财产则被称为公有财产，对于地方政府所有的公有财产，日本采用"分别所有、分别立法"的地方自治的做法。对于国有财产的有关事项由日本财务大臣负责总管，而公有财产则由各级政府负责管理。

德国采用分级所有与管理的立法体系。德国国有财产遵循"分级所有"原则，将政府作为一个特殊的所有权人，通过宪法、行政法或经济法等公法对联邦所有的国有财产进行规范，但对于发生在市场领域的行为，则适用于私法规范；对于国有财产的管理，由各级政府财政部门代表政府行使国有财产出资人的职能。

2. 英美法系国家的立法特点

英美法系国家以美、英为代表，美国作为联邦制国家，联邦、各州、县、市等各级政府均拥有独立的财产，且分别有相应的立法权限，由此搭建了"联邦—地方"的分层立法体系。如联邦政府财产的相关立法有《联邦财产管理法》《联邦政府财产与行政服务法》《联邦采购合理化法案》《联邦采购政策办公室法案》等基本法以及《合同纠纷法案》《小企业法》《公共工程法案》《服务合同法案》《合同竞争法案》等商法体系。对于联邦政府财产的管理实行"集中管理、分散使用"的原则。但具体到不同类别的财产，又采取不同的管理策略，如对于土地及其附属资源的管理实行垂直、集中管理，而对于经营性财产如联邦政府所有企业，则是针对特殊企业单独立法。

英国国有财产虽然采用国家公产与私产的分类，但国有财产却不适用于以私有财产为核心的财产法，而是依靠行政法或经济法以及相关的部门规章等公法来调整。[1]不过对于国有财产的法律规定也有与美国相似的地方，如对于土地等国有财产虽属于英国国王，但实际由政府等公共机构所有；而对于政府拥有的房地产由于交易场地的不同而适用不同的法律，在非市场交易领域主要适用公法或具有公法内容的法律，而在市场交易领域则与私人房地产交易一样适用《财产法》等私法。

3. 不同国家立法经验对我国国有财产保护法律体系建构的启示

国有财产保护是一项复杂而系统性的工程，既要立足我国国情，同时也要借鉴其他国家的有益经验。上述不同法系国家国有财产的立法经验对我国的启示主要表现在以下几个方面：首先，立法先行。对于涉及国有财产的各项政策措施，应坚持立法先行，通过法律确立国有财产保护在我国法律体系中的地位，明确其保护的主体和对象，合理界定国有财产的监管模式和保护方式。当然，在国有财产立法过程中，还要关注法律的协调性，寻求与我国国情更为匹配的立法模式，对于是否需要推动"国有财产法"专项立法，笔者认为还需要进一步深入研究、科学规划，待立法时机成熟，有必要采用"综合法+专项法"的立法结构。其次，除设立专门的管理机构外，还要确立多元主体共治原则，建立完善的监督管理制度，构建多层次监督管理体系，确保公开透明，保障国有财产的安全和价值增长。最后，注重市场化运作，促进公平竞争，提倡有序竞争，鼓励和支持国有企业参与市场化改革，提升国有财产的运作效率和盈利能力。

（二）我国国有财产保护立法的基本框架

1. 国有财产的宪法保护

我国现行《宪法》第7条规定，"国有经济，即社会主义全民所有制经济，是国民经济中的主导力量。国家保障国有经济的巩固和发展"。第9条第1款规定，"矿藏、水流、森林、山岭、草原、荒地、滩涂等自然资源，都属于国家所有，即全民所有；由法律规定属于集体所有的森林和山岭、草原、荒地、滩涂除外"。第10条第1款规定，"城市的土地属于国家所有"。第12条规定，"社会主义的公共财产神圣不可侵犯。国家保护社会主义的公共财产。禁止任何组织或者个人用任何手段侵占或者破坏国家的和集体的财产"。

---

〔1〕 参见谭静等：《国有资产立法的国际比较研究》，载《财政科学》2023年第4期。

这一组规定确立了国有财产在宪法中的性质和地位，全民所有制是我国社会主义基本经济制度，且明确了"全民所有"即"国家所有"。"国家所有"是宪法上的"国家所有权"或是一种宪法制度保障下的"所有权"。[1]而《宪法》第12条规定的"公共财产"，也可理解为"公共财产权"。"国家所有"作为一项客观法规则，是以实现"全民所有"为目标，以国家享有主观权利为内容，总体构建和调整国家公共财产权的法律规范。[2]

从《宪法》规定社会主义的公共财产"神圣不可侵犯"可以看出我国对国有财产免遭非法侵害而实施特殊保护的立法决心，同时也表明国有财产是"永恒"受到国家法律保护的财产形式。当然，宪法所提供的保护不体现在具体操作中，而是其引导、规范和惩戒的整体效果，也就是说国有财产的保护必须在宪法保护的统领之下，由部门法予以具体落实。

2. 国有财产的公法保护

目前我国国有财产的公法保护主要集中在行政法、经济法以及刑法保护领域，在国有资产管理与保护方面制定了相应的规章和制度。如《中华人民共和国企业国有资产法》（以下简称《企业国有资产法》）第1条开宗明义规定，为了维护国家基本经济制度，巩固和发展国有经济，加强对国有资产的保护，发挥国有经济在国民经济中的主导作用，促进社会主义市场经济发展，制定本法。第10条规定，国有资产受法律保护，任何单位和个人不得侵害。该法在"法律责任"一章对于造成国有资产损失、损害国有资产权益的行为，按照责任大小分别给予直接负责的主管人员和其他直接责任人员处分、免职、承担赔偿责任乃至追究刑事责任的处罚。《中华人民共和国文物保护法》（以下简称《文物保护法》）、《中华人民共和国水法》、《中华人民共和国森林法》、《中华人民共和国草原法》、《中华人民共和国公路法》（以下简称《公路法》）、《中华人民共和国土地管理法》（以下简称《土地管理法》）、《中华人民共和国海域使用管理法》、《中华人民共和国矿产资源法》、《预算法》、《中华人民共和国个人所得税法》、《中华人民共和国企业所得税法》、《中华人民共和国资源税法》等也对国有财产保护作出专门的规定。此外，

---

〔1〕　参见林来梵：《宪法规定的所有权需要制度性保障》，载《法学研究》2013年第4期。

〔2〕　参见马俊驹：《论我国国家公共财产权制度体系的建构——从"主观权利"理论和域外立法实践中得到的启示》，载《法学评论》2023年第1期。

《财政违法行为处罚处分条例》《取水许可和水资源费征收管理条例》《诉讼费用交纳办法》《行政单位国有资产管理暂行办法》《事业单位国有资产管理暂行办法》等一系列行政法规、部门规章以及地方性法规的出台，使国有资产的管理监督做到有法可依。但不难发现上述法律、法规、规章中涉及国有财产的规定大多是从监管的角度予以规定，只有少数属于国有财产保护方面的专门立法，这表明我国国有财产保护的行政法律规范仍不够完善，立法供给明显不足。

刑法是国有财产保护的最后一道屏障，也是国有财产保护最严厉的手段。从刑法的整个体例来看，保护国有财产的法律条文是分散在各个章节的。其中《中华人民共和国刑法》（以下简称《刑法》）总则第 2 条将"保护国有财产"作为刑法任务中的一项，体现了对国有财产保护的重要性。在总则的指导下《刑法》分则规定了诸多涉及导致国有财产流失和侵害国有财产的各种具体罪名，如徇私舞弊低价折股、出售国有资产罪；私分国有资产罪；非法批准征收征用、占用土地罪；非法低价出让国有土地使用权罪；贪污罪；挪用公款罪等诸多罪名，通过这些规定确立了有形财产和无形财产并重保护的原则，此外还专节规定了破坏环境资源保护罪，加大了国有财产的保护范围和保护力度。但从现行规定上看，国有财产的刑法保护手段也不尽完善，某些规定难以操作。比如侵害国有财产的行为须达到"致使国家利益遭受重大损失"才构成犯罪，但"损失"多少才算构成"重大"？不同的区域会有不同的感知，反而不利于对国有财产犯罪的打击和惩罚。此外，针对单位犯罪，《刑法》第 31 条前段对单位犯罪规定了"双罚制"（既处罚单位又处罚单位有关人员），但后段规定"本法分则和其他法律另有规定的，依照规定"。由此，单位犯罪也出现了不处罚单位只处罚单位某些人员"单罚制"的情形。如《刑法》第 396 条规定，"国家机关、国有公司、企业、事业单位、人民团体，违反国家规定，以单位名义将国有资产集体私分给个人，数额较大的，对其直接负责的主管人员和其他直接责任人员，处三年以下有期徒刑或者拘役，并处或者单处罚金；数额巨大的，处三年以上七年以下有期徒刑，并处罚金。司法机关、行政执法机关违反国家规定，将应当上缴国家的罚没财物，以单位名义集体私分给个人的，依照前款的规定处罚"。也许立法者的考虑是，因处罚单位会损害无辜者的利益，故不处罚单位。但"单罚制"减弱了法的预防功能，无法及时有效的干预，会增加修复损失的难度，不仅直接影响社会经济秩序和社会公共利益，而且也不利于对国有财产的保护，导致流失的国有资产难以追回。

3. 国有财产的私法保护

在私法领域，对国家所有权制度予以全面系统的规范和构建最早可见2007 年《物权法》，该法首次将涉及国家所有权和国有财产管理的条款统一整合在国家所有权一章，确定了国有财产保护的基本框架和原则，并且对国有财产范围作出了明确的规定，这是在基本法中第一次全面规定和列举国有财产的范围。该法第 45 条强调"法律规定属于国家所有的财产，属于国家所有即全民所有。国有财产由国务院代表国家行使所有权；法律另有规定的，依照其规定"。针对国有财产的保护以及在经营中的流失问题，该法也作了特别规定，第 56 条规定，"国家所有的财产受法律保护，禁止任何单位和个人侵占、哄抢、私分、截留、破坏"。第 57 条规定，"履行国有财产管理、监督职责的机构及其工作人员，应当依法加强对国有财产的管理、监督，促进国有财产保值增值，防止国有财产损失；滥用职权，玩忽职守，造成国有财产损失的，应当依法承担法律责任。违反国有财产管理规定，在企业改制、合并分立、关联交易等过程中，低价转让、合谋私分、擅自担保或者以其他方式造成国有财产损失的，应当依法承担法律责任"。虽然此处的"法律责任"究竟是仅限于刑事责任，还是包括行政和民事责任学界争议较大，但该规定至少为追究相关责任人对国有财产流失的法律责任提供了法律依据。

2020 年颁布实施的《民法典》将散落于《土地管理法》《企业国有资产法》《中华人民共和国全民所有制工业企业法》等部门法中涉及国有财产保护的条文整合在《民法典》物权编中，使国家所有权法律规范实现了系统化、体系化与法典化。《民法典》第 206 条将坚持和完善公有制为主体的社会主义基本经济制度列为物权编立法宗旨之一，从第 5 章第 246~259 条共 14 个条款规定了国家所有的性质、国家所有权的范围、行使、种类以及对国有财产保护和管理的法律责任。《民法典》的颁行标志着以物权编为龙头、以《土地管理法》《企业国有资产法》专门法律为骨干的国家所有权法律规范体系日臻系统完善，并从占有、使用、处分和收益的四大维度实现了对国有财产的全覆盖式民法保护。[1]其中，《民法典》第 255 条至 259 条专门规定了国家机关和

---

〔1〕 参见徐海燕：《论实现共同富裕的法律途径——以国家所有权制度为视角》，载《北京理工大学学报（社会科学版）》2022 年第 2 期。

国有事业单位对其直接支配的不动产和动产享有占有、使用和依法处分或收益的权利；以及国家出资的企业由国务院、地方人民政府代表国家享有出资人权益，履行国有财产管理、监督职责的机构应当加强对国有财产的管理、监督，促进国有财产保障增值，防止国有财产损失。由此可见，对于相关适格主体而言，其对国有财产的所有权与其说是权利不如说更像职责。正因如此，有学者认为国家所有权乃宪法性公权，属于国家权力，实质是管理权。[1]这种"权责合一"的理念强调对国有财产的管理，监督，保护和增值。但上述规定同样存在立法瑕疵：其一，没有设置独立的监管机构，由同一机构既管理又监督国有财产，可能存在利益冲突，导致滥用、侵占或者其他形式的损失；其二，缺乏公法责任与民事责任的明确界定。在实践中，由于公法责任和民事责任由不同的法律制度规定，各自的责任主体、责任认定方式以及责任结果均会有所不同。如果没有明确的权责划分，可能会造成执行过程中的混乱，既不能有效保护国有财产，也难以确保个体权益的实现。

三、国有财产保护的监管机制

国有财产的所有权归属于国家，由全民共有。但所有权人（全民）并不能直接管理这些国有财产，那么如何实现对国有财产的有效管理，保障国有财产的安全、防止国有财产流失，科学有效的监管机制自然成了国有财产法律和制度的重要内容。完善国有财产监管体制，是新时代我国经济社会发展面临的主要问题，也是加快完善社会主义市场经济体制的重要内容，同时党的十九大报告也就国有财产的增值保值提出了更高的要求。在此背景下，加快完善我国国有财产管理体制，为促进中国特色社会主义市场经济更快更好发展提供有力支撑，就极具时代迫切性。

党的十八大以来，我国针对国有财产的监督管理推出了众多举措，为创建具有中国特色的国有财产监管体系奠定了坚实基础，构建了一个多层次、多类型的国有财产监督体系，形成了全方位分工协同的监管结构。与私人财产保护主要凭借行使权利不同，国有财产保护主要依靠政府机关履行监督管理职责。监督的主体是国有资产管理部门，监督管理的目的是理顺产权关系，防止国有资产流失。如《国务院办公厅关于加强和改进企业国有资产

---

[1] 参见徐祥民：《自然资源国家所有权之国家所有制说》，载《法学研究》2013第4期。

监督防止国有资产流失的意见》（国办发〔2015〕79 号）按照监督主体不同，国有资产监督可分为企业内部监督、国有资产监管机构的外部监督和社会监督。[1]对国有财产的监督管理包括国有财产的取得、使用、处分、收益和分配等多方面内容，有财务会计、资产评估、资产统计、审计、税制、法律等多种手段。根据相关规定，行使国有财产监督管理职责的行政主体众多，有税务、海关、国有资产监督管理、审计、发展改革、农业农村、人民防空、人社和医疗保障、民政、住房和城乡建设、住房公积金管理、市场监督管理、城市管理和综合执法、自然资源和规划、生态环境、科技、教育、工业和信息、公安、交通、应急管理、水利和机关事务管理等部门。在依法合规履行各自监督职责的同时，建立统一领导、目标一致、信息互通、协调配合、上下联动、成果共享的"大监督"体系。"大监督"体系的构建，有助于发挥纪检监察、审计、法律、工会等监督部门的监督作用，突出专业职能部门在业务管理领域内的监督主体责任。[2]

国有财产在我国起着战略支持的作用，承担了保障战略安全、领导产业发展、维护国民经济和民生以及提供公共服务等关键职责。防范国有财产流失，一直是党和国家关注的重点内容。习近平总书记在十八届中央纪委五次全会上强调："国有资产资源来之不易，是全国人民的共同财富。"近年来，随着全面依法治国的深入推进，国有财产保护领域的法律制度和管理规范越来越完善，为防止国有财产流失提供了强有力的法治保障。但是国有财产被侵害的形势依然严峻，国有财产监管还存在很多问题。当前经营性国有财产流失问题比较严重，如国有企业在改组改制过程中未按规定组织开展清产核资、财务审计和资产评估，将国有资产以明显不公允价折股、出售或无偿分给其他单位或个人等。这些问题一部分原因源于法律本身的漏洞。比如，明确的定性或定量标准的缺失，在实际操作中对侵害国有财产行为的判断存在模糊地带，导致国有财产的流失。此外，监管机制也存在不足。尽管有一套完备的监管制度，但执行力度和执行效果还有待提高，无法及时发现和制止国有资产的流失。某些情况下，因信息不对称或者监管机构自身能力有限，

---

〔1〕 参见林盼、郭冠清：《监管主体的变迁过程与国有资产监督体系的制度分析》，载《上海经济研究》2023 年第 7 期。

〔2〕 参见林盼、郭冠清：《监管主体的变迁过程与国有资产监督体系的制度分析》，载《上海经济研究》2023 年第 7 期。

也会导致监管的盲区和死角。检察行政公益诉讼制度的出现尤其是国有财产保护行政公益诉讼制度，为从法律制度创新层面应对国有财产流失提供了可能。该制度建立以来发挥了很大作用，主要解决了国有财产监管方面以下问题：低价、变相转让、租赁国有资产和行政事业单位占有使用的各种国有经济资源，违法违规少征、免征税款、行政收费、罚没款以及擅自决定税收优惠，违反规定发放各类奖金补贴，违法乱发社会保障、社会救济、优抚安置和捐赠等。国有财产保护行政公益诉讼制度将国有财产保护纳入了法治轨道，增强了对国有财产保护的法律约束力，进一步强调国有财产神圣不可侵犯。国有财产保护行政公益诉讼制度有助于提升全社会对国有财产保护的认识，进一步明确社会各方对国有财产的责任和义务，使所有人都成为国有财产的守护者。这不仅提升了对国有财产保护体系的完整性，也明晰了公共权力的使用边界，从而更有效地防止国有财产的流失，真正发挥检察行政公益诉讼制度的独特价值。

国有财产保护公益诉讼制度概貌

第一节 公共利益在国有财产保护公益诉讼中的
角色及其逻辑关系

一、公益诉讼中的公共利益

（一）公益诉讼的含义与特征

公益诉讼（Public Interest Litigation）是一个舶来品，从历史渊源上看，该制度可追溯到古罗马时期。根据罗马法的规定，以保护个人权利为目的，仅由特定人才能提起的诉讼为私益诉讼；以保护社会公益为目的，除法律有特别规定者外，凡市民均可提起的诉讼为公益诉讼。对于公益诉讼的定义，我国学界观点颇多。比较有代表性的如：杨立新教授认为，公益诉讼一定是要包含着一个公共利益、公众利益的诉讼，而不是私人利益。真正的公益诉讼，其根本的诉讼目的就是为了公益，而不是为了私益。梁慧星教授认为，公益诉讼就是指与自己没有直接的利害关系，诉讼针对的行为损害的是社会公共利益，而没有直接损害原告的利益。颜运秋教授认为，公益诉讼是指为了维护国家和社会利益提起的诉讼，其主体只能是国家机关，在我国就是检察院。还有学者主张，公益诉讼维护的不仅仅是国家、社会利益，还包括不特定的他人的利益，是由特定的国家机关、相关组织和个人，根据法律的授权，对违反经济法律、法规，侵犯国家利益、社会利益和不特定的他人的利益的行为，向法院起诉，由法院追究法律责任的活动。[1]

上述观点的分歧主要集中在以下两个方面：（1）公益诉讼的救济对象，存在狭义救济与广义救济之别。狭义救济仅限于国家利益和社会利益；而广义救济还包括不特定的多数人的利益。笔者认为，在广义救济中所提及的不特定的多数人利益实际上指的是社会部分群体的利益，之所以不特定，是因为案件涉及的具体人数难以统计。比如，某饮用水被污染，严重影响附近居民的饮水安全，由于受到影响的具体范围与人数不明，因此受到该违法行为牵连的群体就为不特定群体。但是，该不特定群体实为社会群体的组成部分，多数情况下，社会利益就是不特定多数人的利益，二者等同。故上述观点针对公益诉讼的救济对象其实是一致的，也就是公益诉讼排除纯私人利益、个人利益。（2）公益诉讼的起诉主体，存在"一元化"和"多元化"两种观点。主张"一元化"的认为，有权提起公益诉讼的只能是特定的国家机关。而主张"多元化"的认为，起诉主体不仅有特定的国家机关，还包括社会组织和个人。笔者认同从宽泛性角度去界定公益诉讼，即，公益诉讼是指任何组织和个人，针对侵犯国家利益、社会公共利益或不特定的他人利益的行为，但该行为对起诉人自身合法权益并未构成或者不具有构成直接侵害之虞的，得向法院提起诉讼依法追究其法律责任的活动。因为，既然救济对象是国家利益、社会利益，那么起诉主体就应当是上述利益的可能享受者，即社会一切成员，包括国家、社会组织和公民个人。从这个角度看，"多元化"主张更符合公益诉讼对公共利益保护的要求。[2]

与私益诉讼相比，公益诉讼具有如下特征：（1）起诉主体的特殊性与广泛性。私益诉讼的起诉主体通常采用"利害关系说"，它要求起诉主体必须与被诉标的之间有直接利害关系。而公益诉讼的起诉主体，从广义上讲，任何单位、组织或个人均有权针对侵害公共利益的行为提起诉讼。（2）诉讼目的的公益性。私益诉讼是法人、其他组织或公民个人在其私权益受到侵害后，依法向法院提起的旨在维护其自身利益的诉讼，其诉讼目的没有公益性。而公益诉讼是为了预防或阻止可能侵害公共利益行为的发生或继续进行，旨在

---

[1] 参见潘牧天、孙彩虹：《司法体制改革视域下环境公益诉讼制度研究》，法律出版社2021年版，第91页。

[2] 参见潘牧天、孙彩虹：《司法体制改革视域下环境公益诉讼制度研究》，法律出版社2021年版，第92页。

救济受损的公共利益。诚然，有些私益诉讼也会附带或间接地保护公共利益，但从诉讼利益的归属上看，其仍然属于私益诉讼的范畴。（3）判决效力的扩张性。按照传统的诉讼理论，法院判决的效力只在双方当事人之间产生，原则上不宜将既判力的主观范围扩张至没有参加诉讼的案外人，即所谓的"既判力的相对性原则"。但公益诉讼的性质决定其需要实现既判力的适度扩张，使判决效力不仅及于直接参加诉讼的当事人，还及于权益受到损害但未参加诉讼的不特定的人。这样既能实现对众多不特定受害人的权利救济，又能降低诉讼成本，通过效力的预设使侵权人对自己的行为结果进行充分的预测，从而权衡利弊自觉停止侵权行为。（4）诉讼功能的预防性。私益诉讼一般是为了解决特定主体之间已经发生的民事纠纷，具有事后性、惩罚性或弥补性。而公益诉讼，既可以对已经造成现实损害的行为提起诉讼，也可以对尚未造成现实损害但存在损害之虞的行为提起诉讼。而通过公益诉讼获得赔偿也不是其主要诉讼目的，预防损害或阻止正在发生的损害才是公益诉讼的宗旨。（5）诉讼制度的特殊性。公益诉讼无论从表象上还是实质上都突破了传统的诉讼框架，它在诉讼规则及诉讼制度设计上均对传统诉讼进行了修正。如在公益诉讼中，当事人的处分权、辩论权等一般性权利都会受到一定程度的限制。在诉讼期间、举证责任、诉讼费用承担等方面也与私益诉讼有不同的要求。[1]

　　根据不同的分类标准，可将公益诉讼分为若干类别，这样有助于我们更加清晰地认识公益诉讼的本质、特征。（1）根据被起诉的对象以及案件审理所适用法律的性质，可将公益诉讼分为民事公益诉讼和行政公益诉讼。民事公益诉讼，是指公民或者组织，出于保护公益的目的，针对其他公民或组织损害社会公共利益的行为，向法院提起的公益之诉。民事公益诉讼体现的是"私人对私权，私人为公益"的特点。行政公益诉讼，是指公民或组织，出于保护公益的目的，认为行政机关的具体行政行为危害社会公共利益，向法院提起的公益之诉。它体现的是"私人对公权，私人为公益"的特点。需要注意的是，理论上并没有"刑事公益诉讼"的说法。因为，犯罪行为不仅严重侵犯了被害人的利益，同时也侵犯了国家利益、社会利益，如果该犯罪行为

---

〔1〕　参见潘牧天、孙彩虹：《司法体制改革视域下环境公益诉讼制度研究》，法律出版社 2021 年版，第 93 页。

达到了依法需要追究刑事责任的程度，就构成刑事公诉案件，均由检察机关代表国家以公诉人的身份向法院提起刑事诉讼。（2）根据起诉主体的不同，可将公益诉讼分为私诉的公益诉讼和公诉的公益诉讼。私诉的公益诉讼，其起诉主体包括公民或者其他社会组织，体现的是"私人为公益"。而公诉的公益诉讼，通常则由检察院代表国家提起公益诉讼，此类公益诉讼体现出典型的"公权为公益"的特点。（3）根据起诉主体的确定方式不同，公益诉讼可分为法定的公益诉讼、协议的公益诉讼和任意的公益诉讼。法定的公益诉讼，是指法律直接规定某些主体对于一定范围内的公共利益有保护之责，或者其自身即为权利主体，在该特定公共利益受到侵害时，即可以公益诉讼原告身份提起的诉讼。协议的公益诉讼，是指在公共利益受到侵害或有侵害之虞时，权利主体可根据法律规定，通过协议的方式将起诉权授予某些社会组织或者公民，由接受授权的主体作为原告提起的公益诉讼。这种公益诉讼最常见的形式是诉讼信托。任意的公益诉讼，是指在公共利益受到侵害时，一国公民或者组织均有权提起的公益诉讼。（4）根据保护利益不同，可分为环境公益诉讼、消费者权益保护公益诉讼、劳动公益诉讼、基本平等权保护公益诉讼、基金公益诉讼和其他公益诉讼等。（5）按照诉讼目的是否直接为追求公共利益的保障，公益诉讼还可分为直接公益诉讼（目的上的公益诉讼）和间接公益诉讼（效果上的公益诉讼）。[1]

（二）何谓公共利益

1. 西方法哲学中的公共利益

学界对于"公共利益"的定义与解释一直争论不休，至今尚无完全清晰的定义。正因如此，在西方法哲学论著中就存在"公共利益是不存在的"观点，认为公共利益是一个神话。虽然公共利益这一概念非常抽象，难以定义，但不可否认的是，公共利益无疑是公益诉讼制度的核心与关键词，因为对公共利益的判断与识别关涉该制度的目标实现与作用发挥。

对于公共利益的定义，在西方法哲学理论上存在以下观点：一是"公民全体利益说"。这种观点将公共利益视为公民中的整体利益而不是局部利益，是普遍利益而不是特殊利益。这一理论类似于代数中提取公因式，即公共利

---

[1] 参见潘牧天、孙彩虹：《司法体制改革视域下环境公益诉讼制度研究》，法律出版社 2021 年版，第 94~95 页。

益来源于个人利益又独立于个人利益，是全体成员享有的普遍的利益。二是
"多数人利益说"。这种观点认为，公共利益不一定是全体社会成员的利益，
社会中大多数人的共同利益也是公共利益。德国学者洛厚德（C. E. Leuthold）
在 1884 年发表的《公共利益与行政法的公共诉讼》一文中，将公共利益定义
为"任何人、而不必是全体人们的利益"，并以一定的地域空间作为界定"人
群"的标准，进而将公共利益表述为"相对空间内关系人数的大多数人"的
利益，这个空间通常以地区为划分，且多以国家组织为单位，地区内的大多
数人的利益就足以形成公共利益。同时他将这个区域中居于少数地位的人的
利益，称为"个别利益"，认为"个别利益"必须服从和让位于大多数人的
整体利益。[1]洛厚德认为公共利益的界定权不应掌握在公众或代表公众的代
议机关手里，而是行政机关和司法机关的权力。德国学者纽曼（Neumann）
也提出了类似观点，"不确定多数人理论"，即以受益人的多寡决定，只要多
数且不确定数目的利益人存在，即属公益。[2]此外，美国学者克鲁斯克等在
《公共政策词典》中认为公共利益"表示构成一个整体的、大多数人的共同利
益"，它是"社会或国家占绝对地位的集体利益而不是某个狭隘或专门行业的
利益"。[3]美国学者林德布洛姆在《决策过程》中也表达了同样的观点，认
为在大多数情况下，"公共利益"仅代表着社会多数人的利益，它是"构成一
个政体的绝大多数人的共同利益"。[4]三是"私人利益总和说"，这种观点认
为公共利益是一种个人利益的总和。英国法理学家、哲学家杰里米·边沁
（Jeremy Bentham）将公共利益理解为某种"共同体利益"，那么共同体的利
益是什么呢？"是组成共同体的若干成员的利益的总和。"[5]美国著名思想家
托马斯·潘恩（Thomas Paine）的表述更加明确，"公共利益是每个个人利益
的总和"，"它是所有人的利益，因为它是每个人的利益；因为正如社会是每
个个人的总和一样，公共利益也是这些个人利益的总和"。[6]四是"目的性
价值说"，认为公共利益是一种抽象的目的价值，就像真理、正义、公平一

〔1〕 参见陈新民：《德国公法学基础理论》（上），山东人民出版社 2001 年版，第 184 页。
〔2〕 参见陈新民：《德国公法学基础理论》（上），山东人民出版社 2001 年版，第 186 页。
〔3〕 ［美］E. R. 克鲁斯克、B. M. 杰克逊：《公共政策词典》，唐理斌等译，上海远东出版社
1992 年版，第 30 页。
〔4〕 ［美］查尔斯·林德布洛姆：《决策过程》，竺乾威、胡君芳译，上海译文出版社 1988 年版。
〔5〕 ［英］边沁：《道德与立法原理导论》，时殷弘译，商务印书馆 2000 年版，第 58 页。
〔6〕 ［英］史蒂文·卢克斯：《个人主义》，阎克文译，江苏人民出版社 2001 年版，第 46 页。

样，很难具体描述，代表性人物有弗德罗斯和哈耶克。弗德罗斯认为，公共利益既不是个人利益的总和，也不是人类的整体利益，而是一个社会通过个人的合作而产生出来的"事物价值的总和"。[1]哈耶克认为，"公共利益"关涉社会每个成员的利益，它在一定程度上往往是作为一个目的性价值出现的；同时他将公共利益称为"普遍利益"，认为普遍利益"乃是由那些被我们认为是法律规则的目的的东西构成的，亦即整体的抽象秩序；这种抽象秩序的目的并不在于实现已知且特定的结果，而是作为一种有助于人们追求各种个人目的的工具而存续下来。"但哈耶克还强调，"集体利益"与"普通利益"是不能等同的，有时"对某些特定群体集体利益的满足实是与社会普遍利益相悖离的"。[2]此外，西方新自然法学派的主要代表之一美国学者约翰·罗尔斯（John Rawls）认为，公共利益具有不可分性和公共性两个特点。就是说，在一个群体范围内，对于一个领域的公共利益，如果有一个人享有了它，那么其他的人都享有了同样的一份。公共利益的数量是不可以被划分的，不是一个蛋糕平均地分给每一个人。它是相对于整个群体而言的，不存在偏多或者偏少的问题。[3]

2. 我国学界对公共利益的认识

我国学术界对公共利益的认识也有很多观点。有学者认为，公共利益"是组成社会后整体突变而形成的利益，具有整体性和普遍性的特点"，但他认为公共利益不能脱离个体利益而独立存在，因为公共利益"是个人利益的某种组合，并最终体现于个人利益"。也有学者认为公共利益的关键并不在于共同体的不确定性，而在于谁来主张公共利益。公共利益是针对某一共同体内的少数人而言的，客体对该共同体内的大多数人有意义（共同体的规模可以是国家、社会，也可以是某一个集体）[4]此外，有学者将公共利益分为两层含义，一是"社会公共利益"即"为社会全部或部分成员所享有的利益"，二

〔1〕 参见［美］E·博登海默：《法理学：法律哲学与法律方法》，邓正来译，中国政法大学出版社1998年版，第29页。

〔2〕 参见［英］弗里德利希·冯·哈耶克：《法律、立法与自由》（第二、三卷），邓正来等译，中国大百科全书出版社2000年版，第393页。

〔3〕 参见［美］约翰·罗尔斯：《正义论》，何怀宏等译，中国社会科学出版社1988年版，第257页。

〔4〕 参见胡锦光、王锴：《论公共利益概念的界定》，载《法学论坛》2005年第1期。

是"国家的利益"。[1]还有学者将公共利益的内容概括为三个层次：一是国家利益，此乃公共利益的核心，如国有资产；二是不特定多数人的利益，此乃公共利益常态化的存在形式，如不特定多数消费者的利益、环境污染受害人的利益、因垄断经营受损者的利益；三是需特殊保护的利益，此乃公共利益的特殊存在形式，是社会均衡、可持续发展必须加以特殊保护的利益，如老年人、儿童、妇女、残疾人的利益。[2]可见，我国学术界对公共利益的解释，基本上围绕在"受益人是否特定""受益人是否多数"这两个问题上。

笔者认为，对于公共利益的确定，在不同语境下，会有不同的判断标准。如果我们考虑的公共利益不是一个理论问题，而是一个涉及几乎所有人利益的实际问题，那么公共利益就是服务于整个社会公众，能够为其带来不可分的、普遍性的利益或好处。无论是国家利益、社会利益还是不特定多数人的利益，抑或是特殊群体的利益，都是组成社会共同体若干成员的整体利益，它具有不可分性、普遍性的价值理念，即公共利益如公平、正义一样是确信有益于社会中每个人的某种价值观念。

（三）公共利益的分类

在西方法哲学中，公共利益不仅存在，而且还有相应的分类。（1）根据公共利益的性质，德国学者罗曼·斯克奴（Roman Schnur）将公共利益分为主观公共利益和客观公共利益，所谓主观公共利益是基于文化关系之下，一个不确定多数所涉及的利益；而客观公共利益是基于国家社会所需的重要目的及目标，即国家目的。[3]纽曼（Neumann）也从主、客观角度划分公共利益，只是具体界定不一样。他认为，主观的公共利益是基于文化关系而形成的利益，而客观的公共利益是基于国家目的和任务而形成的公共利益。另一位德国法学家汉斯·J. 沃尔夫（Hans J. Wolff）将公共利益区分为事实性的公共利益和客观性的公共利益，事实性的公共利益是指国家主体的事实性利益，"有时以决议或公众意见的形式直接表现出来，但通常由共同体的机构公职人员阐明"；客观性的公共利益是指经正确认识的共同体利益（如和平的社会秩序的维护，人类尊严和名誉的保护，占有权、财产权和从事法律行为的权利

〔1〕 参见颜运秋：《公益诉讼理念研究》，中国检察出版社 2002 年版，第 21 页。
〔2〕 参见韩波：《公益诉讼制度的力量组合》，载《当代法学》2013 年第 1 期。
〔3〕 参见陈新民：《德国公法学基础理论》（上），山东人民出版社 2001 年版，第 185 页。

等），这种公共利益是作为法律发现和立法行为基础的抽象原则。[1]（2）根据公共利益的形式，英国法学家约瑟夫·莱兹将公共利益分为偶然的公共利益和内在的公共利益。"如果一个城市的供水网络不允许每一个家庭掌握开关，那么该城的供水问题就事关公益"，但这只是"一种偶然的公共利益"；所谓内在的公共利益，又称共同利益，是指"在一个承认公共利益的社会中其社会成员之间非排他地享受的利益"。而内在的公共利益才最符合社会生活的"普遍的互惠特点"。[2]我国出版的《当代西方政治学新词典》将公共利益分为两类：一类是非产品形式的公共利益，主要指社群中"所共同追求的价值、原则和精神上的共同理念"；一类是产品形式的公共利益，指"各种各样的社会福利"。[3]（3）根据公共利益的内容，美国社会法学派代表庞德（Roscoe Pound）在"利益三分法"[4]的基础上，按照其内容又将其划分为以下六种类型：a）一般安全中的利益，包括防止国外侵略与国内动乱的安全和公共卫生的安全；b）社会制度的安全，如政府、婚姻、家庭及宗教制度等；c）一般道德方面的社会利益；d）自然资源和人力资源的保护；e）一般进步的利益，特别是经济和文化进步方面的利益；f）个人生活中的社会利益，这种利益要求每个人都能够按照其所在社会的标准过一种人的生活。[5]美国政治学家塞缪尔·P. 亨廷顿（Samuel P. Huntington）按照公共利益的不同内涵将其分为三类：一是把公共利益等同于"某些抽象的、重要的、理想化的价值和规范"；二是把公共利益看作"某个特定群体或多数人的利益"；三是把公共利益看作是"个人之间或群体之间竞争的结果"。[6]

我国学者以规范目的作为公共利益类型化标准，分为立法目的型公共利益、权力依据型公共利益、权利界限型公共利益和法律客体型公共利益等，

---

[1] 参见［德］汉斯·J. 沃尔夫等：《行政法》（第1卷），高家伟译，商务印书馆2002年版，第326页。

[2] 参见［英］约瑟夫·莱兹：《以权利为基础的道德》，郑强译，载夏勇编：《公法》（第二卷），法律出版社2000年版，第412~414页。

[3] 参见潘小娟、张辰龙主编：《当代西方政治学新词典》，吉林人民出版社2001年版，第124页。

[4] 美国法学家罗斯科·庞德（Roscoe Pound）认为，法的本质是调和社会利益，而这些利益可以从多个角度分类。其中一种方式就是分为公共利益、公共的个人利益和私人利益三类。

[5] ［美］E·博登海默：《法理学：法律哲学与法律方法》，邓正来译，中国政法大学出版社1998年版，第141页。

[6] ［美］塞缪尔·亨廷顿：《变革社会中的政治秩序》，李盛平等译，华夏出版社1988年版，第124页。

以助于区分公共利益概念的法律意义和日常意义。[1]

二、公共利益：国有财产保护公益诉讼的法益来源

（一）国有财产领域公共利益保护的原则

从法理上看，公共利益体现并符合和谐社会的价值取向，是司法、行政等公共权力行使的目标导向。公共利益的正当性来源于普遍权利，是普遍权利保障的必然结果和要求，它不仅需要平衡个体利益和群体利益，还需要尽可能地将所有人的利益融入其中，以减少社会冲突，增加社会稳定和和谐。在公共利益的实现过程中，必然涉及资源的配置和利用，其中又以国有财产最为突出，其有效的管理和合理的利用，既是国家和政府履行社会责任的具体表现，也是保障公共利益实现的重要手段。因此，保证国有财产的有效管理和合理使用，是实现公共利益的前提和基础。如何保护国有财产中的公共利益？一些利益集团总想试图将其成员利益放在公共利益之上，而国家所有或全民所有也不意味着人人有份，每个人都可以支配国有财产，更不能私分、非法占有国家财产。从法理学角度看，国有财产领域公共利益的保护需要遵循以下原则。

1. 公共利益优先原则。世界上大多数国家都认可公共利益享有优先性地位。因为"在协调不同利益群体的关系时，有一个标准是必须确认和使用的，这即是对社会公共利益的确认。只有以维护公共利益为相互接受的基本条件，才能找到他人受益、自己也受益的重合线和结合点"[2]。公共利益优先原则，强调国有财产的管理和利用应当为全体公民提供福祉，而不是为少数特定的利益集团服务。比如，国有资源的开发必须要保障环境质量和生态安全，保护广大公民的生活和身体健康。公共利益优先原则还强调在行使管理和处置国有财产职责时，有关主体必须以国家和公众的利益为重，决不能将公有财产视为谋取个人或集团利益的工具。

2. 利益平衡原则。必须承认利益主体的平等地位。庞德将"利益"视为

---

[1] 参见倪斐：《公共利益的法律类型化研究——规范目的标准的提出与展开》，载《法商研究》2010 年第 3 期。

[2] 郑俊田、本洪波：《公共利益研究论纲——社会公正的本体考察》，载《理论探讨》2005 年第 6 期。

他的理论核心，认为法律的一个主要功能是化解社会矛盾，平衡各种社会利益。国家通过立法和行政手段调整各种利益诉求，最终目的还在于保障利益平衡。在国有财产领域，要求国有财产的分配和利用必须对所有公民公平、公正。这不仅因为国有财产本质上是全体公民的共享财产，也源于社会公平理念的要求。在资源分配时，需要公平公正地考虑到所有利益主体的利益，避免产生利益的不平衡和矛盾，任何特权或者特殊关系都不能成为享受国有财产的衡量标准；在国有财产的管理和决策过程中，所有利益主体都应参与其中；如有利益冲突或矛盾，还应提供公平、公开、公正的解决机制；对于擅自占用、滥用国有财产、损害国家和公共利益等违法行为，都应受到法律制裁并通过国家强制力保证其实施。

3. 效益保障原则。国有财产必须用于支持经济发展和提高社会福利，以实现国家和人民的共同愿景。在坚持"国有"与"公有"的原则下，以提高经济效益为目标，充分发挥市场在资源配置中的决定性作用，优化国有财产的配置和使用。提高国有企业经济效益和国有资本回报率，提供更多的公共资源和服务，满足人民群众日益增长的美好生活需要。但要防止盲目追求短期经济效益而忽视长期的社会、环境效益，注重实现经济效益和社会效益的最大化。

4. 接受社会监督原则。公开透明的信息是社会监督的基础。国有财产的管理、使用、收益等信息应依法公开，让公众知晓并理解相关决策。强化公共参与，保障国有财产的合理使用和公平分配。同时完善相关法律法规，建立健全社会监督机制，对社会监督发挥积极作用的个人或组织给予奖励，对妨碍社会监督、侵犯国有财产的行为进行严厉惩罚。

（二）国有财产保护公益诉讼中公共利益的界定标准

国有财产是与"国家"这一特定经济实体紧密相联的经济资源。我国实行全民所有制和劳动群众集体所有制的社会主义经济制度，国有财产即全国人民的财产，国家所有即全民所有。因此，国有财产是以国家这一整体利益形式表现的公共利益，对国有财产的保护也是对人民利益的保护。我国拥有世界上最庞大的国有财产（包括国有不动产、国有企业以及国家参股等），但国有财产流失问题严重。一些国有财产的投资者、占用者、管理者故意或者过失违反法律、法规及国家有关国有资产管理、监督、经营的有关规定，通过各种手段将国有产权、国有资产权益以及由此而产生出来的国有收益转化成非国有产权、非国有资产权益和非国有收益，或者以国有资产毁损、消失的形式，造成国有财产的大量损失。按照公共信托理论，当国有财产与水、阳光、空气一样成为全民的共有财产时，国民可以将他们的共有财产委托给政府管理。此时，国民和政府之间的关系就是委托人与受托人的关系，政府应当为全体国民管理好财产，未经委托人许可，不得自行处分。因此，当作为国有财产的管理者或受托者不能履行好国有财产"管家"的职责时，作为信托人的公民有权利发起救济，制裁违法行为，保护国有财产免受损失。其中，司法救济就是重要途径之一。在这种情形下，任何公民或组织都有权将国有财产作为公共利益的保护对象，向法院发起公益诉讼。通过公益诉讼制度，限制政府管理公共资源的行政权力，发挥制约政府行为的作用，以解决维护国家和社会公共利益领域的政府不作为或乱作为问题。

在我国，无论是民事公益诉讼还是行政公益诉讼均将"公共利益遭受损害"作为提起公益诉讼的起诉条件。从现有公益诉讼的法律规范看，"公共利益"有四种立法表述：第一种"社会公共利益"。如《中华人民共和国民事诉讼法》（以下简称《民事诉讼法》）第 58 条规定，对污染环境等损害"社会公共利益"的行为；《行政诉讼法》第 25 条第 4 款，人民检察院在履行职责中发现生态环境和资源保护、食品药品安全等领域负有监督管理职责的行政机关违法行使职权或者不作为，致使"社会公共利益"受到侵害；《中华人民共和国环境保护法》（以下简称《环境保护法》）第 58 条，对污染环境、破坏生态，损害"社会公共利益"的行为；此外《中华人民共和国军人地位和权益保障法》和《中华人民共和国反垄断法》等也是使用损害"社会公共利益"的表述。第二种"国家利益"。主要体现在《行政诉讼法》第 25 条第 4 款，国有财产保护、国有土地使用权出让等领域负有监督管理职责的行政机关违法行使职权或者不作为，致使"国家利益"或者社会公共利益受到侵害的。《中华人民共和国安全生产法》第 74 条第 2 款，因安全生产违法行为造成重大事故隐患或者导致重大事故，致使"国家利益"或者社会公共利益受到侵害的。第三种"公共利益"。在《中华人民共和国未成年人保护法》第 106 条中规定，未成年人合法权益受到侵犯，相关组织和个人未代为提起诉讼的，人民检察院可以督促、支持其提起诉讼；涉及公共利益的，人民检察院有权提起公益诉讼。第四种"众多人的利益"，这种表述主要出现在《民事诉讼法》以及《中华人民共和国消费者权益保护法》（以下简称《消费者权益保护法》）中。如《消费者权益保护法》第47条规定，对侵害"众多消费者合法权益"的行为。如是，上述四种表述有无差异？国有财产保护公益诉讼中的公共利益有没有基本的界定标准呢？

从西方法哲学思想对公共利益的理解和分类看，这四种表述还是存在细微差异的。首先，"众多人的利益"不代表公共利益，它既可能纯属私人利益，当然也可能具有公共利益的性质，这要取决于作为众多人利益基础的利益关系的本质属性。比如在三鹿奶粉案件中，每位受害者都有权获得身体健康和食品安全的保障，这是他们的私人利益。但这个案件也涉及我国食品安全监管体系的问题，公众有权享受食品安全和公共健康，这部分利益则属于公共利益。其次，社会利益与公共利益同样存在差异。社会利益具有功利性和排他性，一定的集团或集体利益有时也会构成社会利益，比如未成年人、老年人、残疾人的利益是社会利益但不是公共利益。最后，国家利益与公共利益也不能完全等同。国家利益一般指基于国家权力、主权或领土而产生的利益，从利益的内容上看，国家利益是有限的。[1]比如窃取国家机密，侵犯了国家利益，但不能说侵犯了社会利益。从上述分析看，有学者提出"公共利益是上位概念，社会利益与国家利益同为并列的下位概念"的观点，[2]笔者是认同的。

从理论上讲，公益诉讼的受案范围应涵盖所有公共利益领域，但囿于国家司法资源、社会法治水平、民众公共意识等多方面因素的影响，我国公益诉讼的案件范围整体而言仍较为狭窄，尤其是国有财产保护领域的公益诉讼，当前首要解决日益凸显的公共利益问题，如税收、国有资产流失、非法占用国有土地、违法低价出让土地使用、违规用地等领域的案件。可以预见，随着社会的发展和国家保护公共利益手段的丰富，产品质量、市场竞争等其他公共利益领域也会逐步进入公益诉讼视野。因此，在国有财产保护公益诉讼中，我们不能简单地说只保护国家利益，而忽视社会公共利益。实际上，在很多情况下，国家利益和社会公共利益是相互联系，甚至是相互促进的。其一国有财产是属于国家的，其增值、安全和有效管理直接关系到国家的经济

---

〔1〕 参见余少祥：《什么是公共利益——西方法哲学中公共利益概念解析》，载《江淮论坛》2010年第2期。

〔2〕 参见颜运秋：《公益诉讼理念研究》，中国检察出版社2002年版，第17页。

基础和国家的核心利益，因此，保护国有财产就是在保护国家利益。其二，国有财产的保值增值也服务于社会公共利益。比如，国有土地、矿产资源、交通设施等，在经济活动中产生的效益不仅增加了国库收入，也直接或间接地提供了丰富的社会公共产品和服务，如公共教育、社会保障、基础设施建设等，这都是对社会公共利益的体现和保障。因此，维护国有财产的合法权益，既是保护国家利益，也具有保护社会公共利益的重要作用。在国有财产保护公益诉讼中，我们应积极寻求国家利益和社会公共利益的有机结合，在维护国家财产权益的同时，充分体现和实现社会公共利益。

第二节　域外国有财产保护相关公益诉讼制度

一、大陆法系国家

（一）法国的越权之诉

法国是世界上最早通过立法确立行政公益诉讼的国家，"越权之诉"制度是法国行政公益诉讼制度的重要代表。所谓"越权之诉"是为了遏制行政主体违法行政，不以维护原告主观权利为主要目的而请求行政法院撤销违法行政决定的诉讼。1906年，法国最高行政法院通过审理ALcindor案，明确了越权之诉的受案范围，即不要求申诉人具体权利实际受到侵害，只要客观利益受损即可。因此越权之诉的主要目的在于保证行政行为的合法性，是行政法治原则的重要保障，是对事不对人的客观诉讼。[1]其主要作用是针对行政主体的决定或行为进行司法审查，保障行政秩序在法治轨道内的良性运行，最终实现行政法治。法国的越权之诉有着鲜明的特色：一是法院主要对被起诉的行政行为进行合法性审查，既包括对行政机关是否有权作出此行政行为的形式审查也包括行政机关作出该行政行为是否有法律依据的实质审查；二是越权之诉是出于对公共利益保护的考虑提出的反对侵害公共利益行政行为的诉讼方式，因此，只要行政机关的违法行政行为侵犯起诉人利益，不论是起诉人的私人利益还是公共利益、不论是物质利益还是精神利益、不论是现实

---

〔1〕　参见王名扬：《法国行政法》，中国政法大学出版社1997年版，第669页。

利益还是已经确定存在的将来利益受到侵害，公民都可以自己名义提起越权之诉，而不需要律师代理；三是起诉人可以放弃起诉，但撤诉后还可以就该事项再次向法院提起诉讼。

受法国社会主义革命思潮等历史因素的影响，法国国有财产占比相对较高，其国有财产法律法规体系建设也较为完善，在法国，针对国有房地产和国有企业两大类国有财产制定了专门法律进行管理，如《国有财产法典》和《国有土地法典》。由于法国的法律体系是建立在私有产权基础上的，因此对国有财产的相关问题在具体运营中与同类的私营企业一样，接受私法的管辖，只是其组织形式从属于公法管辖。但法律也明确赋予检察官提起和参与民事诉讼的权力，根据现行《法国民事诉讼法典》的规定，检察官作为主当事人提起民事诉讼有两种情形，一是在法律有特别规定的情形时，检察院依职权提起诉讼，二是无法律特别规定的情形，检察院为维护公共秩序提起诉讼；另外，检察院对涉及公共利益的所有案件，只要认为需要就可以参与民事诉讼。对于国有财产流失的问题，法国法律注重行政监管和审计机构的角色。如法国的审计法院（Cour des comptes）就带有准司法机关的性质，它负责审计包括中央政府、国有企业、社会保障机构和公共服务的财政状况，并对财物滥用、损失作出审计报告，有时会带有法律建议。对于涉及刑事责任的可以起诉到刑事法庭。对于不当处理国有财产的行为，可以通过越权之诉的方式由个人或集体发起以保护公共利益，撤销可能导致国有财产流失的不当行政决定。

（二）日本的民众诉讼

在日本，集体本位主义被奉为立国之本，而侵犯集体财产的行径与环境污染行为都被称之为"公害"，因此保护国家集体本位主义财产所有权也成为日本公益诉讼的重要任务之一。日本《行政案件诉讼法》将行政诉讼案件分为抗告诉讼、当事人诉讼、民众诉讼和机关诉讼四种。其中抗告诉讼和当事人诉讼属于主观之诉，民众诉讼及机关诉讼属于客观之诉。但机关诉讼的目的在于解决"国家或公共团体机关相互间的职权纷争"，本质上属于行政权内部的纠葛，并无多少公共利益的成分。[1]20 世纪 90 年代初，日本兴起一类

---

[1] 参见章志远：《行政公益诉讼热的冷思考》，载《法学评论》2007 年第 1 期。

以纳税人身份提起的要求公开交际费开支的诉讼，其中著名的案件有针对大阪府知事交际费案和厉木县知事交际费案。[1]2004 年日本修改《行政案件诉讼法》虽然未对"公益诉讼"进行界定，但该法第 5 条关于"民众诉讼"及第 9 条第 2 项的补充规定，均体现了"公益诉讼"的基本理念。[2]

与其他诉讼相比，民众诉讼具有两个显著特点：一是民众诉讼并非法律意义上的争诉，它不以寻求某个私人利益得到救济为诉讼目的，而是公民作为公共行政监督者，以维护公共利益为出发点而被赋予诉权，因此这种诉讼只有在法律明文规定时才能被提起；二是为了有助于对公共利益的保护，民众诉讼的原告并不要求与行政行为具有法律上利害关系，但为防止滥诉，只有法律规定的适格主体在法定情形下才能提行政公益诉讼。作为民众诉讼的典型，日本《地方自治法》第 242 条所规定的"住民诉讼"这一诉讼形式，就是在普通地方公共团体的长官等进行了违法或者不当的公款支出以及财产的管理处分时，住民在经过对监察委员进行监察请求后就可以提起诉讼。由于日本地方公共团体的财产属于国有财产的范畴，而住民诉讼的对象是对公共团体的财产造成损害的行为，因而日本住民诉讼可以作为国有财产公益诉讼予以考量。

（三）德国的公益代表人制度

德国的"公益代表人"制度是德国维护公共利益的重要诉讼制度，德国也是世界上迄今为止唯一以制定法明文规定公益代表人制度的国家。公益代表人主要是检察官，在行政机关违法作为或不作为侵害公共利益时，为有效保护社会公共利益，通过公益代表人，由其作为代表参加各级法院的行政公益诉讼。[3]德国《行政法院法》第 35 条第 1 款规定，在联邦行政法院内设有一名检察官，为维护公益该检察官可参与联邦行政法院中的任何诉讼。但不包括纪律惩罚审判庭的案件以及军事审判庭的案件。该联邦行政法院检察官听命于政府。[4]根据该法第 35 条第 1 款和第 36 条第 1 款的规定，联邦公益代表人必须由联邦最高检察官担任，州高等检察官必须担任州公益代表人，

---

〔1〕　参见颜运秋：《公益诉讼理念研究》，中国检察出版社 2002 年版，第 127~128 页。

〔2〕　参见岳丽：《日本的民众诉讼和抗告诉讼》，载《检察日报》2021 年 1 月 14 日，第 7 版。

〔3〕　参见胡建淼：《比较行政法：20 国行政法评述》，法律出版社 1998 年版，第 306 页。

〔4〕　参见樊崇义等主编：《域外检察制度研究》，中国人民公安大学出版社 2008 年版，第 217 页。

而地方公益代表人则由地方检察官担任。不过德国的公益代表人——无论是设在联邦行政法院的检察官，还是设在高等行政法院及地方行政法院的——不能以直接起诉的方式参加诉讼，而是通过参与侵害公共利益的具体案件来维护社会公共利益。但对于行政法院违背公益的判决，无论原、被告是否同意，检察官却有权径自提起上诉，要求变更。公益代表人的任务在于维护"公益"，且所代表的只能是州或州的行政机关这一层级以上的公共利益。其职责主要包括四项：协助法院适用法律、确定与具体化法律、提供学术情报、协助斟酌法律精神、辅助法官、弥补法院经验不足、担保法院办案不疏忽；在诉讼程序中代表大众，即代表沉默的多数，维护法律秩序，以保护大众的法律利益；减轻法院负担，协助法院迅速审理案件，避免因思虑不周浪费程序；对机关提供各项法律情报与咨询意见。[1]此外，德国还存在多种形式的公益诉讼，比较普遍的是团体诉讼。团体诉讼是根据"公共信托"理论将具有共同利益的众多法律主体提起诉讼的权利"信托"给具有公益性质的社会团体，由该公益团体基于团体法人自己的实体权利，依照法律规定，就他人违反特定禁止性规定的行为或无效行为请求法院命令该人终止或撤回其行为的特别诉讼制度。在德国还存在宪法诉讼的形式（也有学者称为民众诉讼），是指任何公民只要认为某项法律侵犯了宪法保障的权利，无论侵权案件是否发生，也不论是否涉及了本人的利益，都能提起这种诉讼。[2]

德国是一个特别注重维护和保障公共利益的国家，虽然法律没有专门针对国有财产保护作出专项规定，但德国的行政法以及环保法等一系列法律规定包含了对公共资产包括国有财产的保护。同时，公民和团体还可以通过行政复议以及行政诉讼的方式对行政决定进行质询，从而实现对公共财产的保护。政府的行政决定如果可能会对公共财产造成侵害，公民和团体可以依法提起行政诉讼，要求法院撤销或者修正这一决定。可见，德国采取的主要是一种"间接"的保护方式，这种方式侧重于通过法律制度来预防潜在的公共财产损害，而不是通过公益诉讼等方式来承担后期的维权任务。

---

〔1〕 参见蔡志方：《行政救济与行政法学（三）》，正典出版社 2004 年版，第 417~438 页。
〔2〕 参见颜运秋：《公益诉讼理念研究》，中国检察出版社 2002 年版，第 120~124 页。

二、英美法系国家

(一) 英国检察总长制诉讼

受大陆法系的影响，英国构建了"公法+私法"相结合的国有财产法律体系，也采用国家公产与私产的概念，但国有财产不适用于以私有财产为核心的财产法，而是依靠行政法或经济法以及相关的部门规章等公法来调整。[1]在 20 世纪 50 年代之前，涉及公共利益保护领域，只能由检察总长对侵害王室利益的行政行为代表王室提出，公民个人则不能提起。随着诉权理论的发展，目前英国的行政公益诉讼包括两种形式，一种是对于侵害公共利益的行为，公民个人将行政机关违法侵害社会公共利益的行为反映到检察总长处，由检察总长进行调查核实，经过调查核实情况属实的，公民个人可以检察总长的名义（由检察总长出借给公民个人）提起行政公益诉讼，检察总长则不参与案件，这种形式被称为"私人检察总长制度"。另一种是对于行政机关侵害社会公共利益的情形，检察总长以自己的名义代表公共利益直接提起诉讼，其诉讼请求一般是停止违法行为或确认行政行为违法。除了私人检察总长之外，英国的地方当局也被赋予了一种特殊的法定权力，可为本地区的福利而提起诉讼。在英国没有专门针对国有财产的公益诉讼制度，不过检察总长制为公民阻止公共不正当行为提供了一种重要武器，在这种机制下如果关涉到国计民生的重要产业如铁路、地铁、航空航天和军工等，国有财产公益诉讼也是受法律支持的。

(二) 美国私人检察总长制度

美国作为典型的联邦制国家，联邦及各州、县、市等级政府的财产彼此独立，由此美国建立了"联邦—地方"的国有（政府）财产法律体系及管理体制。在公益诉讼方面，美国是现代公益诉讼制度比较健全的国家，适用公益诉讼审理的案件范围相当广泛。同样为了实现维护公益的需要，针对政府公务人员的非法行政作为或者不作为，美国实行"私人检察总长"制度，根据法律规定，授权私人或者社会组织有权提起行政公益诉讼。"私人检察

---

〔1〕　参见谭静等：《国有资产立法的国际比较研究》，载《财政科学》2023 年第 4 期。

总长"制度主要包括纳税人诉讼、相关人诉讼和职务履行令请求诉讼三大诉讼类型。其中纳税人诉讼主要是针对国家行政机关因违反法律规定，致使公共资金流失或不当支出，原告以纳税人身份向法院提起的公益诉讼；相关人诉讼是指，对于违法行政行为，私人不具备行政公益诉讼原告资格的情形，而准予其以相关人名义及时向法院提起行政公益诉讼，请求制止、取消行政机关的违法行为；在美国行政公益诉讼中，职务履行令请求诉讼是美国行政公益诉讼的重要形式，根据规定，行政主体不履行职责时，公民有权直接向法院提起行政诉讼，如果事实成立，法院责令行政主体尽职履责。

美国将维护公共利益的诉权广泛赋予公民和其他社会组织，虽然没有专门针对国有财产流失的公益诉讼制度，但是公众可以通过《信息自由法》来请求有关政府公开财产管理的信息，并且该法也提供了对于拒绝提供信息的行政部门提起诉讼的程序。此外，公众还可以举报政府财产管理不当行为，对于公众的举报会有调查委员会来负责调查，一旦查实有国有财产流失，可以追究相关主体责任。总的来说，公众可以通过多种方式，如提起诉讼、举报、调查等来保护国有财产不被滥用或者流失。

第三节　我国国有财产保护公益诉讼制度概貌

一、相关理论探讨

我国行政公益诉讼的理论研究可追溯至 20 世纪 80 年代，当时普遍称之为"行政公诉"。[1]其主要特点是从法律监督的宪法定位出发，认为检察机关应当积极发挥监督行政行为、维护公共利益的职能，因此将检察机关作为"行政公诉"的重要参与者，代表国家向法院提起追究有关行政机关行政违法的法律责任。[2]但是检察机关在行政公益诉讼中的角色定位问题一直都是学界争议的问题，至今仍未达成共识。关于检察机关的法律地位问题，代表性

---

〔1〕　参见王桂五：《检察制度与行政诉讼》，载《中国法学》1987 年第 2 期；参见王祺国：《行政公诉探讨》，载《政治与法律》1987 年第 3 期。

〔2〕　参见王祺国：《行政公诉探讨》，载《政治与法律》1987 年第 3 期。

的观点有：原告人说、法律监督人说、公益代表人说、诉讼代理人说、公诉人说等，争议最多的是集中在检察机关是作为法律监督者还是公共利益的代表人。对于这个问题笔者同意胡卫列教授的观点，检察机关在行政公益诉讼中的角色地位不能既是法律监督者又是行政诉讼原告人，因为这两种身份在职能上存在很大差异，如果检察机关既是监督者又是行政诉讼的原告，无法保证其不会干预司法机关的审判，对于司法的公正性和公信力难免会产生影响。[1]

到 21 世纪初，我国学术界出现了研究行政公益诉讼的理论热潮，相关论文著作不计其数，这个时期的研究主要集中在：（1）从比较法的角度介绍国外特别是西方发达国家的行政公益诉讼制度。如有学者从法国、德国、日本等大陆法系国家的相关法律制度引入客观诉讼、民众诉讼等概念；还有学者基于美国、英国等英美法系国家的法律制度提出了私人检察官理论，并基于比较法以及自身的理解，提出了诸如"行政公诉""民众诉讼""客观诉讼""公民诉讼""私人检察长制度""行政公益诉讼"等各种不同的名称，在这些理论研究基础上学界逐步形成了一些共识，普遍认为建立以保护国家和公共利益为宗旨的客观诉讼制度，是从制度上改进、发展和完善我国行政诉讼法律制度的一个基本方向。[2]（2）集中探讨行政公益诉讼的内涵、外延、特点以及构建我国行政公益诉讼制度的具体设想等。建立行政公益诉讼制度最主要的异议有以下几点：一是由于我国《行政诉讼法》并没有规定行政公益诉讼制度，更没有对行政公益诉讼的内涵给出明确的界定，行政公益诉讼制度"官告官"与现行行政诉讼"民告官"的关系如何处理；二是如何确定行政公益诉讼的范围，是否凡是涉及政府管理的公共利益都可以提起行政公益诉讼；三是在行政管理实践中，人民政府是公共利益的代表，如何协调政府部门与人民法院、人民检察院在行政公益诉讼中的地位。[3]当然，这些争议并未因行政公益诉讼制度正式入法而得到相应的化解，实际上这些问题一直到现在仍未解决。

当前问题探讨逐渐深入到原告资格、诉讼程序、举证责任等方面。在提

---

〔1〕　参见胡卫列：《论行政公益诉讼制度的建构》，载《行政法学研究》2012 年第 2 期。

〔2〕　参见于安：《行政诉讼的公益诉讼和客观诉讼问题》，载《法学》2001 年第 5 期。

〔3〕　参见 2014 年 10 月 31 日全国人民代表大会法律委员会关于《全国人民代表大会常务委员会关于修改〈中华人民共和国行政诉讼法〉的决定（草案）》修改意见的报告。

起主体上，行政公益诉讼是否和民事公益诉讼一样，公民、法人和其他组织均有权提起，抑或是单一的检察机关，甚至行政机关能不能成为行政公益诉讼提起主体，理论上都有各种不同的主张。从诉讼经济和诉讼秩序的角度看，行政公益诉讼的原告应当相对固定和统一，[1]其中主张检察机关应该作为提起行政公益诉讼的唯一主体和提出检察机关、公民、社会团体、社会组织等主体多元化的观点都具有强烈的中国特色。虽然立法机关最终采纳的是检察机关作为行政公益诉讼提起主体的单一化理论，学界的质疑之声远没有之前的争论激烈，但仍有学者质疑检察机关作为唯一提起行政公益诉讼的主体是否满足了公共利益保护的实际需求。[2]检察机关提起行政公益诉讼程序中举证责任及调查取证是难点问题。对于行政公益诉讼的举证责任分配，有两种不同的观点：一种认为应由检察机关承担举证责任。虽然在传统的行政诉讼中适用举证责任倒置原则，那是基于原被告诉讼力量对比悬殊的考虑而设置的，但在行政公益诉讼中，检察机关有足够的技术和能力与行政机关相抗衡，不存在力量悬殊，因此没必要设置举证责任倒置。另一种观点是由作为被告的行政机关承担举证责任。一方面是行政公益诉讼作为行政诉讼的一种特殊类型，仍应严格遵循行政诉讼举证责任的原则性规定，实行举证责任倒置；另一方面，虽然检察机关具有一定的侦查技术和收集证据的能力，但是行政行为的多样性、复杂性和封闭性以及行政法律法规的繁杂性，由检察机关负担全部的证明责任并不现实。更为尴尬的处境是，检察机关虽为国家机关，但却只是享有行政诉讼中普通原告的权利没有任何强制性的调查取证权，那么足以证明损害事实发生的证据从何而来？事实也证明，目前检察机关调查收集"行政机关违法行使职权或者不作为致使国家利益或者社会公共利益受到侵害的证明材料"操作难度极大。因此，在行政公益诉讼中，检察机关是否应遵循一般行政诉讼中由作为被告的行政机关承担举证责任以及是否应赋予检察机关强制调查取证权都是需要继续探索的理论问题。

---

〔1〕 参见马怀德：《公益行政诉讼的原告资格及提起条件论析——以两起案件为视角》，载《中州学刊》2006年第3期。

〔2〕 参见练育强：《争论与共识：中国行政公益诉讼本土化探索》，载《政治与法律》2019年第7期。

二、我国国有财产保护公益诉讼制度演进

我国行政公益诉讼制度起步相对较晚，也没有秉持"制度先于实践"的立法惯例，而是经历了从基层探索到官方试点、再到正式立法的多轮嬗变历程，呈现出"先实践后立法""先试点后推广"的特点，具有典型的中国特色。这个过程既注重理论研究的引领，又强调基层实践的积累，充分体现了中国立法的特点和针对性，也使得此项制度具有丰富的实践基础以及制度体系的生长空间。

（一）基层探索

20 世纪 90 年代，随着国有企业转制和体制改革，国有资产流失现象严重。在此背景下，党的十五大报告明确作出"保证国有资产的保值增值，防止国有资产流失"的战略部署，[1]国有资产管理局也于 1998 年 2 月发布《关于国有资产流失查处工作若干问题的通知》，对防范国有资产流失、查处国资流失案件作了具体的制度安排。不过，当时并无对国有财产保护公益诉讼的相关规定，这一领域的公益诉讼缘起于实践探索。1997 年河南省南阳市方城县办理一起国有资产流失案件，首开行政公益诉讼之先河。1997 年 5 月南阳市检察院下发一项通知，要求全市检察系统调查国有资产流失情况。调查中，南阳市检察院接到群众举报，反映方城县独树镇工商所将价值 6 万余元的门面房，以 2 万元的价格卖给了私人，这是一起非法买卖国有资产的案件，应当追回这笔损失。当时双方买卖关系已经生效，但在其中并未找到与国家工作人员职务相关的犯罪线索，检察机关如何介入案件成为问题。为此，检察机关综合考虑该案实际情况，同时参考国外有关公益诉讼的制度设计以及 1954 年《中华人民共和国人民检察院组织法》（以下简称《人民检察院组织法》）"对于有关国家和人民利益的重要民事案件有权提起诉讼或者参加诉讼"的赋权规定，[2]决定根据宪法规定以原告身份向人民法院提起诉讼。经

---

〔1〕　参见江泽民：《高举邓小平理论伟大旗帜，把建设有中国特色社会主义事业全面推向二十一世纪》，1997 年 9 月 12 日在中国共产党第十五次全国代表大会上的报告。

〔2〕　随着 1979 年起《人民检察院组织法》的数次修正，该赋权性规定被删去，不过，根据现有文献所体现的办案人员的回忆，新中国成立初期相关法律与 1954 年《人民检察院组织法》是当时提起公益诉讼的重要参考。

与河南省及南阳市检察系统民行部门磋商，最后确定以方城县检察院作为原告法人单位，检察长为单位法定代表人，民行科二名检察官为委托代理人，将县工商局作为第一被告，买主作为第二被告，请求法院判决房屋买卖合同无效。但在是否立案问题上，方城县法院内部意见也不统一，经检法两家多次商讨，最终法院决定立案受理，经开庭审理，法院支持了检察院的诉讼请求。判决后两被告没有上诉。这次诉讼引起最高人民检察院相关部门的重视，被评为全国检察系统十年中八大事件之一，成为检察机关恢复重建40年首次以国家代表身份提起的民事诉讼，该案不仅开启了公益诉讼司法探索的先河，也为日后检察机关提起公益诉讼提供了范例。[1]此后，全国多地检察机关围绕侵吞国有资产、环境污染、食品安全和消费者权益等公共领域纷纷跟进试水公益诉讼，使国家利益和其他公共利益受侵害行为得到一定程度遏制，收到了良好的法律效果和社会效果。如2002年至2005年，南阳市启动79宗公益诉讼，其中56宗与国有资产流失相关；1997年至2005年，河南省检察机关启动逾500次公益诉讼，挽回国家经济损失高达2亿7千万元。[2]

（二）司法探索的停滞阶段

虽然检察机关提起公益诉讼的重要性愈加凸显，但检察机关担当公益诉讼主体的合理性却受到质疑。2005年，最高人民法院出具批复，指出法院不再受理检察机关作为原告提起的国有资产流失案件，[3]最高人民法院以"于法无据"为由叫停国有财产保护公益诉讼，一时检察机关提起公益诉讼的司法探索陷入了停滞阶段。究其原因，是因为人民法院受理检察机关为原告的民事公益诉讼目前尚无法律依据。[4]具体而言，首先，人民法院受理案件应遵循依法受理原则，而当时的《民事诉讼法》《行政诉讼法》并未赋予人民检察院提起公益诉讼的原告资格，因此人民检察院提起公益诉讼事实上处于

---

〔1〕 参见《检察机关恢复重建40年的40个首次｜首次以国家代表身份提起民事诉讼》，载 https://www.spp.gov.cn/spp/zdgz/201809/t20180914_392531.shtml，最后访问日期：2023年11月14日。

〔2〕 参见郭恒忠、吴晓锋：《陷入不足的尴尬境地、公益诉讼将何去何从》，载《法制日报》2005年9月28日，第9版。

〔3〕 参见郭恒忠、吴晓锋：《陷入不足的尴尬境地、公益诉讼将何去何从》，载《法制日报》2005年9月28日，第9版。

〔4〕 参见邓克珠：《民事公益诉讼检察院不能当原告》，载《法制日报》2006年11月22日，第5版。

于法无据状态，并使人民法院受理公益诉讼案件有违依法受理的基本原则。其次，尽管诚如前述河南省南阳市公益诉讼案件主办人员所提出的，1954 年《人民检察院组织法》的确赋予了人民检察院就国家利益与公共利益案件提起或参加诉讼的主体资格，但 1979 年全国人大常委会对《人民检察院组织法》作出修改，有意识地删去了这一赋权条款，从严格解释的立场出发，也应否定检察机关提起公益诉讼的主体资格。最后，前述公益诉讼案件的法律依据是《宪法》，但《宪法》对人民检察院的定位是"国家的法律监督机关"，在缺乏下位法具体赋权的情况下，事实上无法从《宪法》规定中解释出人民检察院作为法律监督机关提起民事诉讼的原告资格。

在"于法无据"的大背景下，国有财产保护公益诉讼陷入司法停滞，虽然各地检察机关转而通过支持起诉的方式启动涉国有资产流失诉讼，但由于公共利益和作为直接利害关系人的原告的利益难以完全重合，检察机关采用支持起诉的办法，启动起来有一定的困难。而且，此种"支持起诉模式"也不可避免地存在理念上的偏差：国有财产的所有者是国家而非个体自然人，令关联个体自然人在国有财产遭受损害时以"直接利害关系人"的身份提起诉讼，显然忽略了国有财产之真正利害关系人是国家这一事实。[1] 不过，国有财产保护公益诉讼在司法层面的停滞相应催生了在立法层面的探索。例如，在全国"两会"上，多次有全国人大代表、政协委员提出有关在民事诉讼法、行政诉讼法中增设公益诉讼制度的提案；行政诉讼法的修改建议稿也曾试图将公益诉讼制度写入立法。

（三）官方试点

基于公益诉讼的现实急需，顺应社会各界的强烈呼声，2012 年 8 月修改的《民事诉讼法》率先实现了立法突破，新增的第 55 条规定，"对污染环境、侵害众多消费者合法权益等损害社会公共利益的行为，法律规定的机关和有关组织可以向人民法院提起诉讼"。但鉴于《民事诉讼法》采"损害社会公共利益"的明确表述，理论界和实务界普遍认为"国家利益"有别于"社会公共利益"，民事公益诉讼只针对"损害社会公共利益"的行为，而"国有财产"属于国家利益，因此"国有财产保护"不属于民事公益诉讼的范畴。

---

〔1〕　参见颜运秋：《公益诉讼：国家所有权保护和救济的新途径》，载《环球法律评论》2008 年第 3 期。

《民事诉讼法》的修改无法作为检察机关针对国有财产保护提起公益诉讼赋权条款，《民事诉讼法》的修改也未能带来完善国有财产保护公益诉讼制度的契机。[1] 随后，2014 年修正《行政诉讼法》由于各方观点争执不下，行政公益诉讼制度的立法计划再次被搁置。与此形成鲜明对比的是，随着我国经济高速发展和城市化进程的加快，一些行政机关不作为、乱作为导致国家利益和社会公共利益受害的状况愈演愈烈，特别是在生态环境、食品药品安全以及国有财产等领域问题日渐突出，引起广大群众的强烈不满。2014 年 10 月，党的十八届四中全会《中共中央关于全面推进依法治国若干重大问题的决定》中提到"探索建立检察机关提起公益诉讼制度"，随后，2015 年 5 月 5 日，中央全面深化改革领导小组第十二次会议审议通过了《检察机关提起公益诉讼改革试点方案》（以下简称《试点方案》），同年 7 月，第十二届全国人民代表大会常务委员会第十五次会议审议通过《关于授权最高人民检察院在部分地区开展公益诉讼试点工作的决定》（以下简称《决定》），授权最高人民检察院在全国 13 个省区市，在包括国有资产保护、国有土地使用权出让在内的多个领域开展为期两年的行政公益诉讼试点工作，至此行政公益诉讼正式步入试点阶段。

作为试点的重点领域之一，国有资产保护、国有土地使用权出让等领域行政公益诉讼也摁下启动键，自试点开始的半年左右时间里，全国各地检察机关就办理了数百起国财国土保护公益诉讼案件。[2] 与此同时，最高人民检察院也出台了《试点方案》。《决定》与《试点方案》对于检察机关提起行政公益诉讼的案件范围、基本原则以及诉讼呈现等内容作了大致安排。随后最高人民检察院的《人民检察院提起公益诉讼试点工作实施办法》（以下简称《实施办法》和最高人民法院的《人民法院审理人民检察院提起公益诉讼案件试点工作实施办法》也相继出台，进一步明确了行政公益诉讼的类型及其具体制度。经过两年的试点，2017 年 5 月 23 日，习近平主持召开中央全面深化改革领导小组第三十五次会议，会议指出："经全国人大常委会授权，最高人民检察院从 2015 年 7 月起在北京等 13 个省区市开展为期两年的提起公益诉讼

---

〔1〕 参见潘牧天：《民事公益诉讼视域下国有财产的充分保护》，载《政法论丛》2023 年第 2 期。

〔2〕 参见梁捷：《检察机关提起公益诉讼试点工作稳步推进——访最高人民检察院党组副书记、常务副检察长胡泽君》，载《光明日报》2016 年 3 月 26 日，第 03 版。

试点，在生态环境和资源保护、食品药品安全、国有资产保护、国有土地使用权出让等领域，办理了一大批公益诉讼案件，积累了丰富的案件样本，制度设计得到充分检验，正式建立检察机关提起公益诉讼制度的时机已经成熟。要在总结试点工作的基础上，为检察机关提起公益诉讼提供法律保障。"[1]

（四）正式立法

2017年6月27日，在为期两年的行政公益诉讼试点工作结束前夕，《行政诉讼法》迎来二次修改，正式确立行政公益诉讼制度，并将"国有财产保护、国有土地使用权出让"囊括其中。修改后《行政诉讼法》第25条第4款规定："人民检察院在履行职责中发现生态环境和资源保护、食品药品安全、国有财产保护、国有土地使用权出让等领域负有监督管理职责的行政机关违法行使职权或者不作为，致使国家利益或者社会公共利益受到侵害的，应当向行政机关提出检察建议，督促其依法履行职责。行政机关不依法履行职责的，人民检察院依法向人民法院提起诉讼。"由此形成了我国有关国有财产保护公益诉讼的制度安排。尽管该规定对国有财产保护与国有土地使用权出让做分开列举，但二者事实上密切相关，就广义而言，国有土地使用权出让公益诉讼也属于国有财产保护类公益诉讼的案件范围。因此，本文所称国有财产保护公益诉讼案件，包括国有财产保护和国有土地使用权出让（简称"国财国土"）。

行政公益诉讼制度的正式立法，是我国立法上的突破，为在全国范围内的全面推行提供了法律依据，也使国有财产保护公益诉讼迎来了新的发展契机。一是最高人民法院、最高人民检察院通过发布司法解释、办案规则等形式，规范公益诉讼案件办案流程，并将其效力及于国有财产保护公益诉讼。二是最高人民检察院数批次发布多个国有财产保护、国有土地使用权出让行政公益诉讼典型案例，为全国各级检察机关办理公益诉讼案件提供参考。三是地方检察机关通过发布具体实施办法，以强化审（计）检（察）合作等方式加强国有财产保护。[2]通过一系列措施的结合，据最高人民检察院发布的

〔1〕《习近平主持召开中央全面深化改革领导小组第三十五次会议》，载 https://m. cnr. cn/news/20170524/t20170524_ 523769355. html，最后访问日期：2023年11月14日。
〔2〕如重庆市检察院与重庆市审计局《关于建立检察公益诉讼与审计监督协作配合工作机制的意见》，助力国财国土保护。参见《两年督促追回国有财产6900余万元——重庆：与审计机关加强协作织牢国财国土保护网》，载《检察日报》2022年4月21日，第01版。

数据，从 2017 年 7 月公益诉讼检察工作全面开展到 2022 年 6 月底，五年间全国检察系统共立案行政公益诉讼案件 61.4 万件，在"国财国土"领域，督促保护、收回国家所有财产和权益的价值约 159.5 亿元，追缴国有土地出让金约 337.2 亿元，收回被非法占用国有土地 5.8 万亩。[1] 2021 年 1 月 10 日中共中央印发《法治中国建设规划（2020-2025 年）》，其中一项重要的工作就是要"完善公益诉讼法律制度"，这不仅强调了公益诉讼在我国法治建设中的重要作用，也表明中央政府对于公益诉讼领域进一步改革和完善的决心，以期通过完善相关法律制度，维护社会公益，保护人民权益，推进社会公平正义。

综上，我国国有财产保护行政公益诉讼制度从实践到立法、从试点到推广、从无到有、从简单立法到相对不断完善，说明我国行政公益诉讼制度的渐进性和日趋成熟。

三、我国国有财产保护公益诉讼制度的基本架构

修正后《行政诉讼法》明确了保护国有财产是维护国家利益和社会公共利益的重要内容，并根据《试点方案》、《实施办法》、《人民检察院公益诉讼办案规则》（以下简称《办案规则》）以及最高人民法院、最高人民检察院《关于检察公益诉讼案件适用法律若干问题的解释》（以下简称《检察公益诉讼解释》）等规范体系，搭建起我国国有财产保护检察公益诉讼的制度框架。

（一）起诉主体

根据新《行政诉讼法》第 25 条第 4 款以及《检察公益诉讼解释》第 21 条第 3 款的条文设定，人民检察院是唯一有资格提起国有财产保护行政公益诉讼的主体。表明立法者否定了此前理论探讨阶段一些学者提出的多元起诉主体的主张，而采纳了人民检察院为国有财产保护公益诉讼唯一起诉人的观点。虽然明确了检察机关提起行政公益诉讼的主体资格，但检察机关在行政公益诉讼中的法律地位问题却并未因此尘埃落定，目前对这个问题的认识仍然是理论界争议最多的问题之一。在试点过程中，"两高"曾分别制定了公益诉讼试点工作方案，但就检察机关的身份却存在较大差异，在人民检察院的

---

〔1〕 参见闫晶晶：《最高检发布检察机关全面开展公益诉讼五周年工作情况——五年共立案公益诉讼案件 67 万余件》，载《检察日报》2022 年 7 月 1 日，第 02 版。

《试点方案》《实施办法》中均规定人民检察院以公益诉讼人身份提起行政公益诉讼；但在《人民法院审理人民检察院提起公益诉讼案件试点工作实施办法》第 14 条中却规定，"人民检察院以公益诉讼人身份提起行政公益诉讼，诉讼权利义务参照行政诉讼法关于原告诉讼权利义务的规定"。很显然，公益诉讼人身份并不能完全等同于行政诉讼中的原告。随后在《检察公益诉讼解释》的第 4 条中作了补充和完善，删除了"原告"二字，规定"人民检察院以公益诉讼起诉人身份提起公益诉讼，依照民事诉讼法、行政诉讼法享有相应的诉讼权利，履行相应的诉讼义务，但法律、司法解释另有规定的除外"。即便这样仍有学者对于《行政诉讼法》的立法安排提出质疑，认为将检察机关提起行政公益诉讼的条款规定于第四章"诉讼参加人"关于原告资格之中，导致了检察机关在行政公益诉讼的主体地位难以彰显。[1]笔者认为，这显然属于本土化探索的结果，一定程度上结合了检察机关法律监督理论与原告资格"利害关系人"扩大解释的理论，且把检察机关的角色定位为"公益诉讼人"并非完全抹杀其在公益诉讼中的主体地位，反而赋予其特殊的、超出原告身份的责任和权利。

（二）案件来源

根据《行政诉讼法》第 25 条第 4 款的规定，人民检察院在履行职责中发现国有财产保护、国有土地使用权出让等领域负有监督管理职责的行政机关违法行使职权或者不作为，致使国家利益或者社会公共利益受到侵害的，可以启动公益诉讼程序。关于这项规定至少有两点立法机关并未作出具体解释，第一，案件来源是否只能限定于检察机关在履行相应的检察职责过程中发现？第二，如何理解"履行职责"？虽然立法机关并未解释为何要在立法中作此设置，但在试点过程中以及行政诉讼法修法之后最高检下发的《实施办法》以及 2018 年 3 月 12 日印发《检察机关行政公益诉讼案件办案指南（试行）》（以下简称《指南》）中均有对"履行职责"的界定，根据《实施办法》第 1 条的规定："人民检察院履行职责包括履行职务犯罪侦查、批准或者决定逮捕、审查起诉、控告检察、诉讼监督等职责。"《指南》在强调"行政公益诉讼案件线索限于检察机关在履行职责中发现的情形"的基础上，对"履行职

---

〔1〕　参见林仪明：《我国行政公益诉讼立法难题与司法应对》，载《东方法学》2018 年第 2 期。

责"作了补充，包括"履行批准或者决定逮捕、审查起诉、控告检察、诉讼监督、公益监督等职责"，实践中，"对于通过行政执法与刑事司法衔接平台、行政执法与行政检察衔接平台等发现案件线索的"，也视为"在履行职责中发现"。从目前各地检察机关办理行政公益诉讼尤其是"国财国土"领域案件的实际情况看，案源局限、线索少是很多地区检察机关面临的共性问题。笔者认为，若对该条款仅作字面解释，那就意味着检察机关不能积极主动搜寻案件线索，只能守株待兔。然而"履行职责中发现"的法律限定与现实需求并不匹配，一些地方检察机关已经开始突破这个限定，积极拓展案源。正如时任最高人民检察院检察长曹建明所言，要坚持宽视野、多渠道，既注重从履行职责活动中发现线索，也注重从群众来信来访、控告申诉中寻找线索，还要保持对社会舆论和新闻报道的高度关注，注意从社会热点问题中发现线索。[1]

(三) 案件类型与受案范围

根据《行政诉讼法》第 25 条第 4 款的规定，在国有财产保护、国有土地使用权出让等领域负有监督管理职责的行政机关违法行使职权或者不作为，致使国家利益或者社会公共利益受到侵害的，人民检察院可以提起公益诉讼。可见，行政诉讼法是将"国有财产保护"与"国有土地使用权出让"分开列举，属于两类案件。但事实上，国有土地使用权出让与国有财产密切相关，国家依法拥有的土地、森林、河流、矿藏等自然资源性资产也属于国有财产的重要组成部分。立法之所以将二者分开列举，是为了强调国有土地使用权出让领域国家利益受到侵害的突出问题。因此就广义而言，国有土地使用权出让公益诉讼也属于国有财产保护类公益诉讼的案件范围。本文如无特别说明，国有财产保护领域的公益诉讼均从广义层面界定，包括国有财产保护和国有土地使用权出让领域的公益诉讼。

与 2015 年 7 月 1 日全国人大常委会《决定》中对"国有资产保护"的表述不同，修正后的《行政诉讼法》使用"国有财产保护"，相比"资产"而言，"财产"的范围更加宽泛。根据《指南》的规定，国有财产包括国家所有的各种财产、物资、债权和其他权益，具体分为 5 大类、6 小类：（1）依据宪法和法律规定取得的应属于国家所有的财产，包括 a) 经营性国有财产；

---

〔1〕 参见曹建明：《深入学习贯彻习近平总书记重要指示精神　发展完善中国特色社会主义公益司法保护制度》，载《学习时报》2017 年 9 月 29 日，第 1 版。

b）行政事业性国有财产；（2）基于国家行政权力行使而取得的应属于国家所有的财产，包括 c）税收类国有财产；d）费用类国有财产；（3）国家因政策扶持和社会保障等支出的各项资金，包括 e）财政补贴类国有财产；f）社会保障类国有财产；（4）由国家已有资产的收益所形成的应属于国家所有的财产。如国有房屋出租收取的租赁费用、国有资产入股的分红等；（5）其他类型国有财产。国有土地使用权出让领域的案件主要集中在国有土地供应、土地使用权出让收入征收、出让土地使用监管等环节，常见类型有：国有土地使用权出让收入流失类、土地闲置类、违法使用土地类、违法审批许可类。

　　（四）起诉要件

　　首先，要有致使国家利益或者社会公共利益受到侵害的损害事实的发生。根据《检察公益诉讼解释》第 22 条的要求，人民检察院提起行政公益诉讼应当提交"被告违法行使职权或者不作为，致使国家利益或者社会公共利益受到侵害的证明材料"。由此，人民检察院提起国有财产保护行政公益诉讼必须建立在国有财产领域损害事实的发生或正在发生的基础上，且应当提交公共利益受到损害的初步证据。行政公益诉讼的制度设计并不是赋予检察机关主动干预行政活动全过程的权力，而是要求其在行政行为侵害国家或社会公共利益后，用法律的手段来纠正这种行为，实现法律监督职能。其次，行政行为的违法性。包括负有监管职责的行政机关违法行使职权或者不作为，致使国家利益或者社会公共利益受到侵害的"不依法履职"行为。由此，判断行政机关是否构成"不依法履行职责"是评价行政行为是否违法的核心，也决定着检察机关是否应当启动诉前程序、制发检察建议、提起公益诉讼的衡量标准。根据《办案规则》第 72 条的规定，人民检察院认定行政机关监督管理职责的依据为法律法规规章，可以参考行政机关的"三定"方案、权力清单和责任清单等。此外，该规则第 82 条还列举了认定行政机关未依法履行职责的 6 种具体情形和 1 种兜底规定。[1]但从司法实践的运作情况看，这些规定

---

　　〔1〕《办案规则》第 82 条："有下列情形之一的，人民检察院可以认定行政机关未依法履行职责：（一）逾期不回复检察建议，也没有采取有效整改措施的；（二）已经制定整改措施，但没有实质性执行的；（三）虽按期回复，但未采取整改措施或者仅采取部分整改措施的；（四）违法行为人已经被追究刑事责任或者案件已经移送刑事司法机关处理，但行政机关仍应当继续依法履行职责的；（五）因客观障碍导致整改方案难以按期执行，但客观障碍消除后未及时恢复整改的；（六）整改措施违反法律法规规定的；（七）其他没有依法履行职责的情形。"

无法为司法实务提供清晰的指引，适用过程中分歧较大。最后，诉前程序的要求。按照《行政诉讼法》的规定，检察机关提起行政公益诉讼之前，"应当向行政机关提出检察建议，督促其依法履行职责"，这一规定被称为"诉前程序"，这也是我国提起行政公益诉讼的特有程序。诉前程序属于前置程序的一种。在行政诉讼程序中，还有一种前置程序就是复议，未经复议程序当事人不能提起行政诉讼，即使提起行政诉讼，人民法院也会以未经复议前置而不予受理或者驳回起诉。行政公益诉讼诉前程序的制度设计，符合我国政治文化背景，既有助于推动形成检察机关与行政机关在维护公益问题上的良性互动，也有助于减少诉讼环节，节约司法资源。目前国有财产保护公益诉讼案件绝大多数都能在诉前程序得以解决，提高了检察机关办理行政公益诉讼案件的质量和效率，较好地发挥了监督履职、维护公益的作用。

四、我国国有财产保护公益诉讼制度的特征

从立法与实践情况看，我国国有财产保护公益诉讼制度具有以下特征：

第一，从制度性质上，国有财产保护公益诉讼属于行政公益诉讼的范畴。我国公益诉讼制度依托《民事诉讼法》和《行政诉讼法》进行了"民事公益诉讼"和"行政公益诉讼"二元制度界分，"两高"的《检察公益诉讼解释》也是分别按照"民事公益诉讼"和"行政公益诉讼"两部分进行规定。其中"民事公益诉讼"侧重实体性公共利益保护，在实体上是依托民事侵权法律制度，在程序上是依托民事诉讼程序制度；"行政公益诉讼"通过赋予检察机关行政公益诉权，旨在监督和纠正行政违法。但无论是检察民事公益诉讼还是检察行政公益诉讼，保护对象都包括国家利益及社会公共利益，实际上是国益诉讼与公益诉讼相融合的新型诉讼形态。[1]不过我国行政公益诉讼的制度设计并没有对行政公益诉讼进行基础分类，即行政公益诉讼究竟是主观诉讼还是客观诉讼，并不清晰。按说在《行政诉讼法》中规定的行政公益诉讼本应遵循行政诉讼的制度设计，侧重于对行政机关是否履行职责以及履职行为的合法性进行审查和裁判，偏重客观诉讼。但《检察公益诉讼解释》第 22 条的规定人民检察院提起行政公益诉讼应当提交被告违法行使职权或者不作为，

---

〔1〕 参见黄忠顺：《检察民事公益诉讼的基本界定》，载《国家检察官学院学报》2023 年第 3 期。

致使国家利益或者社会公共利益受到侵害的证明材料，以及检察机关已经履行诉前程序，行政机关仍不依法履行职责或者纠正违法行为的证明材料，看似更加重视损害事实以及受损权利的恢复，则倾向主观诉讼。因此，行政公益诉讼究竟应当设计为主观诉讼还是客观诉讼，变得更加含混。[1]

第二，国有财产保护公益诉讼的起诉主体具有排他性。与民事公益诉讼不同，国有财产保护公益诉讼的提起主体只限于检察机关；与行政诉讼也存在差异，在行政公益诉讼中，是否进入公益诉讼程序则完全由检察机关作出判断和决定。但需要明确的是，我国行政公益诉讼中检察机关的身份与英、美国家法律制度中"私人检察官"或者"检察总长"有着根本性的区别。

第三，国有财产保护公益诉讼的原、被告身份具有特殊性。在国有财产保护公益诉讼中，被告是"对国有财产负有监督管理职责的行政机关"；而检察机关在行政公益诉讼中的法律定位虽然理论上目前争议较大，难以在短期内形成共识，但官方文件称检察机关为公益诉讼起诉人。

第四，启动要件的前提性。我国《行政诉讼法》对国有财产保护行政公益诉讼设置了诉前程序和诉讼程序两个环节，人民检察院在提起国有财产保护公益诉讼前，必须经检察建议程序，督促对国有财产负有监督管理职责的行政机关依法履行职责。经检察建议，该行政机关仍不依法履行职责的，人民检察院方能向人民法院提起公益诉讼。

五、我国国有财产保护公益诉讼的价值基础

（一）国家治理体系现代化的内在要求

国有财产保护公益诉讼是推动国家治理体系现代化的重要组成部分，在推动国家治理体系和治理能力现代化进程中发挥着重要作用。国家治理是通过政府、市场、社会之间的分工协作，实现"公共事务有效治理、公共利益全面增进"的活动与过程。[2]治理强调各行动者之间的横向协调、相互依存，能充分调动各种社会资源。正因为如此，治理更适宜应对那些政府管制和市

---

〔1〕　参见薛刚凌：《行政公益诉讼类型化发展研究——以主观诉讼和客观诉讼划分为视角》，载《国家检察官学院学报》2021年第2期。

〔2〕　参见薛澜等：《国家治理体系与治理能力研究：回顾与前瞻》，载《公共管理学报》2015年第3期。

场活动都难以妥善处理的公益保护难题。[1]国有财产保护公益诉讼的前提是存在国有财产的流失，显然负有监管职责的行政机关在保障国有财产保值增值时存在违法或不足。此时，由承担法律监督职责的检察机关作为公益代表，通过诉前和诉讼两个阶段，客观、公正、开放地形成行政管制与司法治理相互依存的公益保护网络，形成国有财产保护的多元治理机制。一方面能及时弥补行政治理的不足，增加行政决策的透明度，制约行政行为的随意性，避免或减少滥用权力、侵吞国有财产等不法行为；另一方面也能增强公众的自治能力和参政议政能力，推动国家治理体系现代化。公益诉讼提供了公众参与国家治理的平台，提高了公众对行政行为的知情权和参与权，也加强了公众在国家治理中的地位。

（二）法治社会建设的重要举措

首先，国有财产保护公益诉讼是法治国家的重要体现。对公共权力的有效制衡，防止滥用公权，是法治社会的重要课题，而公益诉讼是实现这一目标的有效手段。不同于传统的行政诉讼，国有财产保护公益诉讼并不是为了通过司法裁判维护公民的法定权益，而是通过监督或借助司法的方式确保行政机关严格依法行政、严格执法，以避免权力滥用，这也是法治社会建设的内在要求。在这个过程中，通过行政公益诉讼的手段，可以督促行政机关自我审查和自我校正，保障其依法行政。其次，检察机关通过提起公益诉讼，积极主动地履行对公共利益的保护职责，打造政府与人民之间的和谐关系，有利于法治社会的建设。法治社会建设离不开保障和改善民生，而国有财产公益诉讼制度可以实现国有财产的增值保值，为国家完善国民教育、医疗、社会保障、基础设施建设等民生工程提供了物质保障，也维护了社会和谐稳定。最后，检察机关通过公益诉讼，有效强化了政府机关依法行政、依法履职的主体责任，使政府行为变得更加透明，提升政府行为的公信力，从而推进法治社会建设。同时也为社会公众提供了一种监督机制，有助于提高全社会的法律意识，明白国有财产保护的重要性，既保障了公有财产的安全，也实现了法治的实质性目标。

---

〔1〕 参见刘艺：《论国家治理体系下的检察公益诉讼》，载《中国法学》2020年第2期。

(三) 公共利益保护的法治路径

促进公共利益的最大化实现是国家存在的目的，也是行政机关履职的主要目标。现代法治国家以依法行政为核心，法律的制定与执行就是以实现公共利益为最终目标。在行政公益诉讼实践中大量的案件是针对行政不作为提出的，但检察机关无法直接取代行政机关，只能通过督促负有监管职责的行政机关依法行政，通过纠正违法行政行为或者行政不作为间接实现公共利益的保护。虽然《行政诉讼法》第 25 条第 4 款将公共利益区分为国家利益和社会公共利益，但我们认为，国家利益与社会公共利益并非互不包容、单独存在，而是相互包含的协作与互补关系，它们均来源于社会。按照亚里士多德的"国家理论"，国家与社会是密不可分的，"国家就是社会，社会就是国家，国家是公民的国家，社会是国家的社会，两者是融为一体的"[1]。在我国，这种理论观念得到了充分的体现，国有经济不仅是我们社会发展的基础结构，同时也发挥着战略支撑作用。习近平总书记在十八届中央纪委五次全会上再次强调国有财产是全国人民的共同财富。因此，保护国有财产即是维护国家利益，也是保障全体公民权益的重要任务。检察机关作为公共利益的"看守人"应时刻保持"在场"，一方面，通过检察建议，推动国有财产监管机构及时识别并防范可能的资产流失风险，实现检察机关的预防功能，从而降低纠错成本；另一方面，当国有财产已经流失，我们可以通过启动公益诉讼进行后期追回，实现救济功能，确保国有财产的安全和完整。

六、我国国有财产保护公益诉讼的基本功能

(一) 督使国有财产监管机构积极履职，及时预防国有财产遭受侵害

从国有财产流失的典型案例看，对国有财产的侵权形态不仅具有专业性、规模性，而且也具有高度的隐蔽性和复杂性，这些特点使那些平等的、分散的权利救济机制难以发挥真正的效用。国有财产保护公益诉讼赋予了检察机关对国有资产管理的监督权，检察机关通过公益诉讼的方式，可以倒逼国有资产管理部门积极履行监管职责，这种监督机制改变了以往行政机关单向监

---

〔1〕 王建生：《西方国家与社会关系理论流变》，载《河南大学学报（社会科学版）》2010 年第 6 期。

管模式，提升了对国有资产运营和监管的透明度与强制力，在及时预防国有资产遭受侵害的同时，也能保障国有资产相关法律的有效实施，落实国有财产管理法律责任。

（二）完善国有财产管理体系，堵住监管漏洞，最大程度实现对公共利益的维护

我国国有财产流失，说明仅靠行政机关的监管是远远不够的。而国有财产保护公益诉讼具有诉前程序和司法诉讼程序"双轨制"的优势，所产生的法律效果和社会效果相当突出。在诉前阶段，检察机关可以通过检察建议督促国有资产管理部门积极履行职责，这样不仅有助于调动行政资源，也可减轻自身压力。当经检察机关判断负有监管职责的行政机关"不依法履行职责"从而进入司法程序后，司法程序就会产生一定的震慑作用。通过"双轨制"的机制配置，既能通过监督行政机关履职来实现制度目标，又使得司法保障成为更为可靠的最后一道防线，为公益保护装上一把双保险的安全锁。

（三）有效补充和加强行政权力，推动公益保护机制的良性运行

国有财产保护类的公益诉讼案件关乎国计民生的重点领域，这原本就是行政权关注并由行政权处置的分内职责，如今也进入了检察监督的领域，由检察机关依法监督行政执法机关是否充分履职，进而进一步强化对国家和社会公共利益的保护，这与为维护社会公益而设的行政权本身，具有本质上的同质性，也是对行政权的补充和加强。[1]此外，由作为获得法律授权的司法保护力量而非依靠单一的行政保护力量，不仅改变了以往司法被动性的局面，也使得国有财产保护成为检察机关与行政机关共同关注的问题，这将有利于推动公益保护机制的良性运行。

---

〔1〕 参见余敏、宋国强：《立足诉讼目的构建行政公益诉讼制度》，载中华人民共和国最高人民检察院官网，https://www.spp.gov.cn/llyj/201703/t20170301_182648.shtml，最后访问日期：2024年8月16日。

国有财产保护公益诉讼实践样本分析

第一节　税收和费用类国有财产保护公益诉讼案件

一、S市C区人民检察院督促追缴环境保护税行政公益诉讼案

（一）案情介绍

2022年10月13日，S市人民检察院第三分院（以下简称"三分院"）在开展"国土国财"领域公益诉讼专项行动中发现，在S市生态环境局行政处罚公开信息中有50家企业因环境违法行为被行政处罚，后三分院通过P区税务局、S市税务局等单位调取上述50家单位税费缴纳信息、排污许可证清单等情况，发现大量企业存在未取得排污许可而排放污染物、排放污染物而未依法缴纳环保税、已受环保处罚仍享受相关税费优惠政策等情形，因50家企业涉及S市10余个辖区，故三分院向S市人民检察院（以下简称"S市院"）请示将线索交予基层院办理。2022年10月19日，S市院将上述线索交予C区院等12个基层院办理，同日，C区院对S市院、三分院提供的环境保护税线索开展调查。

C区院办案人员通过检索政府门户网站、国家企业信用信息公示平台，走访C区环保、税务部门与工作人员沟通，了解C区环境保护税征收管理现状。在办案人员调查过程中，发现C区环境保护税征收管理存在三方面问题：一是税务机关与环保部门在履行《中华人民共和国环境保护税法》（以下简称

《环境保护税法》）规定的职责中存在异议，环保部门未能主动协助税务机关履行环境保护税征收管理职责。对于已申领排污许可证的企业，税务机关因与环保部门已完成数据对接，可以对该部分企业进行监管。但大量未申领排污许可证企业，税务机关无法第一时间掌握企业是否属于应缴纳环境保护税范围，环保部门对上述事项未能予以有效协助；二是税务监管与环保执法范围存在冲突。税务机关以企业注册地为环境保护税征收管理范围，环保部门则以环境违法行为发生地为环境执法管理范围，实践中经常出现环保部门在A区执法，B区税务机关无法获得环保执法信息而未及时征收环境保护税的情况；三是环保部门与税务机关涉税信息共享平台运行不畅。区级税务机关与环保部门缺乏横向数据交换依据，区级环保部门未能及时向税务机关提供环境监测数据等计税依据，税务机关计税依据缺失，引发环境保护税征收迟滞。

根据我国《环境保护税法》第14条的规定，税务机关负责对环境保护税的征收管理，环保部门负责对污染物的监测管理。这是法律赋予两部门的法定职责，但环境保护税开征已逾四年，税务、环保部门仍因涉税信息交换不畅等原因未对部分企业征收环境保护税，导致税收国有财产流失，一方面损害了国家利益，且可能存在国有财产继续流失的风险；另一方面破坏了环境保护税这一"绿色"税制的生态环境杠杆调节作用，损害了社会公共利益。经过充分研判，C区院将该案作为行政公益诉讼案件立案，为了让环境保护税更好更持续地释放绿色效应，C区院召集税务机关、环保部门召开听证会，就税务、环保部门职责、环境保护税征收管理模式、涉税信息共享平台运行等情况集思广益。经过听证，C区税务机关、环保部门在税务、环保部门职责界限、向因环保处罚而需缴纳环境保护税的企业追缴税款、C区涉税信息共享等问题上达成基本共识。之后，税务、环保两部门积极依法履职，追回环境保护税，并建立了区级层面涉税信息共享方式，在保护国有财产的同时，进一步防范化解税收类国有财产流失风险。

（二）本案的疑点、难点

本案是S市首例税收类国有财产领域预防性行政公益诉讼案件。在案件办理过程中，税务机关和环保部门在履职中出现争议，后C区院在S市院、三分院的指导下，联合税务、环保方面专家学者、企业家代表等共同厘清税务机关与具有环境违法行为处罚权的环保部门在环境保护税征收管理中的职责、确定环境保护税征收地范围、论证数据壁垒带来的国有财产流失隐患，通过法条解读、理论研究与 C 区具体实际相结合，探索解决环境保护税征收管理桎梏的方法，为检察机关通过公益诉讼制度保护税收类国有财产提供有益实践样本。

1. 具有环境违法处罚权行政机关均负有协助税务机关征收环境保护税职责

在办理上述案件过程中，税务机关向办案人员反映，环境保护税由纳税人自行申报，税务机关审核后征收，但环境保护税不同于其他企业正常生产经营所需缴纳税种，该税种系向"直接向环境排放污染物"的企业征收，如果企业不存在排污行为，则无需缴纳环境保护税，如果企业排放的污染物低于国家或地方标准，还存在免征、减征情形。虽然税务机关能够获得环保部门提交的一部分排污企业监测数据，但对于企业偶发的排污行为，如果环保部门未能主动提供，税务机关亦无渠道全面掌握相关数据。本案中，C 区院认为，税务机关不是环境保护税征收管理的唯一主体，具有环境违法行为处罚权的行政机关均应主动协助税务机关履行环境保护税监管职能。环境保护税的征收对象为存在"显性污染"的排污企业，企业是否存在"显性污染"应由环保部门判断。环境保护税仅针对具有排污行为的企业征收，《环境保护税法》为引导企业节能减排，亦明确企业排污数据低于国家或地方标准可以免征、减征环境保护税。根据《环境保护税法》第 14 条规定，环保部门负责对污染物的监测管理，故企业是否存在直接排污行为、企业排放数据是否低于国家或地方标准均应由环保部门判断。实践中，环保部门的监管分为常态化监管和偶发性监管，对于持有排污许可证和进行排污登记管理的企业，即存在直接向环境排放污染物的企业环保部门实行常态化管理，企业一旦具有违法违规排污行为，环保部门下属的环境监测站能够第一时间获得线索，对于未办理排污登记的企业偶发的排污行为，环保部门则通过日常行政检查进行监管，一旦该部分企业有违法行为，环保部门会作出相应的行政处罚。可见，环保部门对"显性污染"的判断既具有法律依据，又具有实践基础，应按照《环境保护税法》规定做好对污染物的监测管理。

虽然在《环境保护税法》中仅规定环保部门负责对污染物的监测，但在《中华人民共和国税收征收管理法》（以下简称《税收征收管理法》）中已明确各有关部门和单位都有支持、协助税务机关依法执行职务的职责，具有环境违法处罚权的其他行政机关应向税务机关移交企业环境违法处罚决定。目前，S市已有400余项行政执法事项下放至街道办事处、乡镇人民政府，C区院在案件办理过程中发现，有些企业环保处罚由乡镇人民政府作出，税务机关无法掌握该部分企业排污行为，造成未及时征收环境保护税情形。实践中，S市的建设施工项目扬尘、固体废物乱排放的处罚权均已被集中到街道办、乡镇城管执法目录清单中，如果具有处罚权的街道办、乡镇未能及时将相关线索交予税务机关，将导致税务机关存在履行不能。故环保部门未能提供污染物排放量等计税依据系"隐性不作为"，检察机关可以督促环保部门履行对污染物的监测职责，并将监测数据移送税务机关。针对这个问题，学理上通常认为，行政机关未依照法律法规行使法定义务为不作为，表现为显性的"不处罚""不处理"。检察机关在界定行政机关在国有财产保护领域是否存在不作为，应特别注意行政机关是否存在"隐性不作为"表现。在环境保护税征收过程中，税额的认定系由污染物排放量折合污染当量数确定，C区环保部门在听证会上表示，污染物排放量等计税依据应由环保、税务部门协商确定，因税务机关作为环境保护税征收主体未主动与环保部门协商，故存在污染物排放量等计税依据提供不及时。C区院认为，《中华人民共和国环境保护税法实施条例》（以下简称《环境保护税法实施条例》）、《财政部、税务总局、生态环境部关于明确环境保护税应税污染物适用等有关问题的通知》均已通过细致规定明确应税污染物排放量监测计算顺序，即按照与环保部门联网的自动监测数据、监测机构出具的监测数据、生态环境部规定的排污系数、物料衡算方法、抽样测算方法依次计算，只有抽样测算需要税务机关与环保部门核定。故无论是按照《环境保护税法》《环境保护税法实施条例》，还是两部门联合发布的规范性文件，环保部门都应依法及时提供污染物排放量等环保信息，其"不移送""不及时"导致税务机关不能履行征税的法定职责即是"隐性不作为"，检察机关在办理税收类国有财产领域保护案件时，不应把对国有财产保护职责仅归拢于税务机关，应通过充分调查、论证，合理确定税收征管中各个环节的履职主体，及时准确督促具有相应职责的行政机关依法履职。

2. 税务机关应以"应税污染物排放地"作为环境保护税征收地

对税收征收地的不同认识会给税务机关、环保部门履职带来阻碍。根据我国《税收征收管理法》第15条规定，企业在领取营业执照后，应向税务机关申报办理税务登记。由于营业执照系企业注册地工商部门发放，税务机关认为，其依照法律规定仅能对注册在其辖区内的企业进行税收征收管理，即企业注册地为税收征收地。C 区院认为，《环境保护税法》第 17 条规定，纳税人缴纳环境保护税应向污染物排放地税务机关申报。据此，税务机关应严格依照《环境保护税法》规定，以"应税污染物排放地"作为环境保护税征收地。

其一，在环境保护税征收领域，《环境保护税法》优先《税收征收管理法》适用。《中华人民共和国立法法》明确特别法优于普通法，当普通法的规定与特别法冲突时，适用特别法。《税收征收管理法》系税收征收领域的基本法，任何税收征收管理均应遵守该法规定，但是该法中并未明确税务机关征收地范围，仅是规定纳税人需向领取营业执照地的税务机关申报税款，前者是对税务机关职责权限的划定，后者是对纳税人申报纳税地的确定，两者不是同一概念，税务机关为便于管理将两概念直接等同，于法无据。此外，《税收征收管理法》第 5 条、第 90 条规定，税务机关应当按照国务院规定的税收征收管理范围分别进行征收管理，耕地占用税、农业税等特殊税种的管理办法，由国务院另行制定。可见，对于特殊税种适用另行明确的具体管理办法，对于涉及环境保护税的问题，应当优先适用环境保护税领域的特别规定。其二，环境保护税属地特征明显。S 市地方税务局于 2018 年公布了《关于本市环境保护税有关征收管理问题的公告》，明确本市环境保护税纳税人向其本市主管税务机关申报缴纳环境保护税。该公告中的"本市"已凸显环境保护税的属地性质。实践中，环保部门对排污企业及违法行为亦是实行属地化管理，其将排污企业监管情况与当地税务机关共享，税务机关方能对排污企业进行有效监管。排污企业可以分为两类，一类为在当地持有排污许可证或进行排污登记的企业，该类企业由当地环保部门和税务机关共同监管，不具有争议；另一类为注册在异地但被当地环保部门在执法过程中发现违法违规排放污染物的企业，该类企业环境违法由当地环保部门监管。但税收由注册地税务机关，即异地税务机关监管，极易出现注册在 A 区的企业在 B 区排放污染物而被 B 区环保部门处罚，但 A 区环保部门无从知晓，无法第一时间将企业排污数据提供给 A 区税务机关。如果把企业的注册地范围再进行外延，企业注册在 A 省，被 B 省环保部门处罚，A 省税务机关更无从知晓企业排污情况。因此，以企业注册地作为环境保护税征收地容易导致税务机关因信息不通而履职迟滞，引发税务机关"慢作为"，存在监管漏洞。其三，以企业注册地作为税收征收地违背立法原意。《环境保护税法》的立法目的系通过税收杠杆调节作用保护和改善环境。国务院《关于环境保护税收入归属问题的通知》明确环境保护税将全部作为地方收入入库，旨在激励地方政府引导地方企业增加环保投入，为地方绿色发展、生态文明建设提供助力。在《环境保护税法》中除了赋予环保部门污染物监管、税务机关税收征管职责，还要求县级以上地方人民政府建立分工协作机制，保障税款及时足额入库。如果以企业注册地作为税收征收地，相关税款将作为企业注册地地方收入，应税污染物排放地地方政府则无法实现利用税收调控地方企业生产方向作用，与《环境保护税法》立法原意相悖。

3. 税务机关应与具有环境违法处罚权行政机关建立涉税信息交换机制

实践中因数据交换经过多层介质导致数据交换频次不够、数据准确性欠缺情况时有发生。在上述案件办理过程中，C 区税务机关认为，税务机关系垂直领导机关，不属于市政府职能部门的组成，S 市市政府发布的数据条例等规定是否适用于 S 市税务机关存疑，故县区级环保、税务部门涉税信息横向共享缺乏法律法规等依据。但 C 区院不同意 C 区税务机关的观点，认为各级税务、环保部门均应依照法律规定运行好涉税信息共享平台、落实好涉税数据交换机制。原因在于：第一，涉税数据共享有明确法律依据。《环境保护税法》《环境保护税法实施条例》从"国家—省—县"三个层级明确各级税务、环保部门在涉税信息共享上的协作。国务院税务、环保部门负责制定涉税信息共享平台技术标准以及相应的数据采集规范等，省级环保部门和税务机关则应建立数字化涉税共享平台和工作配合机制，定期交送环保信息，县级层面由县级以上地方人民政府建立税务机关、环保部门和其他相关单位分工协作工作机制，每个层级环保、税务部门均具有相应的义务，在县级层面《环境保护税法》尤其强调地方政府"应当"建立关于环保税征收的分工协作机制，此处注重县级层面各机关配合的必要性，故不存在县级环保、税务部门涉税信息横向共享缺乏法律依据情况。第二，S 市税务机关受国家税务总局与 S 市政府双重领导管理，《S 市数据条例》当然适用于 S 市税务机关。中共中央印发《深化党和国家机构改革方案》中明确直辖市税务机关受国家税务总局与直辖市政府双重领导管理体制。《S 市数据条例》由 S 市人大发布，法规中规定由 S 市政府办公厅负责综合协调全市数据发展、管理工作，促进数据综合治理和流通利用，实践中，S 市环保部门提供给税务机关的数据也经由 S

市大数据中心集中统一管理，故不存在缺少数据交换介质情况。第三，区级税务、环保部门应建立横向涉税信息交换机制，分层分类处理涉税信息。环境保护税征收管理中的涉税信息主要包括排污单位信息、排污种类、排污监测数据、环保处罚、排污单位申报数据复核四大类，四类数据均可通过数据交换辅以纸质信息传送确保数据交换及时性。其中根据《环境保护税法》和《S市数据条例》，数据交换在省、直辖市层面完成，此种交换方式一方面可以避免当违法行为发生在 A 区仅 A 区环保部门持有环保处罚相关材料，而应税污染物排放地 B 区税务机关无法及时掌握涉税信息问题；另一方面在税收征收地和企业注册地不一致时，也可实现数据直接传递，避免注册在 A 区企业通过税收征管漏洞逃避在 B 区的环保税缴纳义务。纸质信息传送则应发生在区级层面。以 C 区为例，目前 C 区持有排污许可证的企业有 200 多家，进行排污登记管理的有 2000 多家，但 C 区税务机关从涉税信息共享平台中仅能掌握 83 家持有排污许可证的企业，从平台运行情况看，涉税处罚信息从 2018 年到 2022 年 12 月底五年间仅有 2019 年一次传送记录，且传送数据有一半存在重复，相关处罚决定内容也仅有违反的法律法规，没有监测数据等信息。可见，数字化信息交换存在没有信息、信息不完整、信息错误三种问题。针对上述情况，C 区院认为在数据交换不成熟阶段，可以尝试定期交换纸质信息材料，通过"文来文往"弥补数据漏洞，这样可以提高数据的准确性、时效性。

此外，区级层面的涉税信息交换机制重点在排污单位申报数据复核及污染物排放种类、数量和应纳税额核定两方面。申报数据复核，指的是纳税人申报数据与环保部门自动监测数据不一致时，由环保部门进行复核。此种复核前提是数据不对应，但仅靠数据平台数据交换无法实现复核功能，且环保税申报数据涉及污染物当量、种类等，区级税务、环保建立交换机制后，可以及时对复核情况进行研判，保障环境保护税按期征收。另外，当污染物监测数据拟用抽样测算方法核定时，根据《环境保护税法》第 21 条规定，也应由税务、环保部门会商，如果区级层面不存在涉税信息共享机制，两单位会商存在一定障碍，也将大大降低环境保护税的征收效率。

（三）办案启示

检察机关在办理国有财产领域案件时，要根据国有财产的分类厘清负有监督管理职责的行政机关，在督促行政机关追回国有财产的同时，要进一步发挥公益诉讼"协同之诉"作用，帮助行政机关采取更加严密措施预防国有财产流失风险。

作为我国第一部"绿色"单行税法，于2018年1月1日施行的《环境保护税法》在正向激励企业节能减排、促进绿色生产、助推生态文明建设等方面发挥了重要作用。2022年7月，S市人民政府的《S市碳达峰实施方案》，明确提出要落实国家有关环境保护等绿色低碳税收优惠政策。发挥环境保护税"绿色"税收调控作用，形成有效约束激励机制，对强化企业治污减排主体责任，提高纳税人环保意识，推动实现"双碳"战略目标具有重要意义。本案以实践中存在的因税收征收管理范围与环保执法范围不一致、涉税信息共享不畅、涉税数据交换存在障碍等原因导致税务机关未能全面征收环境保护税，该案在办案技巧上有一定的借鉴价值。

第一，检察机关办理国有财产保护领域公益诉讼案件应更加注重"治未病"。国有财产保护领域行政公益诉讼案件通常系在行政机关不作为或违法作为致使国家利益或者社会公共利益受侵害后，督促负有监督管理职责的行政机关依法履职。该种办案方式要实现的办案目的系追回国有财产，但实践中国有财产保护领域行政机关在"不作为""违法作为"同时，往往伴随如追回已流失环保税，但对未来可征收环保税无有效监管措施的"弱作为"现象，又或者企业违法享受税收优惠后因资金原因无法及时退回补贴时，行政机关采用与企业签订还款协议方式让企业分期付款偿还税收优惠，企业仍不付款，后行政机关误将本质上属于行政行为的还款协议作为民事合同向法院提起民事诉讼，导致企业长期未能退回补贴的"不当作为"现象。国有财产保护领域不仅具有极强的专业性，而且"弱作为""不当作为"现象又极具隐蔽性，如果不加以预防，在国有财产流失后需花费更大更多的行政成本追赃挽损。故笔者认为，检察机关在办理国有财产领域案件时，应在以发生实然侵害，即国有财产已流失的基础上，进一步督促行政机关承担因"弱作为""不当作为"导致国家利益具有受损重大风险的预防性责任，如上述案例中通过线上涉税数据交换与线下文书传递相结合的方式形成环保税征收管理闭环，有效避免国有财产进一步流失。

第二，检察机关在必要时可提起"不当得利"民事公益诉讼追回国有财产。税收类国有财产保护领域有一部分重点在税收优惠、税收补贴等国有财产的追回，对于该类财产追回行政机关在实践中一般采用两种履职方式：一是对行政相对人作出行政决定，依法要求退回优惠、补贴；二是以不当得利向人民法院提起民事诉讼。笔者认为，行政机关与行政相对人系管理与被管理的行政关系，不是平等的民事主体，此时行政机关采用第二种方式履职的妥当性存疑，但是检察机关作为国家利益的守护者，以民事主体身份提起不当得利民事诉讼有理论基础。其一，《民法典》明确国有财产由国务院代表国家行使所有权，国有财产具有一定民事法律性质。其二，检察机关根据《民事诉讼法》可以就对环保、食药"等"损害社会公共利益的行为向法院提起诉讼，其中"等"字代表检察机关提起民事公益诉讼领域有外延。再如《公路法》《中华人民共和国森林法》等众多单行法规定，侵害公路、森林等国有财产的依法要承担民事责任，即检察机关保护国有财产也可以提起民事诉讼。因此，检察机关可以利用在刑事检察办案中发现的税收优惠、补贴等特定的国有财产流失的线索，对违法行为人提起刑事附带民事公益诉讼。此处要特别注意的是，由于国有财产突出"国"字，主要还是通过行政机关履职加以保护，此处提起民事公益诉讼的范围应进行限制，仅限违法行为人骗取税费类国有财产情况。

第三，检察机关应牢牢把握公益诉讼"协同之诉"的定位，推动多部门建立国有财产共保机制。国有财产保护领域的公益诉讼本质上是协同之诉，尤其是税收类国有财产公益诉讼具有极强的专业性，所涉问题往往涉及深层次的行政权力运行不畅，如果检察机关在案件办理中"横冲直撞"将公益诉讼作为"追责之诉"，一方面没有税务机关专业支持，无法全面调查了解案件情况，另一方面容易局限于就案办案，仅实现追回国有财产功能。因此，在国有财产领域案件办理中应牢牢把握公益诉讼"协同之诉"定位，一方面要与税务机关协同，可以通过实地走访税务强化沟通、召开听证会等"软"方式开展前瞻性调查，为从对税务机关个案监督向与税务机关合力形成类案治理奠定坚实基础；另一方面要与涉及国有财产监管的行政机关协同，如上述案例中具有环保处罚权的行政机关已延伸至乡镇人民政府，要帮助税务机关与各级具有环保处罚权的行政机关形成治理共识，打破环保税征收过程中遗漏的堵点、遭遇的阻碍，形成国有财产管理闭环，建立国有财产共保机制。

二、H 省 H 县人民检察院督促追缴代履行费行政公益诉讼案

（一）案情介绍

H 县人民检察院（以下简称 H 县院）刑事检察部门在办理王某某涉嫌非法占用农用地犯罪一案时发现，2018 年，王某某为开展经营性钓鱼场，在 H 县某镇采取租赁方式，在没有办理相关行政许可的情况下，擅自占用集体土地挖田修鱼塘，对鱼塘周边进行硬化。经主管机关出具鉴定报告，王某某损毁的土地为基本农田，面积为近 7000 平方米，损毁程度为特别严重。2020 年 11 月，因王某某未按要求自行复垦，该镇人民政府委托他人代为履行了复垦责任。后来该镇人民政府通过财政资金共支付代履行费用 25 万余元。该镇政府在复垦完成后未积极向王某某追缴代履行资金，对国有财产造成了侵害，损害了国家利益，H 县院刑事检察部门遂将案件线索移送该院公益诉讼检察部门。

该院公益诉讼检察部门经初步调查发现，H 县某镇人民政府代王某某履行了复垦义务后，未及时将垫付的代履行费用追缴到位，可能造成了国有财产流失。H 县院遂于 2021 年 8 月立案调查，办案人员调取了该案复垦项目发票、记账凭证、政府采购合同协议书等书面材料，询问了有关工作人员，勘察了复垦现场。经调查核实认为，该镇人民政府存在使用财政资金代王某某承担复垦责任后未及时追缴代履行费用的情形，造成了国有财产的流失，损害了国家利益。当年 9 月，H 县院向该镇人民政府发出诉前检察建议，建议其依法履行国有财产保护职责，及时将代王某某垫付的复垦费用 25 万余元追缴到位。

检察建议发出后，该镇人民政府高度重视，党政主要负责人亲自督促，积极履行职责。2021 年 10 月，经办案检察机关和该镇人民政府共同努力，王某某将镇财政垫付的 25 万余元复垦费用全部上缴到位。

（二）本案的疑点难点

本案最大的争议点在于，行政机关代王某某履行的 25 万余元复垦费用的性质，究竟是属于行政法意义上的代履行费还是属于行政机关与行政相对人

之间的债权，以及检察公益诉讼能否督促行政机关追回代履行费。

1. 关于代履行费用的性质

行政法中的代履行费，是指行政机关在依法实施行政强制执行过程中，需要由当事人自行承担的合法费用。它是一种行政强制执行的成本，旨在保障行政决定的权威性和严肃性，维护公共利益和社会秩序。《中华人民共和国行政强制法》（以下简称《行政强制法》）第 50 条规定，"行政机关依法作出要求当事人履行排除妨碍、恢复原状等义务的行政决定，当事人逾期不履行，经催告仍不履行，其后果已经或者将危害交通安全、造成环境污染或者破坏自然资源的，行政机关可以代履行，或者委托没有利害关系的第三人代履行"。具体来说，行政法意义上的代履行存在三对关系：一是行政机关与行政相对人之间具有公法属性的管理关系。如果行政相对人履行了排除妨碍、恢复原状等义务的行政决定（这些决定系行政管理过程中出现的），就不存在代履行问题；二是行政机关与第三人之间的委托关系。行政机关修复生态大多情况下不会自行修复，往往会委托具有相应资质、技术的第三人修复生态，而行政机关与第三人为实现行政管理目的签订委托修复协议，其固然属于私法意义上的协议，但不能当然免除行政机关在签署该协议时应履行的公法义务。一方面，行政机关是委托方，其挑选第三人时，应挑选合适第三人，即该第三人应当有能力、有技术能够完成好修复工作，另一方面，行政机关也是管理方，其应当对第三方是否合法合理完成修复工作，有无滥用修复金等予以监管；三是行政相对人与第三人之间的关系。第三人经行政机关委托代替行政相对人履行义务，第三人与行政相对人之间没有直接的法律关系，如果第三人未拿到代履行报酬，其仅能向行政机关请求支付。由此，可以看出行政法意义上的代履行费用具有以下性质：一是法定性。由法律授权行政机关追缴（行政机关要有追缴义务，检察机关才能监督）；二是补偿性。从上述法规中看，行政法代履行费是对行政相对人因不履行行政决定而受到的损失进行补偿的一种方式，故行政相对人因不履行行政决定而产生的费用和损失，应当由其自行承担；三是公益性。行政法意义上的代履行费是为了保障公共利益和社会秩序而设立的，旨在维护行政决定的权威性和严肃性。综上，行政法中的代履行具有公法属性。

2. 检察机关对代履行费用的监督

根据法律的规定，启动代履行的要件之一系危害交通安全、造成环境污染或者破坏自然资源，而交通安全、环境污染、资源破坏都是公益诉讼关注的重点，又因代履行费用具有法定性、补偿性、公益性，因此，在收取、使用过程中行政机关应严格遵循专款专用、透明公开、公平合理、责任追究原则，确保其合法、公正、透明、有效地用于行政强制执行。由于行政法中的代履行具有公法属性，它是行政机关为了实现公共利益而采取的一种强制执行措施，故对未及时行使代履行义务、未及时追缴代履行费用、滥用代履行费用等都有可能成为检察公益诉讼的监督对象。第一，对行政机关怠于追缴代履行费用的监督。根据行政机关与行政相对人之间的关系看，代履行费用是行政机关为了保障公共利益实现支出再向行政相对人追偿的费用，如果行政机关怠于追缴代履行费用，那就相当于本该用于其他行政活动的国有财产被滥用，国有财产流失，从而损害了国家利益。在实践中，代履行的范围可以从《行政强制法》第50条规定的危害交通安全、造成环境污染或者破坏自然资源等三种情形拓展到诸多领域，包括但不限于《国有土地上房屋征收与补偿条例》中的房屋征迁、《城市市容和环境卫生管理条例》中的强制拆除、《中华人民共和国河道管理条例》中的强制清除、《中华人民共和国防洪法》中的代为恢复原状、《道路交通事故处理程序规定》中的强制撤离、《中华人民共和国水土保持法》的强制治理等。同时，这种行为也会对行政机关的声誉造成影响，出现"环境受损，政府买单"问题，此时，检察机关可以以公益诉讼角度介入，追回代履行费用，也是本案办理所持观点。第二，对行政机关滥用代履行的监督。代履行是行政机关对交通、环境先行修复，将原本属于行政相对人的生态等修复义务转化为金钱。目前，我国单行法只规定了代履行，对于代履行的实施程序并没有详细规定，这就极易滋生灰色空间。如行政机关委托第三人代为修复，行政机关签订委托协议后，没有有效的监管措施，又或者行政机关与第三人勾兑，无限扩大代履行费用的支出。这种滥用，一方面会导致国有财产的隐形流失、公共资源的浪费，另一方面也是对修复义务人的不公（修复义务人本可以以合理价格修复公益，却因为行政机关滥用职权，导致修复义务扩大）。为了确保公共利益和社会秩序的稳定，可以通过检察公益诉讼对行政机关滥用代履行费用进行监督和纠正。

但是，不恰当的代履行程序却不是公益诉讼的监督范围。代履行依据的是行政机关依法作出的行政决定，针对的是不履行行政决定的公民、法人或者其他组织。依法作出的行政决定是作出代履行决定的实体依据，行政决定是否合法直接影响代履行决定的合法性，不能在未经法定程序作出行政决定前径行作出代履行决定。因此，行政机关没有合法合理履行代履行程序，不是公益诉讼的监督范围。此处涉及检察权和行政权界限问题，行政机关和检察机关都是国家机关的重要组成部分，它们在各自的职权范围内依法行使职权，维护社会秩序和公共利益，行政机关不能"包打天下"，检察机关也不能过多地干涉行政权，只有在行政机关不依法履职，导致国家利益、社会公共利益受损时，才符合检察机关提起公益诉讼的条件。

综上，行政机关在代履行费用方面存在怠于追缴或滥用代履行费用的行为，可以作为检察公益诉讼的监督对象，一方面对于存在拖延、拒绝或故意不追缴代履行费用等行为应加强监督，另一方面在追缴代履行费用时存在滥用职权、不合理扣除等行为，导致代履行费用不合理地增加或减少也是监督重点。

3. 与行政机关合力追缴代履行费用

财政资金是重要的国有财产，是政府进行各项活动的财力保证，应用于涉及国计民生的公共支出。近年来，随着中央环保督察和土地卫片执法越来越严格，各级政府为按时完成整改消号任务，在一定范围内存在使用财政资金代违法行为人履行生态修复或土地复垦责任的情形。行政公益诉讼有促进行政机关与检察机关双赢作用，检察机关在督促行政机关履行职责的过程中，应当充分发挥自身优势，帮助行政机关解决困难，合力守护国家利益和社会公共利益。在实践中，行政公益诉讼可以通过多种方式促进双赢多赢共赢，比如推动行政机关与检察机关良性互动。检察机关通过行政公益诉讼，可以加强与行政机关的沟通协调，促进双方相互理解和支持，形成良性互动关系。检察机关作为国家法律监督机关，具有法律专业优势和调查取证能力，可以帮助行政机关解决实际困难和问题，提高行政执法效果。

在本案办理过程中，行政机关提出本案被代履行人家属表示因经济原因无法赔付，而行政机关缺乏核实被代履行人经济能力的手段，如果一味采用加处罚金、滞纳金方式催收代履行费用，可能无法及时追回代履行费用。后检察机关通过刑事检察部门与公益诉讼部门共同询问方式，深入了解王某某经济状况，询问王某某复垦意愿，在明确王某某仍有资金可供缴纳代履行费用情况下，第一时间告知行政机关。同时，与行政机关共同召开会议，厘清代履行性质，明确"代履行"这一"行政强制"手段可以根据《行政强制法》第 45 条规定采取强制执行等措施。后检察机关向行政机关发出诉前检察建议，在双方合力下，挽回了国家财产 25 万余元，又向社会传递了"破坏者承担责任"的办案理念，切实保护国家利益。

（三）办案启示

第一，充分发挥检察一体化工作机制优势，排除办案阻力。国土国财领域公益诉讼案件往往线索发现难，且重大敏感、疑难复杂。本案在办案过程中，H 县院充分发挥检察一体化优势，对内，公益诉讼部门与刑事检察部门共同分析研判；对外，H 县院与上级院上下联动发力。如 H 县院在办理行政机关代履行耕地修复费用案件时缺乏实践经验，省院领导直接到县院指导办案，有效排除办案阻力，及时追回行政机关代履行费用。又如，本案中行政机关表示无法了解当事人经济状况，未能及时追回代履行费用，此时刑事检察部门与公益诉讼部门通力合作，及时跟进询问王某某了解其经济情况，确保行政机关能够及时追回代履行费用。国土国财领域公益诉讼案件一般为重大、敏感案件，一方面，要积极主动向上级检察院汇报公益诉讼办案情况、所办案件进展、难点、成效，争取上级检察院在线索指定管辖、案件指导方面的支持，在上级检察院的指导、支持下扎实开展国土国财领域公益诉讼案件办理；另一方面，也要学会主动寻求属地党委政府办案支持。国土国财领域公益诉讼案件线索的发现、调查、办理均需要得到属地党委政府的支持，在案件线索发现方面，要学会积极与辖区纪检监察部门、财政部门、国有资产监督管理部门、审计部门建立线索互通机制，围绕国有资产流失的突出问题开展合作监督，尤其是加强与纪检监察部门的合作，争取同步介入纪委监委办理的反渎职案件，进一步拓宽国财国土领域线索发现渠道；在案件办理方面，碰到无法解决的重大问题，也可以积极寻求地方党委的支持。本案最终也是在地方党委的支持下，由地方党委多次牵头召开协调会，方能顺利追回代履行费用。

第二，注重从本院办理的刑事案件中发现线索，拓宽线索发现渠道。在该案办理中，H 县院公益诉讼部门注重与刑事部门的内部衔接，从刑事案件中深挖公益诉讼线索，既直接挽回国家财产 25 万余元，又向社会传递了"破坏者承担责任"办案理念，取得了良好的社会效果。其实，通过刑事案件办理尤其是环境资源保护领域案件办理既可以发现一部分政府代履行费用流失线索，又可以有效固定公益诉讼案件中关于环境、食药鉴定、国有财产流失方面的证据，有利于民事公益诉讼案件的开展，故在线索发现方面，公益诉讼部门与刑事检察部门应当进一步加强合作。此处需要特别关注的是，该案线索与生态环境保护领域公益诉讼案件仍有一定联系，在办案中也要注重从生态环境保护领域公益诉讼案件中挖掘线索。生态环境保护领域公益诉讼案件中违法行为人破坏环境、损害生态后，常出现由政府先行支付生态修复费用情形，检察机关应立足公益诉讼职能督促相关部门追回国有财产，及时破解"环境受损、政府买单"难题。检察机关可以探索建立"公益修复金一案一查"机制，在办理污染环境、破坏生态案件中，在督促行政机关、违法行为人修复环境的同时，注意审查行政机关是否履行生态环境修复费用追偿职责、违法行为人缴纳的生态修复费用是否专款用于修复，通过对公益修复金追缴、使用、管理情况的持续跟踪以发现国有财产流失线索。

第三，注重通过"诉"的方式来推动问题解决。在办理行政公益诉讼案件中，诉前实现公益保护是最佳司法状态，要注重办案方式，对不同线索进行分类处理，使办案效果最大化，但对于"硬骨头""老大难"案件要敢于提起诉讼强化监督效果。在该案办理中，行政机关一度因为当事人经济能力等，怠于向当事人征收代履行费用，检察机关拟通过"诉"的形式追回行政机关怠于收缴的代履行费用，行政机关在知晓检察机关拟起诉后，迅速采取整改措施追回国有财产。检察机关应坚持以"诉"的形式履行公益诉讼监督职能，强化检察公益诉讼制度刚性作用。最高检党组多次强调要以"精准性""规范性"为指引，做实做优公益诉讼检察工作。无论是"精准性"还是"规范性"均要求公益诉讼办案要敢于通过"诉"的方式增强监督刚性、推动问题解决，要牢牢把握"可诉性"标准，不以"诉"为目标但必须以"诉"为标准。一方面，要学会"站在巨人的肩膀上"，通过学习各基层检察院办理的国土国财领域公益诉讼指导性案例、典型案例，进一步规范国土国财领域公益诉讼办案模式，扎实把握好公益损害、职责判定、行政违法、因果关系等基础法律关系和要件，让案件经得起推敲、检验；另一方面也应准确把握诉前与诉讼的关系，敢于通过"诉"的确认体现司法价值引领，通过办理有示范引领意义的国土国财公益诉讼案件，推动类案治理、诉源治理。

第二节　财政补贴和社会保障类国有财产保护公益诉讼案件

一、S市C区人民检察院督促追缴农机购置补贴款行政公益诉讼案

（一）案情介绍

2017年9月，S市C区人民检察院在对2015年以来C区所有渎职罪等职务犯罪案件进行集中排查时发现，2007年至2014年间C区有三名乡镇农技中心农机管理员在进行农机购置补贴资格审核和补贴农机监督检查工作中滥用职权、玩忽职守，有的明知购买补贴农机者不符合条件仍予审核通过，有的在监管时发现农机被非法转卖而隐瞒不报，造成国家补贴资金损失，三人均被法院判处刑罚。刑事判决生效后，C区农业委员会通过下属的农机管理部门扣押了部分农机，督促购机者收回了擅自转让的1辆农机，其他涉案农机的相关补贴资金未进行追缴。

C区各乡镇的农技中心和区农业机械管理站都是C区农业委员会下属事业单位，在C区农业委员会的领导下开展农机管理和农机购置补贴相关工作。在涉案农机管理员职务犯罪时，根据财政部、农业部制定的《农业机械购置补贴专项资金使用管理暂行办法》规定，农机管理部门具体负责补贴专项的组织实施和管理，但在2017年6月1日，该办法被废止。根据财政部、农业部新制定的《农业生产发展资金管理办法》第26条规定："各级农业主管部门应当组织核实资金支持对象的资格、条件，督促检查工作任务（任务清单）完成情况，为财政部门按规定标准分配、审核拨付资金提供依据。"对不符合法律、行政法规等有关规定，政策到期，以及已从中央基建投资等其他渠道获得中央财政资金支持的项目严格审核，不得申请农业发展资金支持。根据上述规定，C区农业委员会对追回本案所涉农机补贴损失负有职责。

2017年11月，C区人民检察院对C区农业委员会行政公益诉讼立案并向其制发诉前检察建议，要求其积极采取措施保护国有财产，依法追回被骗取的农机购置补贴资金，并依照相关规定追回被购机者擅自转让的补贴农机或套取的补贴资金。C区农业委员会收到诉前检察建议后积极履职，成立专门工作小组追缴被骗取套取的农机购置补贴资金，检察机关持续跟进监督并支

持行政机关履职工作，最后流失的国有财产得到追回。

（二）本案的疑点难点

涉案农机补贴资金的审核发放作为一个行政给付行为，相关流程涉及农业、财政等多个部门，且购买者并非直接获得补贴资金而是凭借《农业机械购置补贴协议》或《农业机械购置补贴指标确认通知书》等材料直接以扣除补贴金额后的差价购买农机，因此在本案的办理中发现，有关国有财产损失的具体认定、被监督行政机关的确定以及是否可以通过撤销行政给付行为来追回国有财产损失等问题都存在一定的困难和争议。

1. 涉案国有财产损失的认定

在关联的刑事案件中，人民法院已对农机补贴资金损失的数额进行认定，涉案的多名农机管理员在农机购置补贴审核过程中为不符合购机条件的人员予以审核通过和其在农机监管工作中发现了购机者将农机非法转让却隐瞒不报的违法行为，都直接或间接地造成了农机补贴资金这一国有财产的损失。人民法院作为司法裁判机关，其依法作出的判决在生效后具有法律效力，只要判决书没有被依法撤销，那判决书中认定的关于农机补贴资金的相关事实当然具有证据效力。因此检察机关在办理公益诉讼案件中首先应当参考关联案件的刑事判决来认定涉案国有财产的损失，避免发生遗漏导致国有财产未得到全面有效保护。但考虑到刑事判决书认定的国有财产损失都是判决当时的损失，判决生效后 C 区农业委员会已采取措施追回一部分农机，也有个别当事人在知晓刑事判决后主动进行退赔，因此检察机关不能完全以彼时的损失来认定此时的损失，应当以生效刑事判决为基础继续调查涉案获补贴农机的去向以及相应的款项金额，避免重复计算损害他人合法权益。对于先前非法转让农机的购机者，如果在案发后已及时将农机追回，那就不应当再认定存在农机补贴资金流失而要求其退回农机购置补贴款。

2. 被监督行政机关的确定

本案中行政机关未依法履职侵害国家利益体现在两个方面：一是行政工作人员在农机购置补贴的资格审核和补贴农机监督检查工作中滥用职权、玩忽职守，导致国家补贴资金损失，侵害了国家利益。二是行政机关没有及时追回被骗取套取的补贴资金，因其不作为致使国家利益持续处于受侵害状态。由于本案属于国有财产损失领域行政公益诉讼案件，检察机关办案目的是追回损失的国有财产，因此关注的重点主要是第二方面，即行政机关是否依法履职追回被骗取套取的补贴资金。因为涉案农机补贴资金的审核发放涉及多个部门，因此对于被监督行政机关，实践中存在一定争议。检索类似案件，有以下几种观点：第一种观点，认为被监督行政机关应该是 C 区农业机械管理站。其一，相关规范性文件比如《S 市农业机械购置补贴管理暂行办法》《S 市农业机械购置补贴管理办法》都规定了农机管理部门是农机购置补贴管理工作的责任主体，而 C 区农业机械管理站是 C 区的农机管理部门。其二，根据公开报道，检察机关在公益诉讼试点期间办理的类似案件都是以农业机械管理站为监督对象制发诉前检察建议或提起行政公益诉讼，且提起诉讼的诉讼请求均得到法院支持。第二种观点，认为被监督行政机关应该是 C 区农业委员会。因为，行政公益诉讼中监督对象应是行政机关或法律法规规章授权的组织。C 区农业机械管理站既不是行政机关，也不是法律法规规章授权的组织，它只是受 C 区农业委员会的委托而行使权力，所以相关责任或法律后果应由 C 区农业委员会承担。第三种观点，认为被监督行政机关应该是 C 区财政局。原因在于：检察公益诉讼的目的不是追究谁的责任，而是追回损失的国有财产，所以监督对象应是有权追回损失财产的行政机关。根据《财政违法行为处罚处分条例》的规定，对虚报、冒领财政资金的行为，有权作出处理、处罚决定的是财政部门。检索也发现对于类似案件，有的省市检察机关是对财政局行政公益诉讼立案并制发诉前检察建议，提起行政公益诉讼后，法院判决认定了财政局有追回被骗取的国家发展专项资金、被套取的水稻保险保费补贴资金等职责。第四种观点，认为被监督行政机关应该是 C 区农业委员会和 C 区财政局。主要理由是：从中央到地方有关农机购置补贴的规定大多是由农业和财政两个行政部门共同发布的，这两个部门都是农机购置补贴管理工作的责任部门。而且追回农机购置补贴款难度很大，如果 C 区农业委员会和 C 区财政局协作配合，那工作的推进应该更加顺利。虽然从目前公开报道的案例中难以找到此类案例，但有检察机关诉农业机械管理站不履行法定职责案中法院通知财政局作为第三人参加诉讼的情况。

本案中，C 区人民检察院采纳上述第二种观点，将 C 区农业委员会作为行政公益诉讼的监督对象并制发诉前检察建议。一方面，因为区农业委员会作为农业主管部门，领导各乡镇的农技中心和区农业机械管理站开展农机管理和农机购置补贴相关工作，是其在为财政部门按规定标准分配、审核拨付资金提供依据；另一方面，对 C 区农业委员会行政公益诉讼立案，不仅可以督促其追回涉案农机购置补贴资金，还可以促使其完善制度机制，加强对购机和补贴资金发放各环节的监督管理。同为 S 市的 J 区人民检察院在办理督促追缴农机购置补贴资金案件时也采纳了这一观点，J 区人民检察院对 J 区农业农村委员会行政公益诉讼立案并制发诉前检察建议的案例于 2020 年获评最高检《涉农检察指导性案例实务指引》典型案例。

3. 追回农机购置补贴款的方式问题

检索类似国有财产保护领域行政公益诉讼案件，很多情况下行政机关主要是通过撤销行政给付行为的路径来保护国有财产。如在 C 市农业机械管理站不履行法定职责案中，检察机关制发诉前检察建议后市农业机械管理站未依法履职，最后法院判决市农业机械管理站撤销其作出的 50 份农机购置补贴指标确认通知书、收回被套取的农机补贴资金并取消相对人今后享受农机补贴资格。根据我国《行政诉讼法》第 70 条的规定，行政行为被撤销的前提应是其违法或者不适当。本案中，有的购机者是不具备农机购置补贴资格而虚假申报骗取补贴资金，有的购机者是在购机后擅自转卖补贴农机套取补贴资金，对于不符合补贴资金享受条件的购机者，行政机关给予其农机购置补贴资金，该行政行为违法无疑；但是对于符合条件的购机者，行政机关给予其补贴资金的行为则是合法合理的，不应对其作负面评价，所以问题应是后续行政机关未对购机者非法转卖行为进行及时监管，而非其先前的行政给付行为。因此，行政机关能撤销的只能是前一种行政行为，即对于购机者骗取的农机补贴资金，行政机关可以通过撤销行政给付行为的方式予以追回；而对于购机者擅自转卖补贴农机套取补贴资金的情况，行政机关依法履职的方式不应是撤销行政给付行为。

（三）办案启示

第一，积极从职务犯罪案件中发现国有财产保护线索。从本案中可以发现，国有财产保护公益诉讼案件有时和职务犯罪案件存在关联。全面保护好国有财产，需要相关负有审核、监管等职责的每一位公职人员恪尽职守、履职尽责，而一旦这些公职人员存在玩忽职守、滥用职权等渎职问题或被别有用心之人腐蚀、围猎，就会加大国有财产损失的风险。因此，作为国家法律监督机关和公共利益的代表，检察机关应当和纪检部门加强工作联络，通过建立健全沟通联络、信息共享、线索移送等机制，有效增强双方联动，进一步拓宽发现国有财产保护公益诉讼线索的渠道，高效整合资源，增强监督合力，共同维护好国有财产这一重要国家利益。

第二，国有财产保护不仅要事后追回损失还应重视事前预防。本案 C 区人民检察院在协同 C 区农业委员会对相关购机者进行约谈时发现，很多购机者表示其并不了解相关法规规章和政策规定，皆因农机管理员告知其符合条件所以才委托农机管理员进行申报，导致后续发生国有财产损失问题。且农机补贴资金审核发放时购机者无法直接获得相应的补贴资金，都是由农机主管部门向供货方结算补贴资金，农机补贴资金一旦发放或者投入，难以直接从购机者处追回资金。因此，相关国家机关及其工作人员不仅要重视农机补贴资金追缴工作，还应以此案为鉴，在农机购置补贴资金发放管理中加强宣传和引导，如在购机者提起申请前明确告知其相关法规规章和政策规定及违反规定要承担的法律责任，防止类似情况再次发生。

第三，刑事检察与公益诉讼检察融合充分保护国有财产。公益诉讼和刑事检察都是检察机关四大检察职能之一，要全面发挥检察机关职能，四大检察必须协同发力。本案中检察建议制发后，C 区农业委员会表示追缴农机购置补贴款存在较大困难，为支持行政机关依法履职、充分保护国有财产相关国家利益，C 区人民检察院成立由分管副检察长负责、刑事和公益诉讼部门检察人员参与的专案组进行办案。经专案组研判认为，对于不具备农机购置补贴资格而虚假申报骗取补贴资金的部分购机者，其行为可能已构成犯罪，检察机关可以通过刑事立案监督督促公安机关进行侦查。2022 年 9 月，C 区人民法院刑事判决认定，被告人陈某某以非法占有为目的，采用虚构事实、隐瞒真相的方法骗取国家农机购置补贴款，数额特别巨大，其行为已构成诈骗罪。因陈某某有自首情节，已全部退赃，且自愿认罪服罚，故法院对其判处缓刑。该判决的作出，对涉案其他购机者起到了很大的警示作用。

二、S 市 C 区人民检察院督促保护农业项目财政性资产行政公益诉讼案

（一）案情介绍

2023 年 3 月，S 市 C 区人民检察院在排摸农用地保护公益诉讼案件线索

时发现 C 区 M 镇的 Q 合作社存在农业项目财政性资产长期闲置问题。Q 合作社于 2014 年承租了 C 县（原为 C 县，后变更为 C 区）M 镇的 500 亩农用地用于农业种养殖，并于 2016 年 5 月通过 M 镇政府向 C 县农业委员会请示申报 Q 合作社标准化水产养殖场改造项目。之后，C 县农业委员会与 C 县财政局批复下达该项目计划及财政补助资金，项目建设规模 492 亩，建设内容为池塘整修、库房、辅助设施等，建设总投资 591.93 万元，资金来源为市财政 340 万元、县财政 85 万元、自筹 166.93 万元。该项目设施农用地备案有效期为 2017 年 8 月 25 日至 2022 年 8 月 24 日。该项目于 2019 年末竣工并通过验收后，Q 合作社对项目设施和农用地长期疏于管理，养殖水塘大部分处于荒废状态，农用地上经常有人倾倒建筑垃圾和生活垃圾，设施农用地备案到期后也未及时续备。

发现上述线索后，2023 年 3 月 C 区人民检察院对具有监管职责的 C 区农业农村委员会、M 镇人民政府行政公益诉讼立案，并召开听证会听取涉案主体 Q 合作社和 C 区农业农村委员会、C 区规划和自然资源局、M 镇人民政府的意见，厘清各行政机关的职责。为避免涉案农业项目财政性资产持续闲置，C 区人民检察院向 C 区农业农村委员会和 M 镇人民政府分别制发诉前检察建议，要求其及时采取措施履职整改。因本案同时涉及设施农用地管理，结合听证会上听证员所提意见，C 区人民检察院对 C 区规划和自然资源局行政公益诉讼立案后制发磋商意见书，督促其依法履行设施农业用地监督管理职责，协同解决 Q 合作社标准化水产养殖场改造项目存在的问题。

在收到 C 区人民检察院制发的检察建议书和磋商意见书后，C 区农业农村委员会、C 区规划和自然资源局和 M 镇人民政府协同履职，共同推动问题整改。根据自然资源部、农业农村部《关于设施农业用地管理有关问题的通知》（自然资规〔2019〕4 号）的规定，设施农业用地不再使用的，必须恢复原用途。C 区农业农村委员会、C 区规划和自然资源局和 M 镇人民政府经过多次现场勘察和充分听取 Q 合作社意见后，认定 Q 合作社标准化水产养殖场改造项目现已不具备续备所需的正常生产经营条件。随后 M 镇人民政府在 C 区农业农村委员会的指导下委托相关评估公司进行资产评估，确保国有财产得到有效保护，评估完成后土地复垦还耕。C 区农业农村委员会还在市、区级原有的农业财政性资产相关管理办法的基础上，准备重新制定《C 区农业农村财政性资产管理办法》，保障财政投入资金的安全性和有效性。

（二）疑点难点

本案属于农用地相关国有财产保护新类型公益诉讼案件，实践中类似案例比较少见，因此该案具有较强的探索价值和典型意义。在案件办理过程中，对于涉案项目资产能否作为国有财产进行保护、检察机关如何有效保护农业资产等问题，各方存在一定的争议。

1. 农业项目财政性资产能否作为国有财产进行保护

农业项目财政性资产并不是一个法律概念，目前国家层面对此没有相应的专门规定。根据 S 市农业农村委员会和 S 市财政局 2022 年 1 月制定的《关于加强市级农业设施财政性资产管理的意见》规定：市级农业设施财政性资产是指由市级审批、市级财政单独投入或包括市级财政在内的各级财政资金共同参与投入农业建设项目所形成的设施、设备等资产；各区自行审批并投入资金建成的农业财政性资产，可参照本意见执行。参考上述规定，可以认为各级财政投入的农业建设项目所形成的设施、设备等资产都是农业项目财政资产。因此，农业项目财政性资产应当看作是财政投入资金的一种转化形式，属于国有农业资产，应当作为国有财产进行保护。此类财政投入是落实乡村振兴战略的重要举措，目的是实现农业资源合理配置，促进农业综合生产能力不断提升。因此，在保护农业项目财政性资产时，除了国有财产常见的非法侵占、流失等问题，还应更加关注农业项目财政性资产的闲置、荒废问题，农业项目财政性资产闲置、荒废，会导致国家投入的大量财政资金无法发挥应有作用，造成国家资源的极大浪费。

根据 S 市农业农村委员会、S 市财政局制定的《关于加强市级农业设施财政性资产管理的意见》和 C 区农业农村委员会"三定方案"规定，C 区农业农村委员会的主要职责包括负责全区养殖业管理和农业投资管理，是农业财政性资产管理的职能部门。根据 C 县制定的《关于农业经营主体使用财政性补贴资金所形成的国有农业资产的管理暂行办法》规定，M 镇人民政府负责对辖区内农业经营主体申请财政性补贴资金进行审核和监督，并对所形成的财政性资产实施管理，确保补贴资金的有效使用和财政性资产的完整。根据上述地方规范性文件、行政机关"三定方案"等规定，仍可明确 C 区农业农村委员会和 M 镇人民政府都对 Q 合作社标准化水产养殖场改造项目中农业项目财政性资产长期闲置问题负有监管职责。

2. 诉前程序中的磋商和制发检察建议衔接问题

《办案规则》第70条第1款规定，检察机关办理行政公益诉讼案件，可以在立案后与行政机关就其是否存在违法行使职权或者不作为、国家利益或者社会公共利益受到侵害的后果、整改方案等事项进行磋商。第75条第1款规定，检察机关调查后发现行政机关未依法履职致使国家利益或者社会公共利益受到侵害，应当向行政机关制发检察建议。根据上述规定，检察机关可在行政公益诉讼立案后先与行政机关进行磋商，若行政机关未及时整改则制发检察建议督促其履职。磋商有助于检察机关和行政机关之间的沟通，也便于查明行政机关履职情况。而诉前检察建议制发后可衔接后续的诉讼程序，比磋商更具有刚性。但上述规定只能说明行政公益诉讼立案后、制发检察建议前可以进行磋商，至于磋商与制发检察建议之间如何进行衔接则没有规定。实践中，因国有财产保护案件的特殊性和复杂性，行政机关的履职往往需要一定时间，因此，在制发检察建议前如何进行磋商，这也是个值得关注的问题。

本案中，C区人民检察院考虑到更具有刚性的检察建议回复期一般只有两个月，遂探索采用一个月内跟进调查的方式来判断行政机关是否履行职责。若在此期间行政机关已采取实质性手段（如作出行政行为或制定整改方案），可认为行政机关正在履职中。若一个月内行政机关未采取任何实质性手段，且检察机关跟进调查发现公益未得到保护，则认定行政机关未依法履职。本案检察机关经过跟进调查，发现Q合作社养殖场改造项目仍处于荒废状态，且C区农业农村委员会和M镇人民政府也未及时制定相关整改方案，因此检察机关立即对C区农业农村委员会和M镇人民政府制发诉前检察建议，以更加刚性的措施督促其及时履职整改。

3. 农业项目财政性资产的有效保护路径

本案中Q合作社标准化水产养殖场改造项目建设资金大部分都是来自S市和C区两级财政。农业项目资产应按照"谁投入、谁所有"的原则界定其权属，由各级财政投入形成的资产应当属于政府所有，由社会主体、集体投资而形成的资产归投资方所有，但农业项目财政性资产的使用权毕竟仍属于农业经营主体，在保护农业项目财政性资产时仍需考虑农业经营主体的实际经营情况。在C区人民检察院最初办理本案时，曾多次与Q合作社、属地村委会等各方主体进行沟通，希望可以推动Q合作社标准化水产养殖场改造项目恢复正常生产经营，避免涉案农业项目财政性资产持续荒废闲置。但 Q 合作社标准化水产养殖场改造项目因客观原因已无法继续经营，因此只能从实物管理变为价值管理，督促行政机关通过资产评估等方式避免发生国有财产流失等问题。

因此，相对于事后保护的"亡羊补牢"，各方主体更应重视其事前事中保护，例如对各类农业设施资产设定最低使用年限防止随意处置农业项目财政性资产的情况发生、通过网格巡查等机制定期排查农业项目财政性资产使用情况等，让农业项目财政性资产持续发挥作用。

（三）办案启示

第一，公益诉讼办案同步保护土地资源和国有财产。一个公益诉讼案件可能会涉及多个领域公益保护问题，为了全面保护公益，应当在办案时兼顾涉及的各种公益，不能选择性监督，这样不仅可以确保办案质效，还能为办案提供更多的方向和突破口。本案中 Q 合作社标准化水产养殖场改造项目的长期闲置，不仅有国有财产受到损失，因设施农用地备案超期，农用地资源也需要检察机关和土地管理部门履职保护。因此，C 区人民检察院督促并支持 C 区农业农村委员会、C 区规划和自然资源局、M 镇人民政府依法履行各自职责，避免行政机关相互推诿或将工作任务都压到属地乡镇的情形发生，最终推动问题妥善解决，有效保护了涉案耕地资源和农业财政资产。

第二，设施农用地与农业项目财政性资产需要同步管理。本案中反映了实践中存在的设施农用地与农业项目财政性资产管理不同步问题。农业项目设施建设需要占用农用地，项目申报在前，设施农用地备案在后，农用地备案管理应当与项目批复内容保持一致。不仅如此，为了保障财政投入资金的安全性和有效性，相关职能部门和属地乡镇政府在管理好设施农用地的同时，也应对农业项目财政性资产进行监管。各行政机关履行监管职责既要明确责任分工也要加强协作配合，需要注意的是，相关职能部门的主要职责不只是负责农业项目审批或农用地备案管理，还要做好审批、备案后的监管工作；乡镇政府负责批复、备案后的具体管理工作，需要充分发挥属地优势，做到及时发现问题并切实落实整改。

第三，国有财产全面保护需要行政与检察职能衔接。在本案办理过程中，检察机关发现虽然国有财产保护与财政、审计部门的职责关系密切，但目前农业项目财政性资产不在相关部门的重点监管范围内。为强化行政机关执法、监管职能与检察机关公益诉讼检察职能衔接，笔者建议相关部门与检察机关建立协作机制共同对国有财产进行全面充分保护。协作机制的内容可以包括：加强日常沟通联络，并通过联席会议的形式，研究推进本区国有财产保护方面重大疑难问题；建立国有财产保护领域信息相互通报机制，对于相关领域的重要工作部署、重大专项行动、重大案事件应及时相互通报；加强信息化、智能化建设，借助城市运行"一网统管"平台，将国有财产保护纳入城市运行管理体系；相关部门履职中发现国有财产保护领域存在国家利益或社会公共利益受损的问题线索，应及时移送检察院；对于案情重大复杂、社会关注度高、社会影响力大的国有财产保护方面突出问题线索进行联合挂牌督办，督促相关责任方落实责任，强化问题整改。

三、S 市 C 区人民检察院督促追缴医保基金行政公益诉讼案

（一）案情介绍

2021 年 12 月，C 区人民检察院在办理刑事案件中发现 C 区存在医疗保障基金损失问题，刑事检察部门遂将相关线索移送公益诉讼部门进行审查。涉案人员茅某在 2020 年 2 月至 2021 年 11 月期间多次借用、冒用周边老年邻居的医保卡前往 C 区多个乡镇卫生服务中心和私立医院等定点医疗机构购买大量药品，囤积后又定期以低价贩卖给未取得药品经营许可证的收药人，共造成医疗保障基金损失 53 万余元。

根据《医疗保障基金使用监督管理条例》第 6 条第 2 款和第 22 条第 2 款的规定，县级以上地方人民政府医疗保障行政部门负责本行政区域的医疗保障基金使用监督管理工作，应当加强对纳入医疗保障基金支付范围的医疗服务行为和医疗费用的监督，规范医疗保障经办业务，依法查处违法使用医疗保障基金的行为。C 区人民检察院行政公益诉讼立案后进行全面调查，发现 C 区医疗保障局未依法履行其监督管理职责。为保护医疗保障基金安全，2022 年 3 月，C 区人民检察院向 C 区医疗保障局制发诉前检察建议，督促其按照《医疗保障基金使用监督管理条例》《S 市基本医疗保险监督管理办法》相关规定履行监管职责，即依法查处涉案人员相关违法行为、追回涉案全部医保基金并加强对纳入医疗保障基金支付范围的医疗服务行为和医疗费用的监督，

防止类似骗保行为再次发生。

C区医疗保障局高度重视检察建议，及时对相关涉案人员和医疗机构进行立案查处，对涉案医疗机构作出责令改正、退回违规费用和罚款的行政处罚；对未按照规定核验基本医疗保险凭证的涉案医保医师予以1~6分不等的记分处理；对将本人的医疗保障凭证交由他人冒名使用的涉案参保人员暂停医疗费用联网结算3个月。检察机关持续跟进监督，确认除去法院判决涉案人员茅某退回的10万余元外，剩下的医疗保障基金损失由行政机关查处涉案医疗机构全部予以追回。C区医疗保障局还通过联合C区卫生健康委员会召开专题会议、不定时暗访检查、发布倡议书、投放宣传片等方式加强对于医疗保障基金使用的监督管理和宣传力度，进一步营造全社会关注并自觉维护医疗保障基金安全的良好氛围。

（二）本案的疑点难点

1. 行政机关是否未依法履行其监督管理职责

根据《中华人民共和国社会保险法》《医疗保障基金使用监督管理条例》《S市基本医疗保险监督管理办法》的相关规定，对于骗取医保基金的行为，医疗保障行政部门要责令退回，并处骗取金额2倍以上5倍以下的罚款。本案中C区医疗保障局未对涉案人员茅某作出任何行政处罚，也未责令其退回骗取的医保费用。对此，C区医疗保障局的解释是：（1）因涉案人员茅某构成犯罪，法院会对其判刑，骗取的医保基金法院会判令其退赔，所以没有作出行政处罚或其他行政决定。（2）国家医保局、公安部《关于加强查处骗取医保基金案件行刑衔接工作的通知》（医保发〔2021〕49号）规定了"不得以行政处罚代替刑事责任追究"和"移送案件时已经作出行政处罚决定的，应当将行政处罚决定书一并抄送"，但对于涉嫌犯罪的骗保人员，医疗保障行政部门是不是应当对其作出行政处罚，没有作出明确规定。

对于上述问题存在三种观点。一种观点认为，事发后应先由医疗保障行政部门责令骗保人员退回医疗保障基金，并将刑事案件线索作为公诉案件审查起诉，由法院判处被告人主刑并处罚金。另一种观点认为，事发后应先由医疗保障行政部门责令骗保人员退回医疗保障基金，并处骗取金额2倍以上5倍以下的罚款，但在刑事案件中法院仅能判处被告人主刑，不得再并处罚金。还有一种观点认为，事发后医疗保障行政部门不作出任何行政处罚或决定，只将该案作为刑事案件移送，最终由法院判处被告人主刑并处罚金。在实践中，法院判处的罚金数额远低于法定的"骗取金额2倍以上5倍以下的罚款"数额，因此第二种做法对诈骗医疗保障基金违法行为的打击力度最大。本案中检察机关调查发现，涉案人员茅某被公安机关刑事立案并移送检察机关审查起诉，但其无稳定工作、经济条件较差，骗开药品均是以低价出售，其非法获利远远少于医疗保障基金的损失。若茅某在退回医疗保障基金的同时还要被处2~5倍的罚款，则其根本无力承担，行政处罚后续也难以执行。据此，C区医疗保障局采取第三种做法，既未对涉嫌犯罪人员茅某作出行政处罚等决定，也未及时对涉案参保人、涉案医疗机构及其工作人员的行政违法行为进行查处。检察机关认为，考虑到茅某已被刑事立案且其目前的经济状况，不对其行政处罚有一定的合理性，但是C区医疗保障局对涉案医疗机构和其他涉案人员也未进行查处，则明显属于未依法履职。本案属于国有财产保护公益诉讼案件，检察机关办案目的不是惩罚违法犯罪人员，而是挽回医疗保障基金的损失，同时督促医疗保障行政部门加强对纳入医疗保障基金支付范围的医疗服务行为和医疗费用的监督，防止类似骗保行为再次发生。因此，C区人民检察院向C区医疗保障局制发检察建议，督使C区医疗保障局通过查处涉案医疗机构违法行为并最终挽回了医保基金损失。

2. 公益诉讼检察与刑事检察的融合和区分

本案系刑事来源的公益诉讼案件，在检察机关公益诉讼部门介入时，公安机关已对涉案人员的违法骗保行为刑事立案调查，形成了大量刑事案件证据材料。C区人民检察院公益诉讼部门在审查调取的刑事案件证据材料后发现，刑事案件主要围绕涉案人员茅某借用、冒用他人医保卡骗取医疗保障基金等公益受侵害方面的事实，而本案作为行政公益诉讼案件，检察机关还需要关注行政机关或其他行政相对人，需要对C区医疗保障局是否为法律规定的监管主体、涉案人员骗保行为的发生是否与C区医疗保障局监管不严有关、案发后C区医疗保障局是否已经全面依法履行监管职责等问题进行充分调查和论证，办理公益诉讼案件不能采取"拿来主义"对刑事案件存在路径依赖。因此，检察办案人员在充分利用刑事案件证据材料的基础上，对行政公益诉讼相关的案件事实进行了全面的调查，然后向行政机关制发了诉前检察建议。在办理本案时也有人提出，刑事检察部门在办理刑事案件中发现行政机关未依法履职致使国家利益和社会公共利益受到侵害，采取向相关部门制发社会治理检察建议的方式同样可以达到保护公益的效果。办案人员则认为，虽然社会治理检察建议和行政公益诉讼诉前检察建议都是检察机关履行法律监督职责的方式，但行政公益诉讼诉前检察建议是提起行政公益诉讼的法定诉前程序，更具刚性，如果行政机关在收到检察建议后仍未及时依法履职，将面临败诉的风险，而社会治理检察建议不具备这样的效果。因此，符合公益诉讼立案条件时，应以公益诉讼推动问题解决，社会治理检察建议起补充作用。

（三）办案启示

第一，国有财产保护要重视医保基金并加强法治宣传。医疗保障基金是人民群众的"看病钱""救命钱"，其使用安全涉及广大人民群众的切身利益，关系着医疗保障制度的健康持续发展。医疗保障基金作为一项有着特殊用途的国家财产，其被骗取损害的既是国家利益，也是社会公共利益。近年来，老年人医保卡已经成为全国各地医保诈骗的重灾区，本案中涉案人员茅某使用的就是其向周边老年邻居借用的医保卡。究其原因，主要是老年人身体不便自行前往医院配药且对于医疗保障基金相关规定了解较少。因此医疗保障行政部门等国家机关应加强对老年人群体进行医疗保障基金方面的法治宣传，让老年人了解"代配药"相关制度规定，让不法分子没有可乘之机。C 区人民检察院办理本案后，检察办案人员应邀对全区医疗机构负责人进行案例宣讲，取得了良好的法治宣传效果。

第二，公益诉讼保护国有财产需要严格审查起诉。检察机关在审查起诉时，对于行政机关回函材料应当全面审慎进行审查，不能仅以行政机关回函的文字内容为准，需行政机关附相关证明材料、检察机关自行前往现场跟进调查验证。本案中，C 区人民检察院制发诉前检察建议后，C 区医疗保障局在审查起诉期限内回函称：已经责令医疗机构追回涉案医疗保障基金，目前仍在程序进行中。检察机关经过审查，认为案件符合《办案规则》中关于中止审查的决定，遂对案件中止审查。待相关流程完毕，涉案款项已到账，C 区医疗保障局向 C 区人民检察院提供了收据等材料。为验证行政机关关于加强监管等回函内容，C 区人民检察院还前往多家定点医疗机构核查，发现确已采取回函中所述措施加强监管，C 区人民检察院认定行政机关已经依法履职整改，国家利益和社会公共利益得到有效保护，最后决定终结审查。

第三，可探索通过大数据法律监督模型发现案件线索。本案是刑事办案中发现的公益诉讼案件线索，检察机关在办案中既要关注行政公益诉讼方面的主要问题，如行政机关是否存在未依法履职的情况，又要考虑涉及刑事办案方面的相关问题，例如涉嫌犯罪的骗保人员是否还应当承担行政责任，还要把握好刑事来源公益诉讼案件的特殊性，不能在公益诉讼办案中对于刑事案件形成路径依赖。骗取、套取医疗保障基金问题往往存在一定的隐蔽性，此类线索的发现通常存在较大的难度，因此检察机关可尝试大数据法律监督，借助数字化手段，通过获取数据、数据建模、类案监督的方式找到问题的切入点和突破口。目前，各地检察院已逐步开始探索通过大数据法律模型发现医疗保障基金流失线索，如有检察机关已通过整合医保部门外伤住院报销记录、交通部门事故数据和法院民事裁判等数据筛查出当事人违规报销的案件线索，还有检察机关在排查医院就诊信息后筛选出同一医疗机构同一时间段多次住院记录从而发现医疗机构分解住院、分段报销、套取医疗保障基金的线索。

第三节　国有土地使用权出让和土地（房屋）征收补偿类国有财产保护公益诉讼案件

一、H省C市检察机关督促追回违法支出国有土地使用权出让收入行政公益诉讼案[1]

（一）案情介绍

2017年12月27日，某地产置业公司竞得H省某县级市五宗地块的国有建设用地使用权，与该市原国土资源局签订《国有建设用地使用权出让合同》五份，保证金15.24亿余元从公共资源中心转入某市财政局非税收入汇缴结算户（以下简称非税账户），并约定竞买保证金自动转作受让地块的出让金。2018年2月、11月，某市财政局以"退保证金"名义，将已进入非税账户的国有土地使用权出让收入共计2.9亿余元分两次支出给地产置业公司。后地

---

〔1〕　该案例选自2023年8月3日最高人民检察院发布的第四十六批指导性案例（检例第185号）。

产置业公司用 2.9 亿余元资金缴清了五宗地块契税及其中某一地块剩余土地价款，办理了该地块不动产权证，申请抵押贷款 26.5 亿余元。截至 2019 年 9 月 4 日，某市财政局未依法追回违法支出给地产置业公司的土地出让收入 2.9 亿余元。

2019 年 6 月，H 省人民检察院在办案中发现上述案件线索，并交办至 H 省 C 市人民检察院（以下简称 C 市院）。C 市院于 2019 年 8 月 21 日立案调查，依法查明了"地产置业公司转入非税账户的竞买保证金在成交确认书签订后已自动转作土地价款，应认定为土地出让收入，属于国有财产""某市财政局未将收缴的土地出让收入及时足额上缴国库、违规设立收入过渡户、无正当理由支出已进入非税账户的土地出让收入损害国家利益"等事实，并向某市财政局制发诉前检察建议。因某市财政局未依法全面履职，检察建议回复期满后，C 市院指定 C 市 Y 区人民检察院（以下简称 Y 区院）起诉管辖，Y 区院向有管辖权的法院提起行政公益诉讼，诉请某市财政局依法采取有效措施追回违法支出的土地出让收入 2.9 亿余元。诉讼期间，因诉讼请求全部实现，Y 区院撤回起诉。

办案期间，C 市院还就该市土地出让收入等非税收入收支管理方面存在的普遍性问题向某市政府公开送达社会治理检察建议书；对于案涉国家机关工作人员职务违法犯罪线索，同步移送 C 市纪委监委处理。

（二）本案指导意义

1. 检察机关对损害公益的违法行为应当坚持全面审查、全流程监督，依法保障国有财产安全

第一，本案存在国有财产受损事实，国家利益受到侵害。根据财政部、国土资源部、中国人民银行印发的《国有土地使用权出让收支管理办法》第 2 条第 3 款规定，某地产置业公司与某市原国土资源局签订的《国有建设用地使用权出让合同》约定"竞买保证金自动转作受让地块的出让金"符合法律规定，属于有效条款。在合同签订后，竞买保证金自动转作受让地块的出让金，成为土地出让收入，属于国有财产。后某市财政局以"退保证金"的名义向某地产置业公司支出 2.9 亿余元的行为侵害了国有财产权益。值得注意的是，某地产置业公司收到 2.9 亿余元后又分别缴纳了出让地块契税及剩余土地价款，看似这笔钱转了一圈后又回到国库，国有财产未遭受损失，但某

市财政局的行为不仅违反了《国有土地使用权出让收支管理办法》第4条土地出让收支实行彻底的"收支两条线"管理要求，也违反了国家对国有财产的保护管理秩序，变相降低了某地产置业公司在国有建设用地使用权出让招投标中支付的保证金比例，使其取得一定竞争优势，扰乱国有土地使用权出让秩序。本案中某市财政局的行为造成国有财产失管问题，侵害了国有财产权益。

第二，某市财政局设立收入过渡账户、无正当理由向某地产置业公司支出2.9亿余元的行为违反了相关法律规定，应当属于行政公益诉讼监督对象。一方面，前文已述，某市财政局设立收入过渡账户违反了"土地出让收入全部缴入地方国库""实行彻底的'收支两条线'"管理要求；另一方面，根据财政部、自然资源部、税务总局、人民银行《关于将国有土地使用权出让收入、矿产资源专项收入、海域使用金、无居民海岛使用金四项政府非税收入划转税务部门征收有关问题的通知》规定，由自然资源部门负责征收的国有土地使用权出让收入划转给税务部门负责征收。按照通知所附国有土地使用权出让收入征缴流程图，自然资源部门在与竞得人签订交易确认书、出让合同后，除了"将竞买保证金抵作国有土地使用权出让收入，代竞得人向税务部门申报缴纳"，其他按照合同征收剩余价款、督促竞得人缴费均为税务部门职责，不再由自然资源部门负责。本案发生在"四项政府非税收入划转税务部门征收"改革之前，检察机关已经查明系某市财政局设立收入过渡账户、掌控土地出让收入，因此应当认定某市财政局基于其先行行为对该笔资金负有监管职责。综上，本案行政公益诉讼的监督对象应当为某市财政局。

2. 行政公益诉讼中行政机关是否全面依法履职应当进行实质性审查

该案例再次体现了在行政公益诉讼中，检察机关应当对公益保护是否彻底、行政机关的履职是否充分等问题进行实质性审查。根据最高检发布的指导性案例，目前在行政公益诉讼检察实践中，我们一般以"职权要件+行为要件+结果要件"对行政机关是否全面依法履职进行判断（行政机关积极履职穷尽履职手段仍未实现公益保护目的的除外）。本案中，C市院于2019年9月9日向行政机关发出诉前检察建议，后者于2019年9月26日向检察机关回函，表示已依法启动追缴程序，某地产置业公司承诺在2019年10月15日之前还款。检察机关在检察建议回复期满后审查认为，违法支出的土地出让收入仍未追回，结果要件未实现，某市财政局属于未依法全面履职，遂通过指定起诉管辖的方式提起行政公益诉讼。在诉讼期间，某地产置业公司先于 2020 年 4 月 30 日开出商业承兑汇票，并由第三方公司于 2020 年 5 月 27 日代其向国库退缴土地出让收入，其在 2020 年 11 月 1 日承兑该汇票。后检察机关认定诉讼请求全部实现并撤诉。从案例表述来看，检察机关认为，仅完成向某市财政局非税账户退缴土地出让收入仍不能认定行政机关依法履职完毕，因为不符合"土地出让收入全部缴入地方国库"的职权要件，而必须"应缴尽缴、及时入库"。值得思考的是，本案中如果某地产置业公司积极履行职责、穷尽行政手段仍不能将涉案土地出让收入追回，此时检察机关作为公益代表，将同时受制于《行政诉讼法》和《民事诉讼法》约束，既不能提起行政公益诉讼，也不能提起民事公益诉讼，公益诉讼检察难以发挥监督作用，这也是部分学者呼吁国有财产保护需要检察民事公益诉讼的重要原因之一。

（三）办案启示

第一，发挥检察一体化机制优势，排除阻力、当诉则诉。建设用地使用权出让等国土国财领域公益诉讼案件往往直接关系地方财政收入，涉及面广、影响力大、关注度高，检察机关在办案中可能面临多方面的阻力，尤其是对基层检察机关来说，公益诉讼案件数量多、类型杂，单靠某一家基层检察院往往难以啃下"硬骨头"案件。此时检察机关应当注重发挥检察一体化优势，通过共同开展调查、联合制发检察建议书或者上级院提级办理、指定跨区域管辖等方式有效消解办案阻力，确保公益诉讼监督顺利推进。对经过诉前程序行政机关仍不依法履职、国家利益和社会公共利益持续受损的，检察机关应当及时提起行政公益诉讼，坚持以"诉"的确认体现司法价值引领，保障监督刚性。

第二，延伸公益诉讼办案效果，以个案办理推动诉源治理。在我国，检察机关是《宪法》规定的法律监督机关。检察机关既要根据法律法规的授权，在"4+10+N"指定领域内开展检察公益诉讼监督工作，也要根据最高人民检察院《人民检察院检察建议工作规定》第 3 条、第 11 条之规定，对检察办案中发现的社会治理工作存在的问题，向有关单位和部门提出改进工作、完善治理的检察建议，推动源头治理，实现检察办案从"治已病"到"治未病"、从"管当下"到"管长久"的效果转变。

第三，探索建立公益诉讼检察与纪检监察衔接机制，凝聚更强公益保护合力。检察公益诉讼作为公益之诉、督促之诉、协同之诉，办案秉持双赢多赢共赢理念，但这不等于要搞无原则的"一团和气"，而是要依法行使检察权，既保持理性、克制、谦抑，尊重行政权运行规律，又要依法加强监督制约，不断提升监督刚性。除了对符合行政公益诉讼起诉条件的案件"当诉则诉"外，还可以探索建立公益诉讼检察与纪检监察衔接机制，对检察机关在办案中发现的国家工作人员滥用职权、拒不纠正违法行为或拒不履行法定监管职责，造成国家利益或社会公共利益遭受严重损害的问题线索，及时移送纪检监察部门处理。

二、J省Y经济技术开发区人民检察院督促整治闲置国有土地行政公益诉讼案[1]

（一）案情介绍

2009年9月至2014年9月期间，J省Y经济技术开发区（以下简称经开区）五家企业先后取得共计326亩国有土地使用权，但一直未实际动工开发或投产，造成土地闲置。2021年10月，J省Y经济技术开发区检察院（以下简称经开区院）在履职中发现上述线索后，从闲置土地的历史成因、《国有土地使用权出让合同》签订内容、土地使用权人当前经营情况、行政机关履职情况等多个角度进行了调查，发现出让土地闲置成因复杂，既有土地规划、国家政策调整原因，也有企业自身原因；用地企业与行政机关签订的《国有土地使用权出让合同》已约定违约责任、法律适用及争议解决条款；根据相关法律法规及地方性法规、行政机关职责配置等，经开区自然资源部门、招商部门、工业和信息化部门共同对依法出让后的土地开发利用情况负有跟踪管理、动态巡查、建立诚信档案、依法处置等职责；前述负有出让土地利用监管职责的行政机关未就涉案326亩土地闲置情况开展调查，造成土地资源长期闲置。

2022年2月11日，经开区院向自然资源、招商、工业和信息化等部门制发行政公益诉讼检察建议，督促自然资源部门对326亩闲置土地启动调查程序，招商部门、工业和信息化部门配合开展调查，并加强土地市场动态监测

---

[1] 该案例选自2023年8月3日最高人民检察院发布的第四十六批指导性案例（检例第184号）。

与监管。2022 年 4 月至 10 月，经行政机关与用地企业协商，3 宗土地通过签订《闲置土地回收补偿协议书》《节约集约用地盘活（处置）框架协议》《国有存量土地回收补偿协议书》由政府收回，2 宗土地使用权人制定再投资开发计划并实际进场实施。

此外，检察机关还推动经开区管委会出台推进工业用地提质增效的规范性文件，统一细化土地处置标准，成立闲置产业用地处置工作专班，形成闲置土地长效监管机制。

（二）指导意义

1. 检察机关办理闲置国有土地整治行政公益诉讼案件，应当重点调查分析土地闲置情况产生的原因，分类处置

《闲置土地处置办法》第 2 条规定了闲置土地的认定标准。实践中，造成土地闲置的因素有很多，如本案中就涉及土地规划、国家政策调整、企业自身原因等。根据《中华人民共和国城市房地产管理法》第 26 条、《闲置土地处置办法》第 4 条、第 8 条、第 12 条、第 14 条规定，如果土地闲置属于未按约定交付土地、土地规划等修改、国家政策调整、涉地矛盾化解、军事管制、文物保护等政府原因造成，或者因自然灾害等不可抗力造成，市、县国土资源主管部门应当与国有建设用地使用权人协商，通过延长动工开发期限、调整土地用途、规划条件、协议有偿收回国有建设用地使用权、置换土地或者由政府安排临时使用等方式解决。除上述情形外，由于企业自身或其他原因造成土地闲置的，市、县国土资源主管部门应当根据未动工开发时间长短，报经有批准权的人民政府批准后，向建设用地使用权人征缴土地闲置费或无偿收回国有建设用地使用权。检察机关办案中，应当重点调查、仔细甄别、充分论证土地闲置原因，本案中，经开区院通过多角度调查查明了 5 宗土地闲置原因，推动行政机关实现闲置土地因案施策、分类处置。

2. 负有监督管理职责的行政机关不依法对闲置土地启动调查程序，可认定为违法不作为

最高检公布的检例第 184 号中指出，虽然造成土地闲置的原因比较复杂，但相关行政机关未依照土地管理法依法履行监管职责，未依照闲置土地处置办法启动调查程序，可归结为违法不作为。这是公益诉讼检察办案要严守检察权力边界、防止检察权行政化的具体体现。一方面，闲置土地认定需要基

于行政调查结果。《闲置土地处置办法》第 5 条第 1 款规定，市、县国土资源主管部门发现有涉嫌构成本办法第 2 条规定的闲置土地的，应当在三十日内开展调查核实，向国有建设用地使用权人发出《闲置土地调查通知书》。根据上述规定，行政机关在判断已出让或划拨的国有建设用地是否存在闲置问题时，需要经过法定调查程序、基于行政权运行后的调查结果作出，而不能基于检察机关公益诉讼调查结果作出，负有监管职责的行政机关对可能的闲置土地不依法启动调查程序，检察机关就无法期待行政权对闲置土地问题的实质性监管。因此，行政机关对闲置土地不依法启动调查程序，可认定行政机关违法不作为。另一方面，行政公益诉讼作为督促之诉，调查有其制度特点。根据《办案规则》第 67 条，行政公益诉讼立案条件为"公益受到侵害＋行政机关可能未依法履职"，对行政机关具体履职情况可以在立案后继续调查。《办案规则》第 70 条、第 71 条规定了检察机关办理行政公益诉讼案件可以通过磋商等方式，重点围绕公益受损事实、行政机关监管职责、行政机关未依法履职情况、不依法履职与公益受损关联性等进行调查。"行政公益诉讼仅需证明关联性，这种关联性，不是直接因果关系，而是一种倾向性和可能性"。所以，多数情况下我们无法期待检察机关通过行政公益诉讼直接查明行政机关未依法履职和公益受到侵害之间的因果关系，只要能够证明行政机关未依法履职，且与公益受损存在一定关联性即可开展监督工作。因此，在已出让或划拨的国有建设用地客观上属于闲置状态的情况下，负有监管职责的行政机关未依法启动调查程序即可认定为违法不作为。

（三）办案启示

第一，检察机关办理闲置国有土地整治行政公益诉讼案件，应当根据法律法规、地方性法规规章以及行政机关"三定"方案、权力清单等确定监督对象。根据《办案规则》第 69 条第 1 款规定，对于同一侵害国家利益或者社会公共利益的损害后果，数个负有不同监督管理职责的行政机关均可能存在不依法履行职责情形的，人民检察院可以对数个行政机关分别立案。本案中，经开区院根据《中华人民共和国土地管理法》《J 省土地管理条例》以及经开区工作委员会、管理委员会职责配置等，确定经开区招商部门、自然资源部门、工业和信息化部门负有信用监管、动态巡查、跟踪管理、协作配合等职责并对三家行政机关分别立案监督，督促三家单位共同推动闲置土地整改。

但如果需要提起行政公益诉讼的，实践中一般选择对最能解决公益受损问题的行政机关起诉。如果经研判，对某一特定行政机关立案监督即可实现公益保护目的的，也可以单独对该行政机关公益诉讼立案。如 Z 省 J 市 X 区人民检察院督促收回闲置土地使用权行政公益诉讼案中，检察机关仅对原 J 市国土局立案并制发诉前检察建议，推动了闲置土地使用权无偿收回。[1]检察实践中，对于部分行政机关监管职责不明确，问题整改又需要该行政机关配合的，检察机关可以通过圆桌会议、召开听证会、磋商等方式邀请该行政机关参与，增加办案影响力、拓展履职朋友圈，凝聚多方力量高质效推动问题整改。检察机关办理该类案件还应当关注《闲置土地处置办法》第 13 条第 1款、第 14 条规定中的"报本级人民政府批准后实施""报经本级人民政府批准后，向国有建设用地使用权人下达《征缴土地闲置费决定书》"等表述，对于上级批准、下级决定类事项出现"内部行政行为法律效果外部化"的情况，可以参照《行政诉讼法》相关规定，从最有助于问题实体化解的角度确定公益诉讼监督对象。

第二，检察机关办理闲置国有土地整治行政公益诉讼案件，应当注重检察公益诉讼的全面履职。一是既要关注土地出让收入征缴问题，也要关注土地使用中的违法问题。对国有建设用地使用权出让金欠缴（如 H 省 Z 市国有土地使用权出让金行政公益诉讼案）、土地出让收入未依法归入国库（如 H省 C 市检察机关督促追回违法支出国有土地使用权出让收入行政公益诉讼案）、土地使用权人擅自改变土地用途或容积率（如 J 省 N 市 J 区改变容积率行政公益诉讼案）、闲置土地等侵害国家利益的行为依法予以监督。二是要持续跟进监督，支持行政机关积极应诉，体现检察公益诉讼协同之诉特点。国土国财领域案件往往案情复杂、涉及行政机关多、涉案数额大，具有行政机关内部审批流程复杂、整改周期长的特点，变相导致检察机关办案时间增加，此时检察机关不能简单基于国家利益受损问题未能在检察建议回复期内得到解决而一概认定行政机关未整改到位或者未依法履职，而应根据案件实际情况进行综合判断。如果行政机关有履职意愿、有整改计划，只是客观上存在履职困难的，检察机关可以根据《办案规则》第 78 条第 1 款中止审查。中止审查期间应当继续与行政机关保持沟通，督促和支持行政机关依法全面履行

---

[1] 参见 2022 年 11 月 7 日最高人民检察院发布的国财国土领域行政公益诉讼典型案例。

职责。对于土地使用权人不服行政机关根据诉前检察建议作出的行政决定，而对行政机关提起行政诉讼的，检察机关还可以发挥自身优势支持行政机关积极应诉，充分体现检察公益诉讼协同之诉特点。如 S 省 W 市人民检察院督促收回国有闲置土地行政公益诉讼案中，涉案公司不服 W 市自然资源和规划局作出的无偿收回两宗闲置土地使用权的决定，分别提起行政复议和行政诉讼，在此期间，检察机关多次与市区两级自然资源和规划部门召开座谈会，就庭审答辩、证据材料收集等提供法律支持，取得良好办案效果。[1]

三、S 市 C 区人民检察院督促追缴征收补偿款行政公益诉讼案

（一）案情介绍

2013 年 10 月，在 S 市 C 县的某动迁项目中，H 公司法定代表人倪某违法抢建，并向征收方隐瞒了其在涉案集体土地上建造房屋及附属物的时间等相关情况，因 C 县房屋（土地）征收中心、C 县征收公司、D 估价公司相关工作人员存在的渎职、失职行为，导致倪某以 H 公司名义骗取国家拆迁补偿款 12 169 126 元，并通过 H 公司重复获得相关集体土地上树木补偿款 890 220 元，通过 Y 公司多得地板补偿款 1 102 000 元。2017 年 4 月，倪某和征收补偿相关工作人员均被 S 市 C 区（原 C 县）人民法院判处刑罚，法院判令倪某退还骗取的国家拆迁补偿款 12 169 126 元，但对国家机关重复发放的树木补偿款和多发放的地板补偿款未作处理。判决生效后，相关行政机关也未对涉案地板补偿款和树木重复补偿款进行追缴。

2018 年 3 月，S 市 C 区人民检察院公益诉讼办案人员在排查本院已办结刑事案件时发现本案线索。2018 年 4 月，S 市 C 区人民检察院依法对负有监管职责的 C 区住房保障和房屋管理局、C 区规划和土地管理局决定立案调查。2018 年 7 月，C 区人民检察院先后向 C 区住房保障和房屋管理局、C 区规划和土地管理局制发诉前检察建议，建议两行政机关积极采取措施分别追回地板补偿款 1 102 000 元和树木重复补偿款 890 220 元。C 区住房保障和房屋管理局、C 区规划和土地管理局高度重视检察建议，要求征收中心及时通过法律途径收回相关款项，C 区征收中心委托律师向 C 区人民法院提起民事诉讼。

---

〔1〕 参见 2022 年 11 月 7 日最高人民检察院发布的国财国土领域行政公益诉讼典型案例。

之后，C 区人民检察院持续跟进监督，同时主动支持协助相关部门依法履职。因 2018 年正值 S 市法院实行行政案件集中交叉管辖，本案属于涉征收（拆迁）民事案件，相关法院认为改革后也需要实行集中交叉管辖，因此 C 区征收中心起诉工作面临一定困难，检察办案人员多次参与沟通协调并提供法律咨询意见。2020 年至 2021 年，C 区征收中心向 S 市 P 区人民法院提起民事诉讼，P 区人民法院以房屋拆迁安置补偿合同纠纷受理后，适用简易程序进行审理，因案情复杂，相关案件后来转为适用普通程序。2021 年 8 月 P 区人民法院作出判决，要求相关主体返还 C 区征收中心地板补偿款 1 102 000 元和树木重复补偿款 890 220 元，倪某对该债务承担连带责任。判决生效后被告未履行，C 区人民检察院及时督促 C 区征收中心向 P 区人民法院申请强制执行。

（二）本案的疑点难点

本案线索来源于刑事案件生效判决，案件的办理和相关的刑事判决密切相关。对于刑事判决后是否还存在国家利益受损、如何确定被监督行政机关和追回征收补偿款是否有法律依据等问题，办案中存在争议和困难。

1. 刑事判决后是否还存在国家利益受损

2016 年 12 月，C 区人民检察院依法对 H 公司法人代表倪某、原 C 县房屋（土地）征收中心复查复核科科长宋某某、原 C 县征收公司副总经理蒋某某和 D 估价公司工作人员恽某某提起公诉。2017 年 4 月，C 区人民法院分别判决上述人员犯诈骗罪、玩忽职守罪、国有公司人员失职罪和出具证明文件重大失实罪。倪某和蒋某某不服一审判决提起上诉，同年 10 月，S 市第二中级人民法院二审裁定维持原判。对此，有观点认为法院已经对涉案四人的犯罪行为作出处罚，且已责令倪某退出违法所得，因此国家利益不再受损。检察院办案人员在认真查阅相关刑事案件全部卷宗材料，综合比对后发现，宋某某和蒋某某的渎职行为造成的国家财产损失为 13 059 346 元，恽某某的犯罪行为致使国家遭受损失为 1 102 000 元，上述国家损失共计 14 161 346 元，其中只有 12 169 126 元法院责令倪某退出，尚有共计 1 992 220 元的树木重复补偿款和地板补偿款未要求予以退还。因此刑事判决后还存在国家利益受损。

2. 如何确定被监督行政机关

在案件办理过程中，有行政机关向 C 区人民检察院提出，本案中是 C 县房屋（土地）征收中心依法实施国有土地和集体土地上征收与补偿事务工作，

C 县房屋（土地）征收中心又委托 C 县征收公司和 D 估价公司开展工作，因此造成的国有财产损失应由现 C 区房屋（土地）征收中心负责。而 C 区人民检察院办案人员在走访有关部门了解情况后查明以下事实：涉案动迁项目属于 S 市重大建设工程，原 C 县房屋（土地）征收中心实际是受 C 县住房保障和房屋管理局、C 县规划和土地管理局的委托，实施该项目相关征收与补偿事务工作；C 县房屋（土地）征收中心又委托 C 县征收公司负责征收签约及房屋安置等事宜，并委托 D 估价公司承担动拆迁项目的资产评估工作。同时，根据《S 市国有土地上房屋征收与补偿实施细则》《S 市征收集体土地房屋补偿暂行规定》及现 C 区住房保障和房屋管理局、C 区规划和土地管理局的"三定"方案，区（县）房屋行政管理部门和区（县）土地管理部门分别为本行政区域国有土地上房屋征收补偿工作和集体土地征地房屋补偿工作的行政主体。因此，C 区人民检察院认为，本案中虽然原 C 县房屋（土地）征收中心在相关土地和房屋征收、补偿工作中发挥重要作用，但其不是实施征收、补偿工作的行政主体，原 C 县住房保障和房屋管理局、C 县规划和土地管理局作为行政主体，应对 C 县房屋（土地）征收中心及其委托的 C 县征收公司和 D 估价公司的相关工作进行监督。行政公益诉讼是督促之诉，而不是追责之诉，现相关人员的工作失职已造成国有财产损失，C 区住房保障和房屋管理局、C 区规划和土地管理局作为法律规定的负有监管职责的行政机关，有责任对相关征收补偿款予以追回。

3. 追回征收补偿款是否合法有据

有观点认为，根据我国目前法律规定，国家工作人员渎职犯罪行为造成的国有财产损失没有办法追回，除非该国有财产损失同时也属于他人的违法所得，因此，本案中追回倪某违法所得以外的征收补偿款没有法律依据。C 区人民检察院认为，本案中虽然不能认定 H 公司获得的 890 220 元树木补偿款和 Y 公司获得的 1 102 000 元地板补偿款为"违法所得"，但是可以将其定性为"不当得利"，所以有关部门应当予以追回。首先，生效刑事判决已经明确，890 220 元树木补偿款是 H 公司重复获得的款项，而 1 102 000 元地板补偿款是 Y 公司多得的款项，该两项"获得"之和正是国家财产的相应"损失"。其次，根据民法中不当得利的规定，H 公司和 Y 公司没有法律根据取得不当利益并造成国家损失，国家机关作为债权人可以请求返还不当利益。最后，行政法规《国有土地上房屋征收与补偿条例》也明确规定，在国有土上房屋征收与补偿活动中，应当维护公共利益，保障被征收房屋所有权人的合法权益。本案中追回征收补偿款目的是维护国家利益，没有损害任何行政、民事法律关系主体的合法权益。

（三）办案启示

第一，保护国有财产，检察机关要充分发挥刑事与公益诉讼两大检察职能的互补作用。在四大检察职能中，刑事检察与公益诉讼检察在保护国有财产方面作用比较突出。刑事检察主要是通过打击和预防犯罪保护国有财产，公益诉讼检察主要是通过督促行政机关依法履职保护国有财产，这两种检察职能的作用原理虽然不同，但在实践中可以发挥互补的作用。国有财产保护涉及范围广泛，近年来征地拆迁领域职务犯罪频发，造成国有财产损失，引起社会关注。征收与补偿涉及复杂的行政、民事法律关系，刑事判决生效后，罪犯虽被惩处，但有时国家利益还在受损中，此时就需要相关行政主体依法履行职责，还需要相关民事主体履行法律义务，检察公益诉讼正具有此功能。如本案中检察机关将公益诉讼检察职能与刑事检察职能充分融合，通过刑事案件发现公益诉讼线索，运用生效刑事判决认定的事实证明国家利益受损，督促行政机关依法履职解决了刑事判决未能涉及的公益受损问题，充分发挥了刑事检察与公益诉讼检察的互补作用。

第二，国有财产受损，负有监管职责的行政机关有可能不是追回国有财产损失的直接主体。根据行政法基本原理，行政诉讼的被告应当是行政主体，行政主体是指享有行政职权、以自己的名义行使职权并独立承担责任的组织，行政主体包括行政机关和法律法规规章授权的组织，但不包括受委托的组织。虽然我国行政公益诉讼属于一种特殊的行政诉讼，但是《行政诉讼法》及公益诉讼相关司法解释都明确规定，检察机关只能对负有监督管理职责的行政机关进行公益诉讼立案和制发督促履职检察建议，认定行政机关监督管理职责的依据为法律法规规章，也可以参考行政机关的"三定"方案、权力清单和责任清单等。保护国有财产是相关行政机关的法定职责，行政机关不依法履职致使国有财产受损的，检察机关应对其立案并督促其依法履职。行政机关应如何履职以挽回国有财产损失，实践中主要存在两种路径：一种是行政机关运用行政权力通过行政手段直接追回国有财产，此时行政机关的身份属于行政主体；另一种是行政机关自身或者通过其他组织向人民法院提起民事诉讼借助司法权力追回国有财产，此时行政机关或其他组织属于民事主体。这两种路径各有利弊，相比较而言，后一种路径更受行政机关的青睐。本案中负有监管职责的行政机关是 C 区住房保障和房屋管理局以及 C 区规划和土地管理局，其没有直接采取行政手段追回征收补偿款，而是将相关职责委托 C 区征收中心，C 区征收中心又通过民事诉讼的方式维护国家利益。

第三，追回国有财产损失，检察机关应在持续跟进监督中提供专业支持。与生态环境公益诉讼领域中经常存在的"反弹回潮"不同，国有财产保护领域公益诉讼面临的主要问题往往是已经损失的国家财产难以追回。实践中很多时候难以挽回国家损失，不是因为行政机关及其工作人员主观上不愿作为，而是存在一些客观因素，如准备或已提起诉讼，但因时效、管辖、案件受案范围、证据导致诉讼或执行受阻等。此时，检察机关既要坚持维护国家利益的初心和目标，持续跟进监督，确保检察建议落到实处，不能半途而废；还要秉持客观公正立场和审慎理性原则，正确判断行政机关是否已依法履职，不能贸然提起公益诉讼。不仅如此，当行政机关存在履职困难时，检察机关还应在力所能及的范围内提供专业支持和协助。有观点认为，行政公益诉讼中检察机关只要督促行政机关依法履职即可，不应参与到行政机关的履职行为中，否则容易越权越位。这一观点值得商榷，因为督促履职与支持履职不存在冲突，追回国有财产损失往往与诉讼有关，检察机关作为司法机关在这方面具有专业优势，支持行政机关依法履职可以及时保护受损的国家利益，更能贯彻双赢多赢共赢的司法理念。本案办理历时四年，C 区人民检察院制发检察建议后行政机关积极履职，但相关部门委托律师提起诉讼面临困难，为此，C 区人民检察院不失时机进行沟通协调，并提供法律意见和业务指导，最终持续跟进监督取得了良好效果。

第四节　国防军事和公共设施类国有财产保护公益诉讼案件

一、S 市 C 区人民检察院督促保护空军机场净空安全行政公益诉讼案

（一）案情介绍

为全面贯彻最高院和中央军委政法委员会《关于加强军地检察机关公益

诉讼协作工作的意见》，落实最高检"军用机场净空专项监督"要求，2022年2月，S市C区人民检察院（以下简称C区院）与C空军机场主动对接，了解机场部队在国防建设、练兵备战过程中遇到的问题和困难，C空军机场向C区院提供了机场净空区内存在违规饲养、训放信鸽影响军机飞行安全、造成军机受损以及机场周边乱搭违章建筑、露天焚烧等问题，C区院随即根据上述线索开展初步调查工作。

办案人员在机场部队官兵的协助配合下，调取了空军机场建设情况、机场净空区划定情况以及2016年、2019年两次飞鸟撞机造成军机受损的事故报告，走访了机场周边三个乡镇政府、27户养鸽户，对C空军机场周边信鸽饲养训放、养殖水塘抛荒吸引飞鸟、机场跑道延伸线上林木过高影响军机起降安全、擅自放飞无人机、孔明灯、露天焚烧等问题进行了全面调查。在调查中，办案人员发现案件主要存在以下三个方面的问题：一是行政机关对信鸽训放等行为威胁军机飞行安全、损害国防和军事利益的认识不足。实践中，行政机关并未就军事设施设备保护、部队练兵备战保障开展针对性监管；二是机场部队与相关行政机关在净空区范围划定问题上未能达成共识，行政机关开展相关监管工作缺乏制度机制支撑；三是在危及军机航行安全系列问题监管上，行政机关既存在监管职责交叉、"九龙治水"问题，也出现监管职责不明、"监管盲区"问题，难以形成整改合力。

为妥善推进案件办理、有力维护国防和军事利益，在S市院指导下，C区院和解放军S军事检察院相关部门联合成立C空军机场净空安全公益诉讼办案组共同办案。办案组根据《中华人民共和国军事设施保护法》（以下简称《军事设施保护法》）第29条、第60条、《中华人民共和国军事设施保护法实施办法》（以下简称《军事设施保护法实施办法》）第19条以及《军用机场净空规定》等规定，认定本案中机场净空区内信鸽饲养、训放活动侵害国防和军事利益，给军事设施设备等国家财产造成安全隐患的公益损害事实。根据《中华人民共和国体育法》（以下简称《体育法》）第4条第2款、《信鸽活动管理办法》第4条、《S市信鸽活动管理规定》等相关规定，认定C区体育局为信鸽活动的主管部门，对净空区内信鸽活动负有主要监管职责；属地镇政府负有约束鸽子放养职责。后C区院先后对C区体育局和机场净空区八公里范围内有信鸽活动的J镇、D镇、X镇、C镇四个镇的人民政府展开行政公益诉讼立案调查，分别制发诉前检察建议、磋商函。之后C区院与解放军 S 军事检察院又通过召开由机场部队、区体育局、属地镇政府和相关企业、信鸽协会共同参与的圆桌会议，厘清各行政机关监管职责，达成治理共识，形成工作合力，最终促成 C 空军机场八公里净空区内 27 户养鸽户全部签署"禁飞退养"承诺书并实现逐步退养。此外，C 区院牵头联合解放军 S 军事检察院、C 区人民武装部、C 区国防动员办公室、C 区体育局等 18 家单位召开军事设施保护专题会，共同签署《关于建立军事设施保护协作机制的工作协议》，形成国防和军事利益保护监管长效机制，为军事设施设备等国有财产保护和部队练兵备战提供坚强法治保障。

（二）有益尝试

案件办理中，C 区院在全面调查、充分论证、依法监督的基础上，通过召开圆桌会议的方式使各职能单位深刻认识国防利益和军事设施设备保护的重要性，推动 C 空军机场周边八公里净空区从"纸面"落实到"实际"，并创造性地设立"特邀监督员"参与办案消除广大群众顾虑，为机场净空安全公益诉讼案件办案提供可复制、可推广的实践样本。

1. 空军机场净空安全案件，既属于国防和军事利益保护领域，也属于国有财产保护领域案件

第一，空军机场净空安全直接关系国防安全和军事活动，属于国防和军事领域公益诉讼案件。国防是国家进行的军事及与军事有关的活动。《中华人民共和国国防法》（以下简称《国防法》）第 3 条第 1 款明确指出，国防是国家生存与发展的安全保障。而军事利益是国家政治利益的重要形式。国防与军事关系国家生存与发展，具有区别于国防资产财产价值属性的显著而独特的价值，当然属于公益保护范畴，因此，检察机关可以按照党的十九届四中全会作出的"拓展公益诉讼案件范围"部署要求，积极稳妥开展国防和军事领域公益诉讼案件的办理。事实上，在部分涉军领域，法律已经明确授权检察机关开展公益诉讼工作，如《中华人民共和国英雄烈士保护法》第 25条、《中华人民共和国军人地位和权益保障法》第 62 条等。本案中，信鸽饲养人违反相关规定在空军机场净空区内训放信鸽的行为干扰空军部队开展军事行动，已经侵害了国防和军事利益，损害社会公共利益。

第二，空军机场净空安全直接关系国防军事设施设备等物资的使用与管理，属于国有财产保护领域公益诉讼案件。根据《国防法》第 39 条第 1 款、

第40条规定，国家保障国防事业的必要经费；国家为武装力量建设、国防科研生产和其他国防建设直接投入的资金、划拨使用的土地等资源，以及由此形成的用于国防目的的武器装备和设备设施、物资器材、技术成果等属于国防资产；国防资产属于国家所有。本案中信鸽饲养人擅自训放信鸽威胁军机等武器装备安全的行为会严重影响国防资产的使用效率和效能，故检察机关可以将其纳入国有财产保护领域办理公益诉讼案件。

2. 空军机场净空安全案件，可从国防和军事利益保护以及国有财产保护这两个角度确定公益诉讼监督对象

第一，相关体育活动危及国防和军事活动安全的，应当以主管该体育活动的监管部门作为公益诉讼监督对象。根据《体育法》第4条第2款规定，县级以上地方人民政府体育行政部门主管本行政区域内的体育工作。县级以上地方人民政府其他有关部门在各自的职责范围内管理相关体育工作。国家体育总局《信鸽活动管理办法》第4条规定，地方各级体育行政部门（含人民政府授权管理体育工作的机构，下同）对本行政区域内信鸽活动进行管理。基于上述规定，县级以上地方人民政府体育主管部门对辖区内的信鸽活动负有监督管理职责。尽管该规定较为原则，但结合最高检2021年9月发布的"J省D市人民检察院督促履行环境保护监管职责行政公益诉讼起诉案"检察公益诉讼典型案例，可以明确法律、法规、规章以及规范性文件关于行政机关法定职责的概括式规定同样属于行政机关履职尽责的内容。因此，如果信鸽活动危及国防和军事安全的，检察机关可以依法对县级以上地方人民政府体育主管部门进行立案监督。案件办理中可以结合地方法规规章、其他规范性文件等进行综合研判。例如，C空军机场净空安全公益诉讼案件中，S市体育局制定的《S市信鸽活动管理规定》第3条、第5条、第6条、第10条，分别对信鸽活动的定义、行政部门对信鸽活动的监管、信鸽协会的自治、机场净空保护区域内不得搭建鸽舍、饲养信鸽等做出了详细规定，明确了行政机关的监管职责。

第二，行为人相关活动可能危及国防军事设施设备等国有资产安全的，应当以对相关资产负有监管职责的部门作为公益诉讼监督对象。国防资产属于国有财产。根据《军事设施保护法》第3条第1款、第2款规定，各级人民政府和军事机关应当共同保护军事设施，维护国防利益。地方各级人民政府会同有关军事机关，管理本行政区域内的军事设施保护工作。《军事设施保

护法实施办法》第 5 条第 2 款规定，县级以上地方人民政府负责本行政区域内军事设施保护的有关工作，并协助驻地军事机关落实军事设施保护措施。从法律规定上来看，《军事设施保护法》规定了地方各级人民政府对本行政区域内的军事设施均负有保护责任，而《军事设施保护法实施办法》则仅规定了县级以上地方人民政府。笔者认为，《军事设施保护法》的设置更加科学规范，一是因为《军事设施保护法》更贴合军事设施保护的时代发展要求；二是危及国防军事设施设备等国有资产安全的行为复杂多样，对于轻微的违法行为，乡镇一级属地政府在履行相关保护管理职责的时候更加便利。例如，C空军机场净空安全公益诉讼案件中，对于在机场周边私自违章搭建、乱堆木材、倾倒垃圾等行为，C区院分别督促属地镇政府依法履行军事设施保护职责，有效推动问题整改。

3. 涉军净空安全公益诉讼办案应当规范界定空军机场净空区范围，确保行政执法和检察监督精准性

良好的净空环境是军用机场安全运行的基础，规范界定净空区范围是检察机关依法监督、精准监督的前提。根据《军事设施保护法》第 29 条、第 60 条规定，在军用机场净空保护区域内，不得从事影响飞行安全和机场助航设施使用效能的活动；在军用机场净空保护区域内，进行影响飞行安全和机场助航设施使用效能的活动，不听制止的，适用《中华人民共和国治安管理处罚法》第 23 条的处罚规定。根据上述法律规定可以看出，确定军用机场净空保护区范围是检察机关调查的重点，也是检察公益诉讼开展精准监督前提条件。《军事设施保护法实施办法》第 19 条规定，本办法所称军用机场净空，是指为保证军用飞机（含直升机）起飞、着陆和复飞的安全，在飞行场地周围划定的限制物体高度的空间区域。军用机场净空保护标准按照国家有关规定执行。根据《军用机场净空规定》第 1 条第 1 项，机场净空区是指为保证飞机起飞、着陆和复飞的安全，在机场周围划定的限制物体高度的空间区域。由升降带、端净空区、侧净空区构成，其范围和规格根据机场等级确定。本案中，C空军机场面临的问题主要为军机起降、飞行过程中的鸟击防范问题。C区院在前期多方论证、组织召开多方圆桌会议磋商基础上，推动各方达成机场周边八公里为机场净空区的共识，为后续行政机关依法履职、检察机关公益诉讼办案夯实基础。

(三) 办案启示

随着检察公益诉讼制度的不断发展，国家利益和社会公共利益保护的范围也在逐步扩大，多个办案领域相互交织问题进一步凸显。检察机关在办案中，应当加强与其他单位联动，全面、细致评估违法行为对公益造成的损害，平衡不同利益间关系，选择合适路径实现公益保护最优化，并通过持续跟进监督保障整改效果，实现公益诉讼办案政治效果、法律效果、社会效果的有机统一。

第一，检察机关应当加强与军事检察机关、解放军部队、地方行政机关的协同联动。首先，地方检察机关与军事检察机关加强协同联动。加强军地检察协作是检察机关服务强军目标、服务备战打仗的客观要求，也是检察机关的政治责任、法律责任。国防和军事领域公益诉讼案件尤其是涉及军事设施、军事装备的案件，往往具有专业性强、保密度高的特点，地方检察机关在线索获取、案件调查、分析研判过程中，应当加强与军事检察机关联动，借助军事检察机关身份优势和专业优势，建立涉军公益诉讼线索双向移送、同步调查、圆桌会议、联合听证等工作机制，并在办理重大疑难复杂案件中及时成立军地检察联合办案组，联合制发诉前检察建议，探索形成军地检察机关一体化办案机制，共同为军事设施设备等国有财产保护和部队练兵备战保驾护航。其次，地方检察机关与地方部队加强协同联动。解放军部队是国防安全的守护人，是国防军事设施的使用人，掌握相关领域公益受到损害的直接线索和第一手资料。检察机关可以以各种形式加强与地方解放军部队的联络沟通，确定专人对接、定期互动，对发现的涉军公益诉讼线索第一时间分析研判。如 C 区院依托与区人民武装部和相关部队建立的"检察进军营"工作机制，全面贯彻落实最高院和中央军委政法委员会《关于加强军地检察机关公益诉讼协作工作的意见》，通过开展"主题党日""军事日"等多种形式，深入了解地方机场部队、武警部队、海警部队、海军农场等军事单位在国防建设、练兵备战过程中遇到的问题和困难。最后，地方检察机关与地方行政机关加强协同联动。地方行政机关拥有专业的执法队伍、全面的执法权限、较强的执法能力，但也存在职能机构多、信息流通不畅、监管职责交叉等问题。检察机关可以通过与行政机关加强沟通，了解行政执法过程中的难点、堵点、痛点，发挥检察公益诉讼"督促之诉""协同之诉"的优势，推动问题整改。如 C 区院依托与行政机关建立的"四长协同""三长共治""两长共护"等工作机制，妥善协调生态环境保护与国防军事利益。牵头与国防动员办公室、退役军人事务局、体育局、规划和自然资源局等行政机关建立国防军事设施和军人权益保护协作机制，由个案办理推动类案办理、诉源治理，实现对空军机场等军事设施全面长远的保护。

第二，检察机关办理国防和军事利益领域公益诉讼案件，需要践行全过程人民民主的要求，助力巩固军民团结。国防和军事利益保护离不开广大人民群众的理解支持，要借助人民智慧、倾听群众呼声、激发民众情怀。首先，要广泛邀请人民代表的参与。国防和军事利益保护关乎国防安全和军人荣辱，在涉军公益诉讼案件办理中，应当牢固树立人民城市理念，积极邀请人大代表、人民监督员、特邀监督员等参与调查核实、圆桌会议、公开听证等办案活动，借助广大人民群众智慧办理案件。在本案办理过程中，C 区院邀请 2 名人民监督员、2 名特邀监督员参与办案活动 10 次，发表意见 16 份，充分借助他们处理基层政务的经验和智慧，与检察人员共同上门开展群众工作，消除群众疑虑，推动问题妥善得到解决，确保办案三个效果的有机统一。其次，要主动接受代表委员的监督评议。侵害公益问题往往问题复杂、涉及面广、时间跨度长、整改难度大，只有持续跟进监督，才能确保整改效果持久，公益受损问题不反弹。也是基于此，持续跟进监督成为公益诉讼检察的重要办案理念。在涉军案件跟进监督中，主动接受代表委员的监督评议，既可以争取人大、政协对检察公益诉讼工作的理解支持，督促行政机关更好更快履职尽责，也能倒逼检察公益诉讼办案质效提升，使检察监督更加精准、规范，公益保护更加全面。最后，要注重激发人民群众爱国爱军的质朴情怀。拥军优属、军队拥政是我党我军我国人民特有的优良传统和政治优势，人民群众对国防军队建设始终有着淳朴而深厚的感情。在涉军案件办理过程中，检察机关应当充分利用区情优势，积极开展爱国主义教育和拥军优属宣传，对积极支持配合整改工作、自觉维护国防军事利益的群众进行公开表彰、打造"双拥"典型案事例等，进一步彰显"军地一家亲，军民鱼水情"的浓厚氛围。

第三，检察机关办理涉国防和军事利益案件需要统筹平衡国防军事利益与其他利益。如前文所述，不同的办案领域意味着不同方面的利益相互交织甚至冲突，此时检察机关应当全面、细致评估违法行为对公共利益造成的损害类型，进而选择合适路径实现对公益的均衡保护。例如，本案办理中存在

"自然生态保护导致野生鸟类增多""野生鸟类增多威胁军机飞行安全"这一组矛盾问题。办案人员经过充分调查研判发现，近年来随着区域生态环境不断优化，斑鸠、白鹭等大型鸟类不断增多，一定程度上增加了军机飞行安全隐患。不过，野生鸟类在 C 空军机场周边聚集不单受到自然因素影响，还受到养殖水塘抛荒、机肥料厂管理不善等人为因素影响，可以通过加强人为因素管控措施减少鸟类对军机飞行安全造成的隐患。本案中，C 区院对野生鸟类聚集带来的机场净空安全隐患问题分类施策，通过督促拆违清域 1600 平方米、迁移林木 60 余亩、改造养殖水塘 5700 亩、调整周边农田农作物种植种类等方式，大大降低了野生鸟类在机场周边聚集的种群数量，既解决了困扰人民军队多年的机场鸟击防范难题，也服务了地区生态建设，取得了良好的政治效果、法律效果、社会效果和强军效果。

二、S 市 C 区人民检察院督促并支持行政机关保护公路设施公益诉讼案

（一）案情介绍

2020 年 8 月，C 区人民检察院召开专题座谈会听取代表委员意见时，有人大代表提出：中央环保督察发现，C 区 B 镇上的道路 A 因来往大型载重卡车超载，长期存在路面损毁以及严重扬尘问题；后续如果完全由政府进行道路修缮，则存在国有财产损失问题。C 区人民检察院公益诉讼办案人员获悉上述线索后立即前往现场调查，并向 C 区公安交警部门、C 区交通委员会、B 镇人民政府和相关大型载重卡车司机等多方主体了解情况后发现，M 公司多年前向 C 区国有资产监督管理委员会承租了一处码头和砂石堆场用于建材经营，而道路 A 是该经营场所对外通行的唯一道路。道路 A 上的日常来往车辆主要都是为 M 公司服务的大型载重卡车，相关车辆驾驶人员多次因超载被 C 区公安交警部门查处。近年来，道路 A 长期存在路面损毁问题。根据 C 区交通委员会提供材料显示，道路 A 属于 B 镇的镇管道路，道路的建设、管理主体都是 B 镇人民政府。C 区人民检察院经研判认为，B 镇人民政府可能未依法履行国有财产管理、监督和公路保护的职责，决定对 B 镇人民政府行政公益诉讼立案调查。2020 年 11 月，C 区人民检察院与 B 镇人民政府进行磋商并达成维护以下共识：道路 A 属于国有财产，道路损坏造成国有财产损失，B

镇人民政府作为权利人同时负有监管职责，应要求相关企业承担赔偿责任，检察机关在监督履职的同时会提供调查取证、支持起诉等协助。

为避免道路 A 再次发生路面损毁问题，B 镇人民政府先在原有道路标准的基础上进行提标修复，修复后的道路足以承受大型载重卡车的正常通行。经过多次沟通磋商，M 公司承认先前的超载行为对道路 A 造成了一定程度的损坏，自愿承担本次修复中比原先标准高出的 158 万元费用。但因相关财务要求，B 镇人民政府无法直接接受作为民营企业的 M 公司转账支付。2022 年 6 月，在道路 A 完成提标修复后，C 区人民检察院与 B 镇人民政府共同邀请 C 区人大、C 区政协、C 区国有资产监督管理委员会相关部门和区人大代表、政协委员、人民监督员、"益心为公"检察志愿者等各方主体对道路修复情况开展"回头看"，并召开座谈会共同商议后续如何进一步推进涉案国有财产保护。2022 年 12 月，C 区人民检察院和 C 区国有资产监督管理委员会、B 镇人民政府、M 公司等六家单位共同签订《道路 A 损坏修复公益诉讼磋商工作备忘录》，M 公司最终通过与 B 镇人民政府和施工单位债权债务转让的方式承担了道路 A 提标修复费用 158 万元。该备忘录还强调道路 A 属于国有财产，修复后若再发生被破坏、损坏的情况，相关主体要依法承担赔偿责任。M 公司在签订备忘录后保证后续将杜绝发生超载问题，防止再次损坏道路 A，其他单位表示后续将进一步加强监管保护道路 A。

（二）本案的疑点难点

目前对于国有财产保护，相关法律只规定了行政公益诉讼制度，直接进行民事公益诉讼立案缺乏依据，但本案中存在的国有财产损失难以通过行政机关的行政手段予以追回，需要借助民事手段保护国有财产的情况。因此，C 区人民检察院在行政公益诉讼立案后，查明侵权主体、固定证据事实，督促并支持行政机关行使民事权利，并与行政机关协作配合，探索了国有财产保护领域民事公益诉讼制度，通过民事磋商的程序保护了国有财产。

1. 受损道路归属与侵权责任主体的争议与认定

本案中，关于道路 A 的性质存在争议，有人提出道路 A 应属于镇属市政道路而非公路。但 C 区人民检察院调查发现，根据相关法律法规的规定，市政道路的建设管理主体是市政工程行政主管部门，而公路中的乡道的建设管理主体则是乡镇人民政府。道路 A 由 B 镇人民政府建设、管理和养护，因此，道路 A 应当是公路中的乡道而非市政道路。道路 A 作为政府出资建设的公共基础设施，先前长期存在路面损毁问题，所以相关国有财产已经受损。由于道路 A 属于镇管道路，镇政府原先修建时已投入了大量财政资金，现因大型载重卡车超载行为损坏道路后又要进行修复，为防止路面损毁问题反复出现，道路修复的标准需要提高到足以承受大型载重卡车的正常通行，政府因此要投入更多的财政资金，这会造成国有财产的另一种损失。

为查明侵权责任主体，C 区人民检察院向 C 区交通委员会、C 区公安交警等部门调取证据材料并询问相关大型载重卡车司机，发现：（1）环保督察反馈意见曾指出道路 A 是被装载砂石的大型载重卡车压坏；（2）道路 A 上车超载行为长期存在，被查处的超载车辆均是为 M 公司服务的大型载重卡车。根据我国《民法典》第 258 条、第 1165 条的规定，国家所有的财产受法律保护，禁止任何组织或者个人破坏；行为人因过错侵害他人民事权益造成损害的，应当承担侵权责任。《公路法》第 85 条规定，违法行为对公路造成损害的，应当依法承担民事责任。结合 C 区人民检察院调查情况和上述规定，M 公司对大型载重卡车常年超载运输的违法行为知情并同意，所以其存在明显过错，作为共同侵权人应当承担相应的民事责任。但事发多年，现已难以查清 M 公司对道路造成的具体损坏以及相应的损失情况。

2. 被监督行政机关的确定

本案中负有监督管理职责的行政主体认定是个难题。有人认为，道路 A 受损是车辆超限超载违法行为造成，其监管主体应该是区道路交通管理部门和公安交警部门。而对相关国有财产进行保护，其监管主体应该是区国有资产监督管理委员会。检察办案人员审查发现，本案中虽然涉及多个行政主体，但在道路 A 受损后，能够督促其履职以保护公共利益的行政主体只能是 B 镇人民政府。根据行政法上职权法定原则，判断相关行政机关是否具有国有财产保护监管职责，应当依据法律法规规章以及行政机关"三定"方案的规定。根据《公路法》第 8 条、第 43 条，《公路安全保护条例》第 2 条，《S 市公路管理条例》第 4 条、第 5 条、第 53 条的规定，各级人民政府依法履行公路保护职责，乡镇人民政府负责本行政区域内的乡道的建设和养护工作，落实公路路长制，把公路建好、管好、护好、运营好。根据《民法典》第 259 条的规定，履行国有财产管理、监督职责的机构及其工作人员，应当依法加强对国有财产的管理、监督，促进国有财产保值增值，防止国有财产损失。行政机关"三定方案"规定，乡镇人民政府有公用、市政设施建设和管理的职责，承担国有资产管理、监督及其保值增值的责任。本案中道路 A 属镇管道路，但 B 镇人民政府对该道路长期疏于管理和保护，在道路损坏后，镇政府只是根据区政府要求进行修缮，没有要求相关侵权主体承担民事赔偿责任，这必然会造成国有财产损失。鉴于此，检察机关决定对 B 镇人民政府立案调查。

3. 探索通过诉前磋商保护国有财产

《办案规则》第 70 条第 1 款规定：人民检察院决定立案的，应当在七日内将《立案决定书》送达行政机关，并可以就其是否存在违法行使职权或者不作为、国家利益或者社会公共利益受到侵害的后果、整改方案等事项进行磋商。S 市人大常委会 2020 年 6 月通过的《关于加强检察公益诉讼工作的决定》规定：侵权行为人自行纠正违法行为，采取补救措施，或者承诺整改的，检察机关可以就民事责任的承担与侵权行为人进行磋商，经磋商达成协议的，可以向审判机关申请司法确认。根据上述规定，检察机关在办理行政公益诉讼和民事公益诉讼中都可以依法进行磋商，磋商不成的也可以衔接检察建议程序或向法院提起诉讼。同样，《生态环境损害赔偿管理规定》也规定了生态环境损害索赔磋商为提起诉讼的前置程序，并把"主动磋商"作为生态环境损害赔偿的工作原则之一。实践中，诉前磋商被认为是实现诉源治理的一种有效手段，可以大大节约行政和司法成本，促进社会和谐，快速维护公共利益。因此，C 区人民检察院参照上述规定，在行政公益诉讼案件中探索通过民事诉前磋商保护国有财产。第一，行政机关主导磋商。道路 A 是国有财产，B 镇人民政府是其权利人，在 C 区国有资产监督管理委员会的协调下，B 镇人民政府与 M 公司沟通磋商达成共识。第二，检察机关参与并见证磋商。C 区人民检察院对磋商内容进行合法性审查，起草磋商备忘录，并作为备忘录签订方，特别说明道路 A 产权属于国家，道路修复后若再发生被破坏、损坏的情况，相关主体要依法承担赔偿责任。第三，社会公众监督磋商。磋商备忘录签订之前，检察机关牵头召开圆桌会议，邀请社会公众代表评议磋商内容提出意见建议。

（三）办案启示

1. 国有财产保护可以引入诉前磋商程序机制

政府出资建设的公路、市政道路等公共基础设施属于国有财产，公共基础设施被损坏后，侵权人应当承担侵权损害赔偿民事责任，但目前我国国有财产保护不能提起民事公益诉讼，因此大量国有财产不能得到有效保护。在本案行政公益诉讼立案后，检察机关与行政机关形成合力，通过民事手段保护国有财产，将行政公益诉讼诉前磋商与民事诉前磋商相结合，既创新了检察公益诉讼融合履职方式，探索了国有财产保护行政公益诉讼中引入民事机制程序的新路径，也为将来建立国有财产保护民事公益诉讼制度提供了实践经验。

2. 保护公路设施类公益诉讼案件要促进诉源治理

"工程到哪里，路就坏到哪里"，这是近年来地方党委和政府很关注但难以解决的问题，人民群众对此意见很大。本案办理为全区工程项目建设和道路保护工作提供一个样本，得到地方党委、政府、人大、政协和人民群众的充分肯定，体现了人民民主，实现了双赢多赢共赢。为促进诉源治理，建立长效机制，C 区人民检察院还与区道路交通管理部门、公安机关会签出台《关于建立"路长、警长+检察长"工作协同机制加强道路和交通安全治理的意见》，强化行政机关执法、监管职能与检察机关公益诉讼职能衔接，深入推进道路和交通精细化治理。

3. 国有财产保护公益诉讼要争取人大、政协的支持

人大和政协是联系人民群众的桥梁和纽带，作为公共利益的代表，检察机关应当向人大、政协通报公益诉讼工作情况，并听取代表委员意见建议，加强与代表委员的工作联系，推动代表建议、政协提案与公益诉讼检察建议衔接转化，争取在公益检察案件办理、调研论证、推动立法等方面获得更多支持。本案中 C 区人民检察院在听取人大代表意见建议时获悉相关线索，后续还邀请人大、政协相关人员和人大代表、政协委员一同参与案件办理，进一步发挥人大法定监督、政协民主监督的作用，实现公益保护的群策群力。

我国国有财产保护公益诉讼的实践检视

第一节 我国国有财产保护公益诉讼的实践特点

我国检察公益诉讼制度从顶层设计到实践落地，从局部试点到全面推开，在发挥公益保护职能作用，积极回应群众期待，创新公益诉讼检察工作理念等方面初见成效。当前，"国财国土"领域的检察公益诉讼整体呈现如下特点：

一、案件类型多种多样

从案件类型上看，我国国有财产保护公益诉讼案件呈现出多样化特点。根据最高人民检察院公布的典型案例，涉及国有财产保护领域的行政公益诉讼，涵盖行政事业性收费、政策性奖励、补贴、社保金、养老金等专项资金以及税收、罚没款等的流失问题；涉及国有土地使用权出让领域的公益诉讼案件，主要针对非法占用国有土地、违法低价出让土地使用、怠于履行土地出让金征收义务、怠于处理闲置土地、违规用地等问题。可见，国有财产保护行政公益诉讼在案件类型上较为多样。事实上，以指导性案例的形式拓宽国有财产保护公益诉讼案件类型，也是最高人民检察院在实践中一种常见的务实做法。例如最高人民检察院在发布第46批指导性案例时即专门作出说明，强调案例的指导性之一在于拓展传统国财领域公益诉讼的案件类型，并将对公共政策实施过程中套取、骗取、截留、挪用各类助企惠民红利的情形纳入检察公益诉讼范围，以在应对新案件类型过程中提供可推广、可复制的经验。[1]此外，部分国财国土领域的案件往往涉及国计民生的热点问题，社会关注度极高，这对国财国土领域公益诉讼检察提出了更高要求，处理不慎极易引发社会舆情。

二、案件数量占比偏少

从案件数量上看，尽管国有财产保护公益诉讼案件数量近年来有所提升，但总体数量仍相对有限，在检察公益诉讼案件中的占比整体不高。例如，某市人民检察院的一份调查报告显示，自 2017 年 7 月检察公益诉讼正式确立至 2018 年底，该市未办理涉及"国财国土"领域的案件，直到 2019 年才实现零的突破。[2]另据最高人民检察院统计，2017 年 7 月至 2019 年 9 月，全国检察机关共立案公益诉讼案件 214 740 件，其中生态环境和资源保护领域公益诉讼案件 118 012 件，占立案总数的 54.96%；食品药品安全领域的公益诉讼案件 71 464 件，占立案总数的 33.28%；而国有财产保护、国有土地使用权出让领域公益诉讼案件共计 25 189 件，仅占立案总数的 11.7%。[3]尽管近年来，在《中共中央关于加强新时代检察机关法律监督工作的意见》明确要求加大国财国土等重点领域公益诉讼案件办理力度，《关于加强国有财产保护、国有土地使用权出让领域公益诉讼检察工作的通知》提出实现"国财国土"领域市级检察院办案全覆盖的目标和具体要求，最高检召开全国检察机关"国财国土"领域公益诉讼办案工作视频督导会进行全面部署等背景下，各地检察机关普遍加大了办案力度，并使 2022 年 1 月至 9 月，全国检察机关立案办理国财、国土领域案件分别同比上升 59.65%、131.27%，[4]但从检察机关办理公益诉讼案件的总量看，相较于环境资源保护、食品药品安全等，国财国土案件在

---

〔1〕 参见闫晶晶：《数字赋能，深化国财国土领域检察公益诉讼——最高检第八检察厅负责人就第四十六批指导性案例答记者问》，载《检察日报》2023 年 8 月 4 日，第 2 版。

〔2〕 参见夏爱文：《国有土地使用权出让领域公益诉讼情况的调查报告——以 E 市 2019 年国有土地使用权出让领域公益诉讼案件为样本》，载 http://ez.hbjc.gov.cn/llyj_70856/202204/t20220429_1724569.shtml，最后访问日期：2022 年 12 月 17 日。

〔3〕 参见张军：《最高人民检察院关于开展公益诉讼检察工作情况的报告——2019 年 10 月 23 日在第十三届全国人民代表大会常务委员会第十四次会议上》，载 https://www.spp.gov.cn/spp/tt/201910/t20191024_435925.shtml，最后访问日期：2024 年 4 月 15 日。

〔4〕 参见闫晶晶：《胸怀"国之大者"，加大办案力度——最高检第八检察厅负责人就国财国土领域行政公益诉讼典型案例答记者问》，载《检察日报》2022 年 11 月 8 日，第 2 版。

检察公益诉讼案件中的占比仍然偏少。

三、案件规模整体有限

在当前国有财产保护公益诉讼案件中，典型案例、精品案例不少，但案件规模整体不大。从近几年检察机关办理国有财产保护领域公益诉讼案件的情况来看，主要集中在骗取套取财政专项补贴（补助）金和怠于收缴相关税费这两类案件上。虽然实践中不乏典型案例、精品案例，但案件规模不大，涉案金额往往不高，大部分案件的金额在几十万元到一百万元之间，有些案件甚至只有几万元，涉案相关人员多为老百姓或私营企业主。在处理此类案件时，检察机关不需要考虑诸如地方经济、产业发展以及与行政机关的关系等法外因素，办案阻力较小。但是，与生态环境保护和食品药品安全领域的公益诉讼相比，国有财产保护类公益诉讼案件缺乏重大、疑难、复杂、社会影响力大的案件。其原因主要在于，该领域的案件涉及范围广（包括国家预算制度、税收制度、财政转移支付体系、国资国企改革、金融监管、社会保障等），专业性强，处理流程复杂，技术能力要求高，而案件起诉主体又主要集中在基层人民检察院，基层院的公益诉讼部门普遍存在专门人才短缺、专业性知识储备不足等问题，阻碍了该领域公益诉讼工作的开展。

四、避重就轻现象明显

国有财产保护领域的公益诉讼案件，由于被诉主体通常是政府的核心行政主管部门，检察人员在办案过程中，既担心影响与行政机关的关系，又担心出力不讨好，但为追求办案数量，就存在办凑数案的问题。加上实践中检察机关获取案件线索方式单一，导致办理的案件"搭顺风车"的多，"啃硬骨头"的少，存在避难就易的选案倾向。从目前司法案例来看，检察机关对于收缴、追缴各种税、费、金、款、物等方面的行政执法行为给予了相当多的关注，这类公益诉讼案件也占到了国有财产保护类公益诉讼案件的绝大多数，而对于企业经营过程中因并购、重组所导致的国有财产流失类案件，实务中却极少涉及。收缴、追缴类的案件之所以成为检察机关办理国有财产保护公益诉讼的主要案件类型，一方面是由于此类案件普遍存在行政机关的不当执法行为，案件发现不难，案情简单，事实容易查证。同时，在办理贪污腐败和渎职犯罪案件中，常常会获取有关线索，也有必要的事实和证据，这为检察机关发起公益诉讼提供了便利。另一方面是对案件诉讼效果的考量。对于套取骗取或者怠于收缴类的案件，只要补缴或者追回相关财、物，检察机关提起行政公益诉讼目的就得以实现。但对于企业经营过程中所导致的国有财产流失的案件，实现公益诉讼目的障碍较多，检察机关不仅要对行政机关的违法行为进行追责和调查，还会涉及原企业或经营业主既得利益的改变，如果没有其他部门的全力支持和配合，单靠检察机关一个公益诉讼部门，很难实现预期的诉讼效果，加之在涉经营性国有资产领域，部分国有企业对当地经济发展具有重要意义，是税收保障的重要来源，[1]因此，检察人员有时难免存在畏难情绪，存在避重就轻倾向。

第二节 我国国有财产保护公益诉讼的制度缺陷

国有财产保护公益诉讼制度从试点到入法，成为我国公益诉讼制度的重点领域之一，在案件类型、诉前磋商、审理程序以及裁判方式等方面日渐完善，对于防止国有财产流失，保障国有财产增值保值发挥了积极作用，效果显著。但整体来看，这一制度仍面临着若干困境，制约了其效能的充分发挥。

一、案件线索来源不足，公众参与程度偏低

《行政诉讼法》第 25 条第 4 款以及《检察公益诉讼解释》第 21 条均要求，国有财产保护公益诉讼以"人民检察院在履行职责中发现"为案件来源的基本范围。立法之所以作这样的限缩规定，是基于警惕地方检察机关立案冲动，干扰行政机关的正常执法活动和行政管理秩序的初衷。早在试点期间，最高人民检察院出台的《试点方案》将提起行政公益诉讼的试点案件限定在"检察机关在履行职责中发现"，但究竟如何界定"在履行职责中"实务部门莫衷一是。随后在最高检出台的《指南》中进一步明确了"履行职责"具体包括履行批准或者决定逮捕、审查起诉、控告检察、诉讼监督、公益监督等

---

〔1〕 参见覃慧：《检察机关提起行政公益诉讼的实证考察》，载《行政法学研究》2019 年第 3 期。

职责；对于通过行政执法与刑事司法衔接平台、行政执法与行政检察衔接平台等发现案件线索的，视为"在履行职责中发现"。但立法者对于案件线索来源的克制性，也直接导致各地检察机关对于社会来源的案件线索普遍持审慎态度，如对于新闻媒体提供的线索，检察机关因难以准确把握是否属于"履行职责"，为稳妥起见多不予采用。[1]鉴于实践中理解不统一的问题，2021年6月最高人民检察院公布《办案规则》第24条对公益诉讼案件线索来源进行了扩张，用分条列举的方式明确公益诉讼案件共"5+1"项线索来源，其中"5"种具体形式，包括（1）自然人、法人和非法人组织向人民检察院控告、举报的；（2）人民检察院在办案中发现的；（3）行政执法信息共享平台上发现的；（4）国家机关、社会团体和人大代表、政协委员等转交的；（5）新闻媒体、社会舆论等反映的。还有"1"种开放性兜底的情形，即其他在履行职责中发现的。这个规定貌似拓展了行政公益诉讼的案件来源，但这种扩展应解读为"有限的扩大"，仍未解决行政公益诉讼案件来源不足的问题。

首先，在检察公益诉讼领域，行政公益诉讼案件来源与民事公益诉讼案件来源并不完全相同。比如，通过新闻媒体、检察热线等渠道，或者是行政执法与刑事司法衔接平台中涉及的案件，对于人民群众反映强烈、社会影响恶劣、舆论高度关注的公益诉讼案件线索，如果行政机关在办理中遇到阻力或者行政机关履职未达执法效果的，行政机关会将这类案件移送给检察机关，但因是行政机关移送的，检察机关通常不能作为行政公益诉讼案件，只会作为民事公益诉讼的案件线索。[2]在实务中，行政公益诉讼案件不少是从刑事领域获取的，但随着检察机关原有反贪污贿赂等职能转隶至国家监察机关，也降低了其从内部获取线索的能力。[3]还有，行政执法信息共享平台的运作情况、信息获取和处理程序等是否公开透明，这些都会对公益诉讼案件的线索搜集产生一定的影响。

---

〔1〕 参见李成、赵维刚：《困境与突破：行政公益诉讼线索发现机制研究》，载《四川师范大学学报（社会科学版）》2018年第4期。

〔2〕 参见刘艺：《我国食药安全类行政公益诉讼制度实践与理论反思》，载《南京工业大学学报（社会科学版）》2021年第3期。

〔3〕 参见马怀德：《新时代行政公益诉讼制度的发展与实践》，载《人民论坛·学术前沿》2019年第5期。

其次，与生态环境保护、食品药品安全领域的公益诉讼案件不同，公众对国财国土领域关注度普遍偏低，这也进一步限缩了国有财产保护公益诉讼案件的线索来源。从最高检发布的"国财国土"领域行政公益诉讼的指导性案例以及典型案例的统计情况看，检察机关接受公民或其他组织举报所获案件线索占比极少。例如，在 2020 年 12 月 17 日发布的 9 个典型案例以及 2022 年 11 月 7 日发布的第二批 12 个典型案例中，均仅一例线索来自群众举报。这一方面源于群众举报是否属于"人民检察院在履行职责中发现"尚存争议，更重要的是，涉国财国土案件尽管严重侵害国家利益与社会公共利益，但其不易感、不易知，无论是从民众自直接经验中获取案件线索的可能性来看，还是从其对此类案件"多一事不如少一事"的心理态度来看，社会关注度低、公众参与度不高都在情理之中。[1]此外，相较于环境资源保护、食品药品安全等，"国财国土"领域的公益损害问题通常会涉及经济、证券、会计、审计、法律等专业知识，案件隐蔽性、专业性强，客观上也为群众关注此类案件设置了壁垒。

最后，《办案规则》扩展列举的案件线索来源主要集中在"上行"渠道，就公民或者法人的主动举报而言，不仅要求举报人需要有一定的法律意识和公益诉讼知识，否则不会引起他们的关注；还需要举报人自行承担举报成本，包括信息准备、举报时间、可能面临的风险等，如果没有足够的保护和激励机制，也会影响其举报的积极性。

二、诉前检察建议质效不高，缺乏强制力

根据《行政诉讼法》第 25 条第 4 款的规定，"向行政机关提出检察建议"是提起行政公益诉讼的前置程序。作为检察机关监督行政机关的一种常用方式，检察建议的威严性有助于推动行政机关自我纠错、依法履职，实现诉前维护公益的最佳司法状态。最高人民检察院公布的数据显示，2017 年 7 月至 2019 年 10 月间，通过发出诉前检察建议，行政机关回复整改率达到 97% 以上，通过推动行政机关自我纠错、依法行政，绝大多数问题能在这个环节得

---

〔1〕 参见潘牧天：《民事公益诉讼视域下国有财产的充分保护》，载《政法论丛》2023 年第 2 期。

以解决。[1]然而，与生态环境资源保护和食品安全领域的案件相比，"国财国土"领域公益诉讼诉前检察建议的整体质效仍不理想，主要表现在以下四个方面：

其一，检察建议质量不高，难以发挥实质性作用。囿于领域不专、调查取证能力欠缺、办案力量薄弱等原因，有些检察建议对违法事实、证据和适用法律等问题阐述不严谨、不充分，说理性不足。其二，片面追求办案数量，不注重案件质效。有的检察建议往往一发了之，认为自身任务已经完成，事后不主动过问，不采取后续跟进督促措施；有的检察机关对于发出的检察建议仅关注行政机关是否回复，而不关心其实际整改的效果。其三，检察建议缺乏强制力。由于检察建议的软约束，在实践中不乏有一些行政机关或对检察建议作出回复但重视不够，或对检察建议根本不加重视，致使对检察建议提出的要求怠于履行或不完全履行。[2]其四，检察建议过于原则，缺乏行动指引，实践中面临诸多操作障碍。如最高人民检察院 2020 年公布国财国土领域行政公益诉讼典型案例"河北省枣强县扶贫项目补贴行政公益诉讼案"中，枣强县检察院向枣强县扶贫办发出的检察建议，仅"建议依法取消广锋合作社申报的扶贫项目，并会同财政等有关部门依法追回被骗取的扶贫项目补贴"，却并未提到"将骗取扶贫项目补贴的相关情况上报县政府"的内容。虽然该案受理法院支持了检察机关的全部诉讼请求，但并不代表该诉前检察建议没有瑕疵。

三、"不依法履行职责"缺乏清晰的认定标准

在行政公益诉讼制度的具体运行中，行政机关是否充分履行法定职责不仅是诉前程序与诉讼程序承接的基础，也往往是案件的争议焦点。"是否充分履行法定职责"分为依法履行职责和不依法履行职责两种情形。就"不依法履行职责"而言，由于现行立法未明确"不依法履行职责"的具体内涵，在司法实践中，行政机关与检察机关又各自采用不同的衡量标准，导致法院在

---

〔1〕　参见张军：《最高人民检察院关于开展公益诉讼检察工作情况的报告——2019 年 10 月 23 日在第十三届全国人民代表大会常务委员会第十四次会议上》，载 https://www.spp.gov.cn/spp/tt/201910/t20191024_435925.shtml，最后访问日期：2024 年 4 月 15 日。

〔2〕　参见潘牧天：《民事公益诉讼视域下国有财产的充分保护》，载《政法论丛》2023 年第 2 期。

认定行政机关"不依法履行职责"时产生难以判断的适用困境。就笔者掌握的案例来看，实务中检察机关更多从"结果标准"上对行政机关是否已依法履行职责进行认定，即以受损的国有财产是否已全部追回或者受损的财政资金是否得到全面恢复为标准，来判断行政机关是否已依法履行职责。然而，对于行政公益诉讼的另一方当事人，行政机关却有自己的衡量尺度，往往适用"行为要件"判断自己是否已按照检察建议的要求履行了职责，而不考虑其行政行为是否使危害状态得到制止，有没有消除危害结果。

加剧这一矛盾的是，对"国财国土"领域的行政公益诉讼案件，行政机关在收到检察建议后，即便采纳检察建议开始整改，但国有资产的收缴与追回往往并非一纸令状就能顺风顺水，它不仅需要行政处理决定作出之后的督促履行、强制执行，还需要行政相对人"能执行"，即案件具有可执行性。如在"兰州市某人民检察院诉国家税务总局某市税务局不履行法定职责"案中，被告税务局辩称其一直在履行税收征管职责，但纳税义务人早在 2012 年就已注销，其无财产可供强制执行以及涉案房产违规办理产权证是造成税款无法征管的直接原因。[1]此类情形下，对于行政机关是否已依法履行职责有时各执一词，检察机关认为只要国有财产依然处于流失状态便把行政机关起诉至法院，而不同法院在认定行政机关不依法履职时，也呈现出不同倾向。因此，如果不能针对"不依法履行职责"这一核心概念进行合理界定，不仅会违背行政诉讼法制度安排与理论框架，造成有限司法资源的无谓浪费，[2]还极易导致同案不同判的局面。

四、证据制度不完善，案件取证难、查处难、认定难

检察机关办理任何案件都必须"以事实为根据"，"事实"来自调查。在国有财产保护公益诉讼案件中，无论是发出诉前检察建议还是提起公益诉讼，首先必须要有证据表明行政主管部门存在违法作为或者不作为，从而导致国有财产流失等一系列主客观要件事实，而这些事实的获取需要依靠大量的调查工作。从目前实践情况来看，检察机关普遍反映取证难、查处难、认定难。

---

〔1〕 参见兰州铁路运输法院（2018）甘 7101 行初 125 号行政判决书。

〔2〕 参见张旭勇：《行政公益诉讼中"不依法履行职责"的认定》，载《浙江社会科学》2020年第 1 期。

其原因主要在于以下三个方面：

其一，检察机关调查取证权的法律依据不充分，调查取证缺乏强制性。2017 年修正的《行政诉讼法》虽然从基本法层面奠定了行政公益诉讼的法律基础，但就完整的行政公益诉讼制度而言，立法供给严重不足。针对检察机关开展行政公益诉讼的调查取证问题，行政诉讼法并未作出专门规定，这是导致实践中检察机关调查取证难的主要原因。在行政公益诉讼制度全面实施后，《检察公益诉讼解释》第 6 条规定："人民检察院办理公益诉讼案件，可以向有关行政机关以及其他组织、公民调查收集证据材料；有关行政机关以及其他组织、公民应当配合；需要采取证据保全措施的，依照民事诉讼法、行政诉讼法相关规定办理。"但上述规定一方面有自我赋权的嫌疑；另一方面，这些调查措施也仅是一种柔性的取证方法，缺乏强制力保障。对于调查对象不配合的情形该如何处理，却没有明确的规定。正因如此，有学者认为检察机关调查取证之规定事实上与普通原告的证据收集难言有所区别。[1]尽管全国有多个省级人大常委会出台了"关于加强检察公益诉讼工作的决定"，其中对检察机关办理公益诉讼案件收集证据、核实情况的方法作了"列举+兜底"的规定，[2]但这些规定受限于地方立法，效力具有地域性，约束力不足。

其二，取证手段有限，缺乏保障措施。根据《人民检察院检察建议工作规定》的规定，检察机关的调查措施主要包括：查询、调取、复制相关证据材料；向有关人员了解情况；听取意见；委托鉴定、评估、审计；现场走访、查验等。《指南》中列明的调查措施包括：查阅、摘抄、复制有关行政执法卷宗材料；询问违法行为人、证人等；收集书证、物证、视听资料、电子证据等；咨询专业人员的意见；委托鉴定、评估、审计；勘验、检查物证、现场等。以上调查措施，看似全面，实则口惠而实不至。因为目前我国行政公益诉讼的办案机关主要集中在基层人民检察院，囿于捉襟见肘的办案经费以及专业人员的匮乏，普遍采用最为原始的调查方法，如询问、走访、拍照、录像等，而咨询、委托鉴定、评估、审计等较为专业的措施在实际工作中极少使用。此外，由于该领域案件涉及部门多，利益关系错综复杂，在没有信息

---

〔1〕 参见王春业：《论公益诉讼中检察机关的调查取证权》，载《浙江社会科学》2020 年第 3 期。

〔2〕 如《浙江省人民代表大会常务委员会关于加强检察公益诉讼工作的决定》第 5 条、第 6 条分别对调查取证权的具体内容以及妨碍调查取证的处理方式作出规定。

互通机制和渠道，又缺少有效配合的情况下，检察机关要想全面梳理排查案件线索，需要付出巨大的人力和时间成本。如果涉及经营性国有资产流失的案件，检察机关在受理时就会表现得相当谨慎。因为在调查取证时，既要查明行政机关自身的违法作为，还要查明国有企业负责人转移、藏匿、低价转让经营性国有资产的事实，如果没有强有力的保障措施，单靠检察机关一个部门，往往势单力薄，难以达到预期的诉讼效果。因此，实践中检察机关往往在案件选择上存在"避难就易"的倾向。

其三，案件情况复杂、认定困难。"国财国土"领域的案件，情况复杂，政策性强，有的还涉及棘手的历史遗留问题，即便有司法机关介入调查，但因涉及多个职能部门，管理权责不清，有时也很难处理。就目前检察机关办理"国财国土"领域的案件看，主要集中在处理骗取套取财政补助资金、农机专项补贴资金、房屋安置费、淘汰落后产能奖励资金等专项补贴资金以及怠于收缴费、税、金等领域，但无论是收缴、追回还是补缴，如果要追回流失的国有财产、实现国有财产保护的公益目的，不仅要对行政机关违法行为进行调查和认定，还会从根本上改变原企业或个人的既得利益状态。对违法事实的查明以及案件的处理结果都会牵涉到行政行为相对人。从实践层面来看，对于行政公益诉讼中是否应该设置第三人的问题，理论界与实务界都存在较大分歧，并且这些分歧在现有的理论与制度框架下极难解决，无疑给办理案件带来难度。

五、判决形式过于单一，诉讼请求内部关系有待厘清

根据行政诉讼法的规定，我国行政诉讼判决种类主要有：判决驳回原告的诉讼请求、撤销或部分撤销判决、履行判决、给付判决、确认违法或无效判决、变更判决等多种判决形式。但由于行政公益诉讼的公益性特点，《行政诉讼法》所规定的上述判决形式大多并不适合于行政公益诉讼，[1]"两高"遂在《检察公益诉讼解释》第25条第1款中明确规定了行政公益诉讼的五种判决类型：（1）被诉行政行为具有《行政诉讼法》第74条、第75条规定情形之一的，判决确认违法或者确认无效，并可以同时判决责令行政机关采取补救措施；（2）被诉行政行为具有《行政诉讼法》第70条规定情形之一的，

---

[1] 参见王春业：《独立行政公益诉讼法律规范体系之构建》，载《中外法学》2022年第1期。

判决撤销或者部分撤销，并可以判决被诉行政机关重新作出行政行为；（3）被诉行政机关不履行法定职责的，判决在一定期限内履行；（4）被诉行政机关作出的行政处罚明显不当，或者其他行政行为涉及对款额的确定、认定确有错误的，可以判决予以变更；（5）被诉行政行为证据确凿，适用法律、法规正确，符合法定程序，未超越职权，未滥用职权，无明显不当，或者人民检察院诉请被诉行政机关履行法定职责理由不成立的，判决驳回诉讼请求。

从实际运行情况看，目前案件类型主要集中在行政机关不作为或怠于履行职责，而对于检察机关提起的国有财产保护领域的公益诉讼，人民法院支持的案件占比在98%以上，客观上造成法院适用"责令履行职责"的判决形式最为普遍常见，从而导致其他判决类型几乎处于"备而不用"的状态。然而，即便是责令被诉行政机关履行的判决，从调研情况看也并非理想裁判。因为行政机关在收到检察建议或被提起诉讼后大多都会积极依法履职，但是受诉前程序建构不完善的影响，公共利益却无法在法定期限内圆满恢复。此时，法院再判令行政机关在一定期限内履行职责似乎不合适，但直接驳回检察机关的诉讼请求也不妥，法院就创造性地发明了"依法继续履行职责"这种判决形式，这也成为司法实践的惯用做法。但"依法继续履行职责"的判决形式却经不起理论考究，存在内在逻辑矛盾。一方面，如果法院判决被诉行政机关"继续"依法履行监管职责，那么在此之前应该还存在一个履行监管职责的起点，说明行政机关在作出判决结果之前已经依法履职了，只是恢复受损的公共利益的结果暂未实现，但行政机关的履职行为实际无可指摘，此时，法院应该判决驳回检察机关的诉讼请求。从另一方面讲，如果被诉行政机关在作出判决前尚未依法全面履职，法院也应当是判令被告在一定期限内履行职责，而非"继续"履行监管职责。如铜川市国土资源局不履行法定职责案中，被告铜川市国土局就从检察机关诉讼请求的逻辑关系提出抗辩，认为行政机关在诉前程序已经积极履职，只是因为客观障碍尚未实现有效保护公共利益的结果的，当然应当继续依法履职，直至公共利益恢复原满。检察机关持续跟进、监督即可，没有必要提起诉讼。

此外，检察机关的诉讼请求与法院相关判决也存在问题：（1）"确认违法"与"依法履职"的内部逻辑关系处理不当。"责令履行职责"针对的是行政机关没有履行法定职责或履行法定职责不全面、不充分的情形；"确认违法"则是针对被诉行政行为具有《行政诉讼法》第74、75条规定的情形之一，从逻辑关系上看，对于行政机关没有履行或者拖延履行法定职责但判决履行已没有实际意义时，可以确认行政行为违法；但如果行政机关具有依法履职或者继续履职的可能性与现实意义时，则可"责令履行职责"。由此可见，"确认违法"和"责令履行职责"这两种诉讼请求应是相互独立、而非并存的逻辑关系。但依笔者在"中国裁判文书网"检索的案例以及最高检发布的国财国土领域行政公益诉讼典型案例发现，在实践中，大多数检察机关的诉讼请求是确认违法并判令依法履行，而法院基本上也都支持了检察机关的全部诉讼请求。（2）"履行判决"过于笼统，没有明确具体的内容，缺乏督促效力。"履行判决"在行政公益诉讼中有着与行政私益诉讼不同的含义，它主要以维护国家利益或社会公共利益为核心要素，法院的判决不仅要回应原告的诉讼请求，更应关注国家利益或公共利益的恢复，如果仅仅判决履行或继续履行，而没有相应的督促行政机关恢复国家利益或社会公共利益的判决形式，则很难达到诉讼目的。（3）"确认违法"的判决形式意义大于实际意义。在实践中，行政机关收到检察建议后大都积极有效地履行职责，绝大多数违法行为通过诉前程序予以纠正，本应就此结案，检察机关则变更诉讼请求，请求法院仅单独判决确认行政行为违法，使行政公益诉讼流于形式。

第三节　我国国有财产保护公益诉讼的完善路径

面向未来，国有财产保护公益诉讼欲进一步发挥其制度效能，应当针对前述五方面困境，从以下七方面出发相应加以完善。

一、增加线索获取渠道，健全信息共建、共享机制

（一）推进公益诉讼案件线索整合，建立各部门之间信息共建、共享机制

其一，针对"类案群发"的现象，应加强检察系统内部的线索通报机制，杜绝重复立案、多头立案，也可防止案源线索的遗漏。其二，研发推行公益诉讼数据信息平台，加强信息共建、共享。可以通过数据库的形式，重点针对涉及社会公共利益、国家利益的行政执法信息、职务犯罪信息、舆情信息，列出清单进行筛选、分析和评估，及时发现公共利益受损的案件线索。其三，

建立多部门协作联动机制，拓宽案件线索来源。如在最高人民检察院发布的"国财国土"领域行政公益诉讼典型案例"江西省赣州市人民检察院督促保护医疗保障基金安全行政公益诉讼案"中，检察机关通过检审协作机制，发挥检察监督与审计监督合力优势，拓宽了公益诉讼案件的线索来源。

（二）完善举报制度，提高公众参与度

目前国有财产保护领域公益诉讼案件主要以检察机关自身获取线索为主，与其他领域公益诉讼相比，群众参与程度较低。一方面是因为此类案件专业性强、隐蔽性强，群众不易感知；另一方面也囿于举报制度不健全，公民面临想举报但不知道向哪里举报的困惑。因此，可在检察机关设置举报部门，同时完善举报制度。公开举报的方式、途径、激励办法以及举报人信息及人身安全保障措施；明确举报的接受、处理以及实名举报答复等事项。与此同时，还要加大宣传力度，让国有财产保护公益诉讼走进老百姓，让公众知晓国有财产保护的重要性，提升公众对这一制度的认可度和信任度，进而提高其参与的积极性。

（三）强化检察机关和社会组织之间的衔接互动

检察机关作为国家法律监督机关能更好地督促行政机关积极履行职责，而如同毛细血管一般的社会组织，不仅融入社会发展的方方面面，更有深入民间收集案件第一手资料的优势，若能建立二者之间的线索共享和协调沟通机制，则在国有财产保护上就会愈发全面和周延。

二、提升检察建议实效性，强化督导作用

国有财产保护公益诉讼司法实践表明，检察机关通过发出诉前检察建议，可督促相关行政机关依法履职，基本上能解决绝大多数公益受损问题，相当数量案件并不需要进入诉讼程序。作为行政公益诉讼的前置程序，只有在检察建议无法发挥实效的情况下，才能提起公益诉讼。作为诉讼内建议，行政公益诉讼检察建议并非独立存在，而是与行政公益诉讼紧密结合、相互衔接，依托检察机关向审判机关提起诉讼这一最终环节的威慑力，诉前检察建议在

督促依法行政、实现案件分流，为司法减压方面发挥着重要的作用。[1]针对检察建议存在的问题，本着司法权对行政权的谦抑性原则，在国有财产公共利益保护方面，应优先考虑行政系统内部救济，探索增强其实效性的方式与手段，提升检察建议质效，使其运行更加规范化、完善化和成熟化。检察建议是未来制定"公益诉讼法"的规范重点，对其改进既要关注其具有诉前程序的性质，也要突出其具有相对独立的法律监督性。

（一）严守检察权边界，尊重行政机关的首次判断权

作为督促行政机关依法行政的手段，诉前检察建议的制发与内容尺度应当符合谦抑性和依托性的特点。因此，检察机关制发检察建议应严守检察权边界，把握具体检察建议的尺度和内容，谨防代行行政裁量权。一方面，在对行政机关的行政违法行为或者怠于履职的行政不作为进行监督的过程中，对于涉及行政机关专业性、技术性判断的领域，诉前检察建议应尊重行政机关的首次判断权。[2]比如，当涉案事项属于行政机关职责管辖范围内且更适合由行政内部上下级监督的，检察机关可通过专题报告的形式先与有关部门进行沟通，倘若行政机关上级祖护下级，不管不问、听之任之，检察机关方可考虑制发检察建议。这种先后次序的安排，既可以保障其效率，也尊重了行政机关的首次判断权。另一方面，检察建议仅限于对违法及严重不当现象的揭示、暴露和提请处理，不得代行行政机关的专业判断，不得取代行政机关作出决定。[3]针对行政违法行为，检察机关仅能对行政机关依法履职进行提醒和提示，至于行政机关如何落实到具体的整改工作中以及采取何种整改措施，均属于行政机关的自我裁量，不宜进行干涉。

（二）厘清行政机关职责，明确检察建议制发对象

诉前检察建议作为行政公益诉讼制度的有机组成部分，是以嵌入诉讼制度的方式发挥实质作用。因此，诉前检察建议的监督对象与行政公益诉讼的被告应当保持一致，防止检察建议游离行政公益诉讼范围之外。一方面，要

---

〔1〕 参见封蔚然：《行政公益诉讼检察建议的制度完善》，载《江西社会科学》2020 年第 8 期。

〔2〕 参见封蔚然：《行政公益诉讼检察建议的制度完善》，载《江西社会科学》2020 年第 8 期。

〔3〕 参见王国飞：《环境行政公益诉讼诉前检察建议：功能反思与制度拓新——基于自然保护区生态环境修复典型案例的分析》，载《南京工业大学学报（社会科学版）》2020 年第 3 期。

审慎确定被监督的行政机关。检察机关制发检察建议首先要明确被建议对象，即被监督的行政机关。由于检察建议的制发预示着被监督对象面临被诉的风险，范围过大会产生检察权触角无限延伸的担忧。因此当案涉多个行政机关的管理职责时，在坚持行政主体原则的基础上，要厘清各个行政机关的管理职责。如何明确被监督对象，笔者认为在行政公益诉讼案件立案后制发检察建议前，可以通过磋商形式厘清相关行政机关管理职责、履职要求和履职情况。磋商的具体形式可以包括召开磋商座谈会以及向行政机关发送事实确认书等形式，也可借鉴 WTO 国际争端解决的磋商机制推进行政公益诉讼磋商程序的建设。[1]另一方面，要摈弃公益诉讼制度建立初期被监督对象"向上向高"的倾向，应尽量向负有具体监督管理职责的下级机关倾斜。在行政公益诉讼制度开展的初期，为了最大程度发挥案件的示范效应，选择更高级别的行政机关作为监督对象，在送达、整改等方面更具有示范引领作用，也更能回应社会关切。但当该制度进入运作常态后，就需要坚持职权法定、权责一致的原则，严格依照法律规定明确负有具体监督管理职责的行政机关，这样才能更好地发挥行政公益诉讼的制度优势，纠正违法行政行为，保护公益。当然还要具体情况具体分析，如果下级机关的职责要受上一级机关的影响比如审批同意的，在这种情况下也可将监督对象确定为统筹效果更为明显的上级机关。

（三）增强检察建议的针对性、说理性和专业性

在实践中，检察建议越明确、系统，其纠正和落实的效果就越好。[2]实务部门也抱怨一些检察建议问题把握不够精准，提出的意见建议缺乏建设性、针对性和可操作性。因此，检察机关制作检察建议时应避免内容空乏、监督色彩较弱的"一般性建议"，增强检察建议的针对性、确定性。包括检察建议适用的对象究竟是针对行政机关的何种不作为行为抑或违法作为，以及对于检察建议的适用范围、执行起止时限，应清晰具体，不能含糊不清。需要行

---

〔1〕 参见杨惠嘉：《行政公益诉讼中的磋商程序研究》，载《暨南学报（哲学社会科学版）》2021 年第 9 期。

〔2〕 参见温建军：《行政公益诉讼应切实强化诉前检察建议》，载《检察日报》2018 年 7 月 1 日，第 3 版；参见姬艾佟：《行政公益诉讼诉前检察建议的完善》，载《中国检察官》2019 年第 20 期。

政机关向其他部门报告审批的也应当列明，避免行政机关以不正当理由拒绝履行。就检察建议的具体内容而言，第一，建议内容应紧密围绕行政机关违法行使职权或者不作为的事实情况，对行政机关的违法行为有一个基本的定性（是违法行使职权还是不作为），并说明具体的违法样态。检察建议的内容要专注于监督行政机关依法行政，不宜过多涉足行政政策，检察建议的广度和力度不能提出超越其监督能力之外的要求。比如，在行政诉讼中，针对行政违法行为，法院可以作出撤销、撤销重作或者限期履行法定职责的判决，但法院却不能要求行政机关如何履行、作出何种处理。同理，检察建议也不宜对行政机关如何履职论短道长，也仅能期望行政机关纠正违法行为或积极履职。第二，检察建议的内容要衔接后续可能的诉讼请求。检察建议的最终落脚点必须为国有财产保护的公共利益，明确行政机关纠正违法和依法履职的归宿，因此，具体的检察建议需匹配后续检察机关提起行政公益诉讼的诉讼请求。如果行政机关针对检察建议进行纠正整改或处罚后，检察机关又针对原有的行政违法行为提出其他先前在检察建议中尚未提及的诉讼请求，则诉前程序的设置就变得毫无意义，行政机关也将无所适从。[1]但针对实践中有些司法机关要求二者完全一致的做法，笔者认为大可不必。虽然检察建议的具体内容与后续的诉讼请求密切相关，但这种相关性应体现在对后续可能的诉讼请求的一种指向性。

　　检察建议的制作要在充分调查核实的基础上，详细阐明相关事实和依据。与法院判决一样，检察建议也应当强调说理性，重在规范分析、释法明理，让检察建议于法有据，合情畅达。行政公益诉讼的检察建议应对行政机关不依法履职进行充分论证，实质上是检察机关对行政机关行政行为进行合法性审查的具体表现，也是落实检察法律文书说理的重要环节，有利于强化对检察权行使的监督。具体而言，检察机关在制发检察建议时对于行政机关存在哪些违法行使职权、不作为的情形以及其判断标准都要按照一定的逻辑顺序说清道明。从法律规范方面，《行政诉讼法》第25条第4款采用了"违法行使职权或者不作为"，致使国家利益或者社会公共利益受到侵害的，应当向行政机关提出检察建议，督促其依法履行职责。行政机关"不依法履行职责的"，人民检察院依法向人民法院提起诉讼，从上述立法表述来看，这是两个

---

〔1〕　参见胡婧、朱福惠：《论行政公益诉讼诉前程序之优化》，载《浙江学刊》2020年第2期。

不同的判断。其一，制发检察建议的前提是行政机关"违法行使职权"或者"不作为"，这是检察机关的第一次判断；其二，发出检察建议后，如果行政机关仍然"不依法履行职责的"方可提起公益诉讼，此为检察机关的第二次判断。相对而言，"不依法履行职责"的范围更广，判断也较为清晰。因此检察机关应将说理的重心放在论证行政机关是否存在"违法行使职权"或者"不作为"的情形上。从理论上讲，"违法行使职权"主要指行政机关作出与职权相关的不当行为，其表现方式一般比较明显，大多为行政机关直接违反法律规定的行为，具体包括滥用职权、超越职权等行政乱作为；"行政不作为"往往是行政机关明知而不为，包括"形式的不作为"和"形式上作为但实质不作为"的情形，侧重于衡量行政机关对于法定职责的消极态度。对于行政机关是否存在行政不作为的情形，判断和证明难度明显高于前者，可以参考人民法院的要求，从行政机关"作为义务源自何处"、"有无现实作为可能"以及"是否已经作为"这三个构成要件上进行判断。[1]

除了强化检察建议的针对性、说理性之外，还要增强检察建议的专业性。具体可以通过以下途径：第一，提升检察人员在国有财产保护行政公益诉讼方面的专业知识和实践能力，提升准确分析案件的能力。第二，加强跨部门合作，与司法、财政、国资等相关部门建立良好的协作机制，共享信息和资源，帮助办案人员对案件的全面理解和把控。第三，引入外部专家，对于拿不准的专业性、技术性问题，或者一些特殊的、复杂的或重大的案件，可以聘请检察系统内的业务专家，也可以聘请检察系统外的专业人士。对检察建议中疑难、复杂、专业问题可作相关领域的专家论证。如上海市静安区检察院已开始尝试引入"外脑"，聘请来自医药、电信、会计师事务所、司法鉴定研究院等单位的多名专业人士作为该院首批技术调查官，发挥他们的技术专长，解决专门性、技术性问题，弥补检察官的视野局限，助推检察建议提质增效。第四，充分借鉴和吸取以往成功案例和经验，总结优点与不足，不断进行反思和提升，以提高检察建议的专业性。

（四）提升检察建议的约束性

作为行政公益诉讼诉前程序的检察建议，虽然其本身不是诉讼，但却是

---

〔1〕 参见章志远：《司法判决中的行政不作为》，载《法学研究》2010 年第 5 期。

基于诉讼而延伸出来的"行政监督"，本质上依然是司法性的，而不是泛泛而谈的一般意义上的行政监督。[1]当前，诉前检察建议普遍存在刚性不足的问题，毕竟检察建议是"建议"而非"命令"，不具有执行力。但从保障其实效性的方式与手段看，刚性的检察建议才有力量，才能彰显诉前检察建议的法律监督性。为提升检察建议的刚性，其一，要避免检察建议的泛化使用。在实践中公共利益的损害往往是由于行政相对人采用欺诈的违法手段从行政机关那里单方面获取利益，而行政机关有可能并"不知情"，此时检察机关不宜直接向有关行政机关制发检察建议，可以采用线索移送的方式将该案移交给负有监管职责的行政机关。如果行政机关仍未履行职责，致使国家利益持续受损或者损失有进一步扩大的危险时，检察机关即可判断行政机关对于行政相对人的违法行为"知情"且不积极履行职责。这样既能体现对行政机关首次判断权的尊重，又可实现案件分流，避免检察建议的泛化使用。其二，要内外兼治，提升检察建议的约束力。在现有的检察建议回复整改期限的基础上，探索设置弹性回复整改期限机制。根据《检察公益诉讼解释》第 21 条第 2 款的规定，行政机关在收到检察建议书之日起两个月内应当依法履行职责，并书面回复人民检察院。出现国家利益或者社会公共利益损害继续扩大等紧急情形的，行政机关应当在十五日内书面回复。但该解释并未对"紧急情形"作出说明，造成了各地检察机关在适用上的随意性，导致执行过程中的不统一，在一定程度上影响了检察建议的约束力。因此，在立法层面应着重调研对于实践中遇到的"紧急情形"进行归纳和提炼并以列举形式明确在相关法律规范中。此外，虽然《检察公益诉讼解释》将行政机关回复检察建议的期限从试点中的 1 个月延长至 2 个月，但考虑到具体案件的特殊性与复杂程度，在部分案件中 2 个月的回复期限也无法满足行政机关的整改需求。因此，应当设置一种更加灵活的、弹性的回复机制，允许检察机关设置回复期限的上限和下限，并允许检察机关对于受损情况、整改或者追回的各种可能性因素进行自由裁量。从外部而言，由于检察建议的法律定位是"建议"，属于"柔性"的监督方式，法律行为的弱权力性和法律效果的不确定性是其突出特征，[2]因此，在实践中，检察建议也经常遇到有的回复、有的不回复，

---

〔1〕 参见余凌云：《检察行政公益诉讼的理论构造》，载《行政法学研究》2023 年第 5 期。
〔2〕 参见吕涛：《检察建议的法理分析》，载《法学论坛》2010 年第 2 期。

甚至被监督单位明确拒绝的情况，据此，一方面可以赋予被建议单位提出异议的机会和期限，以消解被建议单位的不满情绪；另一方面，要明确行政机关在收到检察建议后需要履行的义务以及不履行所面临的否定性法律后果。比如，被上级行政机关进行调查、问责甚至撤职等行政处理；还可能影响该部门在未来的财政预算、任命或晋升等方面。

（五）建立行政机关履职状况的后评估机制

检察建议发出后，行政机关是否"不依法履行职责"，关涉检察机关是否需要提起行政公益诉讼。在实践中，检察建议发出后，行政机关完全无动于衷、不理不睬的情形极为罕见，但消极应付、敷衍了事的，恐不在少数，或者以案件已移送、已经刑事立案等为借口，不完全履职。此时，就需要评估行政机关是否已经穷尽了法律手段，是否已经推进到法定过程终端。对于整改事项涉及多个行政机关相关法定职权、需要多个行政机关联合执法的，是否已经通过多部门协调、磋商，也是判断行政机关是否实质性履行法定义务的标准。当然，上述评估也主要是为了断定国家和社会公共利益是否"仍然处于受到侵害状态或者处于受到侵害的潜在威胁状态"，如果问题得到了实质性解决，就不必过于纠结行政机关是否及时回复检察建议以及是否按照检察"建议"的方向去整改这一评价标准。此外，检察建议发出后，也不能"一发了之"，还要收集被建议方对检察建议的评价与反馈，建立检察建议发出后的追踪、回访机制，加强与被建议单位的沟通，及时了解被建议单位落实检察建议所面临的困难，积极协助其完善整改措施，确保国有财产及时"归仓"，尽快挽回国家财产损失。

三、完善"不依法履职"的认定标准

目前针对被告"不依法履行职责"的判断标准争议较大。我们认为，判断行政机关是否履行职责，应从以下三个方面把握：（1）行政机关是否负有职责，这是判断不依法履职的前提。按照权责法定原则，行政机关的法定职责可由法律、行政法规、地方性法规、民族自治地方自治条例和单行条例、国务院部门规章、地方政府规章等规定。（2）行政机关在履职过程中是否不履行或不正确履行，这是不依法履职的实质表现。不履行职责，即行政机关负有职责但却不履行，通常表现为不作为。不正确履行职责，即行政机关虽

然履行了一定职责，但是不遵照法律、法规、规章要求的职责去做。在国有财产保护公益诉讼实践中，行政机关完全不履职的情况很少，但履职不全面、不充分、不彻底的情形比较常见。（3）行政机关不履行或不正确履行职责的行为是否达到了一定的程度。目前，法律没有明确规定"不依法履行职责"的具体行为表现，而由司法部门在实践中根据具体情况加以认定。结合实践经验，学界总结提炼了"行为标准"和"结果标准"两种认定标准，前者主要考察行政机关履职行为的全面性和充分性，而不关注有关违法行为的制止、纠正情况，以及所侵害之国家利益、公共利益的修复状态；后者则认为既需要考察行政机关是否充分履行职责，还要进一步判断违法行为纠正与公共利益恢复情况。根据结果标准，即使行政机关已按照检察建议积极、全面地履行法定职责，但若公共利益的侵害状态未被彻底消除，则行政机关依然构成"不依法履行职责"。[1]显然"结果标准"对行政机关提出了更为严苛的要求，这是否契合行政公益诉讼制度设计的价值目标，是否契合国有财产保护公益诉讼的现实特点，值得深思。

从指导性案例及典型案例来看，虽不能得出最高人民检察院对"不依法履行职责"采用结果标准的结论，但也绝非单一的行为标准。例如，对"陕西省宝鸡市环境保护局凤翔分局不全面履职案"，指导案例观点认为，是否依法履行法定职责的判断应以法律规定的行政机关法定职责为依据，对照行政机关的执法权力清单和责任清单，以是否全面运用或者穷尽法律法规和规范性文件规定的行政监管手段制止违法行为，国家利益或者社会公共利益是否得到了有效保护为标准。对于行政机关虽采取了部分行政监管或者处罚措施，但未依法全面运用或者穷尽行政监管手段制止违法行为，国家利益或者社会公共利益受侵害状态没有得到有效纠正的，应认定行政机关不依法全面履职。又如，在"山东省商河县闲置土地行政公益诉讼案"中，典型案例再次认为，对行政机关是否纠正违法行为或者依法履行职责，应从行为要件、结果要件和是否穷尽行政手段等方面进行审查，对行政机关是否履职到位进行科学评判。这表明检察机关对于行政机关"是否已充分履行法定职责"采用的是"三要件"标准，即：行为要件+结果要件+手段要件。从行为要件判断是否

---

〔1〕 参见张旭勇：《行政公益诉讼中"不依法履行职责"的认定》，载《浙江社会科学》2020年第1期。

积极履行了职责，制止（或纠正）违法行为；从结果要件判断是否实现了对公共利益的保护，恢复受损公益；从手段要件判断未达到上述目的是否穷尽行政手段。

笔者认为，行为标准与结果标准既有不同也存在交叉。在国有财产保护公益诉讼中，履职标准的选择应立足于该制度的构建目的，如果仅以行为标准对行政机关是否依法履行职责进行认定，而不考虑实质结果，那么防止国有财产流失、当好国有财产"看护人"的目的就难以实现。但如果严格按照结果标准，而不考虑行政机关存在客观履行不能的情况，则极易造成司法权对行政权的过度干预以及司法资源的无谓浪费。因此，在国有财产保护公益诉讼中，"不依法履行职责"的判断标准可采结果标准为主、行为标准为辅的原则。而结果标准中"受损国家利益的修复效果"不能以"全面恢复"为唯一的标准，要结合案件情况，辨明履职不能还是不依法履职，只要国有财产脱离受损害的状态，即可认定行政机关已经依法履职。而对于行政机关完全履行了检察建议指出的法定职责，但却没有及时书面回复检察建议的情形，无论从程序还是实体的角度，都不构成"不依法履行职责"。

四、赋予检察机关调查取证权

保护公共利益的职责、公益诉讼所涉事项的复杂性以及解决检察机关取证难的困境，需要赋予检察机关调查取证权。需要特别声明的是，这里的调查取证不是调查研究中的调查，而是一个具有法律属性的取证方式和取证权力。在取证方式上，除了采用调查、询问、走访、拍照录像等常规收集证据材料的方式外，还要与查明案件事实相契合，增加实地勘查、司法鉴定、听证等调查形式；在取证效力上，这里的调查取证应该是具有一定强制力的调查取证。这也就意味着，对于不予配合调查取证甚至阻扰检察机关调查取证的单位或个人，需要根据一定的情节采取不同程度的处罚措施。这项权力既不是分阶段的，也不是部分的，而是贯穿于诉前和诉讼中的基本权力。

（一）检察机关调查取证权的重要意义

首先，赋予检察机关调查取证权，是国有财产保护公益诉讼得以顺利进行的关键所在。诉前程序应当如何操作，是否发出检察建议，发出怎样的检察建议，如何查找证据、查清案件事实等一系列决定是提起行政公益诉讼的事实基础，因此，检察机关在尚未向法院提出行政公益诉讼之前，就要获得充分证据才能证明相关机关或组织存在违法情形，如果检察机关没有一定的取证权就很难使违法行为进入行政公益诉讼的视野。进一步讲，行政公益诉讼的监督对象是行政机关，调查取证的主要对象当然也是行政机关，而行政机关作为国家机关，其合法享有和行使国家权力，这使其具备了对抗检察机关调查取证的能力，[1]更为重要的是，行政机关大都制定了复杂严格的内部信息管理制度，[2]这些因素决定了行政公益诉讼中对证据的要求程度以及取证的难度都与普通行政诉讼的案件有很大不同，如果检察机关没有充分地调查取证，就很难启动高质量的公益诉讼。基于国有财产保护的紧迫性，检察机关一方面需要更加准确、快速地发现和处理国有财产流失的线索；另一方面，检察机关还要早发现、早干预、早处理，提升对国有财产状况的监控和追踪能力。因此，赋予检察机关调查取证权，有助于加强在国有财产管理、使用和处置等方面的监督，提高对案件的审查效率，确保国有财产不因监管不力或违法行为而遭受损失。

其次，检察机关的调查取证权是责权一致的体现，也是保护国有财产安全与稳定的客观需要。人民检察院在国有财产保护公益诉讼中，承担着代表国家举证并控告行政行为违法失职的责任，在保护公共利益方面，具有不可推卸的职责。与普通原告不同，检察机关以公益诉讼代表人的身份参加诉讼，这既是检察机关的权力，也是检察机关的责任，无论检察机关是否愿意，都必须履行法律赋予的这项职责，不能基于任何原因放弃诉讼请求和保护利益。这种特殊的地位就需要检察机关拥有比普通原告更大的调查取证权，这与其所承担的职责紧密相连的，是保护国有财产安全与稳定的客观需要，也是与检察机关保护公共利益相适应的权力。[3]

最后，作为公权主体，检察机关的调查取证权能够在行政公益诉讼中为其提供切实有效的职权行使保障。基于对公共利益受到违法行为威胁的考量，

---

〔1〕 参见周海源：《行政公益诉讼中检察机关调查核实权的界定》，载《安徽师范大学学报（人文社会科学版）》2021年第5期。

〔2〕 参见曹建军：《论检察公益调查核实权的强制性》，载《国家检察官学院学报》2020年第2期。

〔3〕 参见王春业：《论公益诉讼中检察机关的调查取证权》，载《浙江社会科学》2020年第3期。

检察机关在行政公益诉讼中公权主体的地位不能被忽视，[1]这种公权主体地位确保了作为国家法律监督机关能够独立开展工作，而调查取证权对行政公益诉权的保障作用就愈发突出，这不仅为检察机关提供了切实有效的职权行使保障，也是检察机关开展行政公益诉讼的利刃，尤其是检察机关侦查职权转隶而造成检察机关对行政机关之监督缺乏有力抓手的情况下。[2]

（二）检察机关需要拥有更加有力的调查取证权

首先，国有财产保护公益诉讼案件的复杂性需要检察机关更加多元化的调查取证手段。公益诉讼案件一般比较复杂，尤其是国有财产保护公益诉讼，技术专业性强，涉及问题多样，且要解决的往往还是一些历史遗留问题，需要有足够的资源和能力进行深入细致的调查取证。在调查国有财产流失问题时，常常会遇到资料不全、人员失联、记录缺失等情况，为了克服这些难题，就需要采取多种方法和手段。在实践中各地检察机关也是纷纷尝试借助高科技，有的使用区块链、卫星遥感技术、无人机等解决调查取证难问题。然而，由于没有法律的明确授权，这些做法某种程度上属于"打擦边球"，也存有违法之嫌。[3]

其次，国有财产保护关系到国家利益和社会公共利益，常常引起公众和媒体的高度关注，检察机关在处理这类公益诉讼案件时会更加谨慎，以确保调查的准确性和权威性。准确的调查是为了避免在处理案件过程中的资源浪费；而国有财产的管理和使用代表着政府的形象，如果对这类案件处理不当，不仅会给不法人员提供可乘之机，漠视或滥用国有财产，还有可能会损害公众对政府的信任和国家的形象。这就要求在必要条件下需要赋予检察机关更大的调查取证权，以确保调查结果的全面性和准确性。

最后，应增强检察机关调查取证的强制性。作为公权主体的检察机关，在行政公益诉讼中应当享有一定范围的强制取证权。但也要注意，这里的调查取证权与刑事诉讼中的调查取证权存在本质区别，检察机关在任何时候均不得采用限制或剥夺人身自由的强制措施。可以对涉案财产进行查封、扣押

---

〔1〕　参见关保英：《检察机关在行政公益诉讼中应享有取证权》，载《法学》2020 年第 1 期。

〔2〕　周海源：《行政公益诉讼中检察机关调查核实权的界定》，载《安徽师范大学学报（人文社会科学版）》2021 年第 5 期。

〔3〕　参见王春业：《论公益诉讼中检察机关的调查取证权》，载《浙江社会科学》2020 年第 3 期。

和冻结，但前提是为后续的诉讼行为作准备。

（三）赋予检察机关调查取证权的立法设计

赋予检察机关调查取证权可以考虑从以下几个方面入手：（1）立法授权。通过立法机关制定或修改相关的法律法规，明确赋予检察机关更大的调查取证权限，以及在什么条件下可以行使这些权力。（2）规范程序。通过严格的程序规范检察机关的调查取证活动，确保其在法律框架内进行。（3）拓展检察机关资料获取能力和技术手段。授权检察机关获取政府部门、企事业单位、财务审计机构等手中的相关文件、数据和情报。通过立法授权检察机关可以运用先进的技术手段，比如电子监控、网络监察等来搜集和固定证据。（4）司法强制措施。在特定条件下，授权检察机关使用一定的强制手段，如搜查令、冻结账户、查封或扣押涉案财产等。（5）设立监督机制。对检察机关行使调查取证权进行监督和制约，防止权力滥用。

五、增加第三人制度，协助查明案件事实

区别于民事公益诉讼，行政公益诉讼中检察机关和行政相对人之间并不直接对抗，而仅成立一种相对间接的关联关系，但此种关系形式仍不可否认。[1]许多国有财产保护公益诉讼案件建立在行政相对人此前所实施的违法行为的基础上，并因行政主体处理不当或未能及时发现、阻止，进而引发公益诉讼。因此，在实务中，检察机关要想启动公益诉讼程序，就需要先掌握行政相对人违法行为的事实。而在案件审理中，无论是国有财产流失的案件，还是国有土地使用权出让的案件，都会牵涉到行政相对人和利害关系人的既得利益。在利益多元化的当代社会，还需要兼顾个人利益、国家利益和社会公共利益之间的平衡。在这种情况下，是否允许行政相对人以第三人的身份参加诉讼，理论上存在诸多争议，最高人民检察院的指导意见明确排除第三人参加行政公益诉讼，但在司法实践中，法院判决书中仍有不少涉及第三人的问题，只是处理方法存在差异。从判决书涉及的内容看，第三人参加诉讼的目的是维护利益还是查明事实，不同的法院认识不一。然而，不论第三人以何种目的参加诉讼，客观上都会有利于案件事实的查明。从实践层面来看，第三人参

---

〔1〕 参见关保英：《检察机关在行政公益诉讼中应享有取证权》，载《法学》2020年第1期。

加诉讼不是为了维护公共利益，而是维护自身利益，这与行政公益诉讼的制度目的是相背离的。因此，在现有理论框架下，被诉行政行为涉及的行政相对人是否需要作为完整意义上的诉讼第三人，还需要继续深入探讨。但从维护国家利益和社会公共利益出发，为全面审查国有财产公共利益物理形态上的损害及行政行为与损害之间的因果关系，破解国有财产流失事实认定难的问题，应当允许行政相对人以第三人的身份出庭参与诉讼，其参诉目的仅查明案件事实，不涉及举证责任以及上诉权的问题。

六、完善检察机关承担败诉后果的规定，优化法院裁判形式

虽然《检察公益诉讼解释》第 25 条第 1 款第 5 项规定：被诉行政行为证据确凿，适用法律、法规正确，符合法定程序，未超越职权，未滥用职权，无明显不当，或者人民检察院诉请被诉行政机关履行法定职责理由不成立的，判决驳回诉讼请求。但立法没有明确当检察机关败诉时，如果对判决不服，此时检察机关是提起上诉还是提起抗诉？笔者认为，检察机关参与行政公益诉讼，起诉时是以公益诉讼人的身份，当对一审判决不服时，应当作为普通的诉讼主体提起上诉，不应过分强调其特殊的身份，以使上诉审查更加客观公正。

针对司法实践中确认违法判决和履行职责判决并存的现象，从《行政诉讼法》第 69 条至第 78 条立法规定的判决内容上看，"责令履行职责"的判决本身就包含有对行政机关不履行或怠于履行职责的否定性评价，只有在不需要撤销或者判决履行时，人民法院方可判决确认违法。此外，法院还应重视履行职责判决中明确对被诉行政机关履行职责的具体内容，使得该类判决更加具有针对性与可操作性，并增加督促行政机关恢复国家利益或社会公共利益的判决形式。对于行政机关积极履职、纠正违法，被侵害的公共利益已恢复到原初状态，但检察机关仍坚持起诉要求确认诉前行政行为违法的，人民法院应当进行诉前审查，发现无继续审理判决必要的，应当裁定驳回起诉。

七、增加检察行政公益诉讼对国有财产保护的预防功能

一般而言，对于社会纠纷、违法侵权案件，行政手段具有明显的预防性，理论上称为"预防行政"，而司法手段侧重于事后救济。根据《行政诉讼法》

第 25 条第 4 款的规定，人民检察院提起国有财产保护公益诉讼需要以损害结果为受案标准，即"负有监督管理职责的行政机关违法行使职权或者不作为，致使国家利益或者社会公共利益受到侵害的"，人民检察院方能提起诉讼。从国有财产保护公益诉讼的实践情况看，检察机关的检察监督也具有滞后性。2022 年 6 月，最高检公布检察机关全面开展公益诉讼五周年工作情况，从 2017 年 7 月至 2022 年 6 月底，全国检察机关共办理行政公益诉讼 61.4 万件，通过国财国土公益诉讼，5 年间督促保护、收回国家所有财产和权益的价值约 159.5 亿元，追缴国有土地出让金约 337.2 亿元，收回被非法占用国有土地 5.8 万亩。[1]这反映了检察机关启动国有财产保护的公益诉讼标准，大多局限于因行政机关不履职或怠于履职已经发生国家财产流失的案件，属于一种事后救济型诉讼。

在实务中，国有财产的监督管理相较于生态环境和食品药品安全呈现出更加复杂化、集束化的特点，所形成的行政法律关系也更加多元化，这在客观上造成国有财产流失多趋向于不可逆的损害情形。因此，从国家治理现代化的高度看，为确保国家利益不受损害，检察监督应体现在全面履行公益诉讼检察职能和建立国有财产保护的长效工作机制上，以风险预防为原则，对政府及其各职能部门作出的可能影响国有财产安全但尚未出现国有财产损害后果的决策进行检察监督，以增强检察机关通过国有财产保护公益诉讼预防行政决策风险方面的作用，实现由结果性法律监督向过程性法律监督的转变。但遗憾的是，目前预防性公益诉讼案件多针对民事主体、集中在重大环境风险领域，行政公益诉讼的启动（无论诉前检察建议还是诉讼程序）仍然需要具备"不当行为"和"损害后果"双重标准，对于只存在"不当行为"、尚未出现"损害后果"的情形，没有纳入行政公益诉讼范围。而在行政公益诉讼制度构建过程中，尤其在国有财产保护领域，必须注意到行政机关在执法过程中存在手段封闭、执法不力、决策失误等问题，极易造成国有财产严重的、不可逆的、无法弥补的损害，从而加重纠错成本，形成国有财产私人化与风险承担国家化的悖论。因此，需要加强检察机关对行政机关可能造成国

〔1〕 参见最高人民检察院网上发布厅：《最高检发布检察机关全面开展公益诉讼五周年工作情况 五年共立案公益诉讼案件 67 万余件》，载 https://www.spp.gov.cn/xwfbh/wsfbt/202206/t20220630_561637.shtml#1，最后访问日期：2022 年 12 月 17 日。

有财产安全重大风险行为的监督，确立预防性国有财产保护行政公益诉讼制度，充分发挥检察机关监督执法作用，同时也给予行政权充分的尊重和自我纠错的机会。当然，现行国有财产保护公益诉讼的制度设计也考虑通过诉前检察建议，督促行政机关依法履行职责，主动纠错，及时防止国有资产流失风险，客观上也发挥着风险规制的作用。然而与预防性行政公益诉讼不同的是，诉前检察建议仍然需要强调由于行政机关不履行或怠于履行监督管理职责，客观上已造成国有财产流失，国家利益受到侵害的后果；而预防性行政公益诉讼则是针对违法行政行为已经发生，但国有财产流失的损害后果尚未显现。

在国有财产保护公益诉讼中，预防性诉讼模式是针对违法行政行为已经发生、但损害后果尚未显现而提起的诉讼，它涉及"诉的成熟度"问题，即在什么时候可以认为"诉的利益"存在而赋予其诉权。国有财产保护领域的公益诉讼涉及范围广、损害后果的弥补与修复具有不确定性，应当考虑适当放宽"诉的成熟度"的尺度。在行政机关的决策依据明显错误或其决策与社会公众认知产生重大冲突或矛盾、可能导致国有财产重大安全风险时，即可承认检察机关"诉的利益"，从而提起预防性公益诉讼。当然，考虑到预防性行政公益诉讼的设立主要以阻却不法行政行为、预防损害为目的，需要谨防不当诉讼和过度诉讼对行政机关工作造成的干扰从而影响行政效率。[1]

第四节　国有财产保护公益诉讼检察建议书存在的问题与优化路径

一、规范梳理

（一）行政公益诉讼中检察建议的特点

检察建议是检察机关行使法律监督职能的重要方式，是检察机关针对办案中发现有关部门在执行法律上的问题和制度上的漏洞，向有关单位和部门

---

〔1〕　参见林莉红、马立群：《作为客观诉讼的行政公益诉讼》，载《行政法学研究》2011 年第 4 期。

提出改进建议，以达到堵塞漏洞、纠正违法、预防犯罪的目的。[1]检察建议主要包括再审检察建议、纠正违法检察建议、公益诉讼检察建议、社会治理检察建议以及其他检察建议等类型。[2]随着实务中检察建议应用范围的逐步扩大，检察建议涉及的领域、涵盖的内容也越来越广泛。2021年6月公布的《中共中央关于加强新时代检察机关法律监督工作的意见》，要求检察机关依法履行宪法、法律赋予的法律监督职责，补齐行政检察监督的短板，这为行政检察建议的应用和发展提供了新的契机。

根据修改后《行政诉讼法》的规定，检察建议又被赋予了一种特殊的定位，作为检察机关提起行政公益诉讼必经的前置程序，其兼具诉前程序性和法律监督性。与一般检察建议相比，行政公益诉讼检察建议还体现以下几个方面特性：（1）督促性。检察建议主要目的是督促行政机关依法履行职责、纠正违法行为。虽然它不具有强制性，但对行政机关而言会产生一定的压力，促使行政机关在收到检察建议后能够主动调整或纠正那些不合规的行政行为。（2）预防性。检察建议的预防性主要体现在向可能的违法行为发出预警，以防止纠纷或争议的产生和进一步扩大。在行政公益诉讼的情况下，预防性表现得尤为明显。通过提出检察建议，行政机关可以在诉讼之前意识到自身可能存在的违法行为，并采取措施进行修正。这样不仅可以避免更大的法律纠纷，而且有助于维护公共利益，防止行政决策对社会公益造成不必要的损害。（3）公益性。行政公益诉讼检察建议主要是为了维护社会公共利益、国家权益和公民合法权益，而不是为了维护个体的私人权益。

（二）诉前检察建议书的立法嬗变

诉前检察建议的相关规定从无到有、从有到优不断完善，主要有以下几个发展阶段：

第一个阶段：从试点到初步确立。2015年7月1日全国人大常委会授权最高检察院在部分地区开展公益诉讼的试点工作，随后最高检先后出台《试点方案》《实施办法》，为试点工作提供了指导。要求在"提起行政公益诉讼之前，检察机关应当先行向相关行政机关提出检察建议，督促其纠正违法行

---

[1] 参见孙谦主编：《检察理论研究综述（1979-1989）》，中国检察出版社1990年版，第79页。

[2] 参见《人民检察院检察建议工作规定》第5条。

政行为或者依法履行职责。行政机关应当在收到检察建议书后一个月内依法办理，并将办理情况及时书面回复检察机关"。"经过诉前程序，行政机关拒不纠正违法行为或者不履行法定职责，国家和社会公共利益仍处于受侵害状态的，检察机关可以提起行政公益诉讼。"这些规定仅是笼统性地提及诉前检察建议的必要性要求以及行政机关 1 个月的回复期限，却均未具体明确检察建议书应当载明的事项。直至试点后期，最高人民检察院印发的《关于深入开展公益诉讼试点工作有关问题的意见》第 9 条才对检察建议书应载明事项予以明确，规定："诉前检察建议应载明行政机关违法行使职权或者不作为的事实、构成违法行使职权或者不作为的理由和法律依据以及建议的内容。应当针对行政机关的违法行为，提出督促其依法正确履行职责的建议内容。"但该条规定仍然缺乏明确性、具体性，如何界定"违法行使职权"与"不作为"的界限，导致这个期间制发的检察建议书质量总体不高。

第二个阶段：明确要求，逐步完善。2017 年检察公益诉讼正式入法后，最高人民检察院于 2018 年出台《指南》，针对检察建议，分别从检察建议的对象、检察建议的内容、送达、回复、跟进调查等方面进行了初步的细化，为检察建议书的制作提供了基本的遵循。这些规定对于检察建议的制发程序和内容有所探索，但仍欠缺一些规范性要求，如《指南》未明确检察建议书的格式要求，也未明确如何衡量行政机关对检察建议进行整改的效果，导致现实中检察机关在制作检察建议书的过程中存在难以把握之处。

第三个阶段：进一步细化。2019 年 1 月 1 日新的《人民检察院组织法》实施，作为配套制度 2019 年 2 月最高人民检察院公布实施《人民检察院检察建议工作规定》（以下简称《工作规定》），其中对于检察建议书的制发内容进行了更新，其中第 16 条第 2 款列明了检察建议书一般包括的具体内容，但《工作规定》只是对 4 种检察建议书包括诉前检察建议书作了一般的规定，并没有突出公益诉讼诉前检察建议书的核心内容。随后，《人民检察院检察建议法律文书格式样本》（以下简称《格式样本》）出台，其中"样本 9：检察建议书（行政公益诉讼诉前程序用）"直接规定了行政公益诉讼检察建议书的制作要求，尤其在具体内容部分增加了"国家利益、社会公共利益受到侵害的事实"和"有关证据"两项要求。2021 年 6 月 29 日《办案规则》在行政公益诉讼部分规定检察建议书的内容主要包括以下 8 项内容：（1）被监督行政机关名称；（2）案件来源；（3）国家利益或社会公共利益受到侵害的事实；（4）被监督行政机关违法行使职权或者不作为的事实；（5）相关的法律依据；（6）建议的具体内容；（7）被监督行政机关整改期限；（8）其他需要说明的事项。《办案规则》对检察建议作了特殊要求，明确检察建议书所建议的内容应当与可能提起的行政公益诉讼请求相衔接。此外，该规则还特别规定提出检察建议后，人民检察院应当对行政机关履行职责的情况和国家利益或者社会公共利益受到侵害的情况跟进调查，收集相关证据材料。

（三）检察建议书的制作要求

根据最高检公布的《办案规则》的要求，检察建议书应当包括以下内容：（1）行政机关的名称；（2）案件来源；（3）国家利益或者社会公共利益受到侵害的事实；（4）认定行政机关不依法履行职责的事实和理由；（5）提出检察建议的法律依据；（6）建议的具体内容；（7）行政机关整改期限；（8）其他需要说明的事项。最高检公布的《格式样本》则按照法律文书的书写要求，主要从以下几部分对诉前检察建议书的制作提供了标准模板。

第一部分为首部，主要写明文书标题、文号以及被建议单位。

第二部分是行政公益诉讼案件来源和提出建议起因。

第三部分为检察机关经调查查明的内容，包括（1）检察机关经调查认定的行政机关违法行使职权或者不作为的具体情形；（2）国家利益或者社会公共利益受到侵害的有关事实；（3）有关证据。

第四部分一般为检察机关认定被建议单位违法行使职权或者不作为的理由，以及提出检察建议的法律依据。其中要求援引法律或者司法解释部分，使用全称，指明具体条、款、项、目，引用顺序是先上位法后下位法。

第五部分为检察建议的具体内容。

第六部分是尾部，包括被建议行政机关的整改期限和其他需要说明的事项。

二、样本考察与问题试析

检务公开是司法公开的重要组成部分，近年来我国检务公开制度不断完善，尤其是 2021 年《人民检察院案件信息公开工作规定》施行以来，公开水平和程度得到了很大提升。但是，在公益诉讼领域，仅对公益诉讼起诉书有公开的要求，而公益诉讼检察建议书是否属于法律文书公开的类型却不明确。

因此想要全面了解国有财产保护领域行政公益诉讼检察建议书的制作情况非常困难，我们选择以最高人民检察院发布的指导性案例和典型案例以及在课题调研过程中接触到的实务部门制作检察建议书的情况展开分析，由于欠缺详尽的比对样本，只能针对检察建议书所存在的普遍问题予以分析。

（一）分析样本基本情况

考察样本试从 2020 年至 2022 年 3 年间，所有的文书均制发于最高人民检察院《格式样本》公布之后。从制发机关看，以地市级检察机关为主，省级检察院极少。从案件分布领域看，涉及领域较为宽泛，除去检察机关"等外等"领域司法探索的案件[1]外，"生态环境和资源保护"领域的案件占据半壁江山，其次是"食品药品安全"的案件，而"国财国土"案件占比最少。

（二）普遍存在的问题

1. 案件线索来源和监督起因表述不规范

按照格式样本的要求，案件来源和监督起因一般要呈现在检察建议书的开头部分。《办案规则》第 24 条对行政公益诉讼的案件线索来源公归纳了"5+1"种情形，其中前 5 项为具体形式来源，第 6 种为开放性的兜底情形。[2]从考察样本情况看，实践中案件线索来源较为广泛，几乎涵盖了《办案规则》第 24 条规定的各种情形，但从实践情况看，大部分检察建议书未能明确表述案件线索来源。如有检察建议书的表述是"依照检察机关的公益诉讼职责发现……"，有的表述是"本院在履行公益诉讼监督职责中发现……"，还有的直接表述为"本院在履行职责中发现……"，甚至有些建议书对线索来源根本不做任何说明。

"违法行为"与"国家利益或者社会公共利益受到侵害"两部分构成行政公益诉讼检察建议书的监督起因，其中"违法行为"包括行政机关违法行使职权的行为以及行政机关对于危害公共利益行为不作为的行为。但从考察

---

[1] 在考察样本中，"军人合法权益保障""个人信息保护""城市公共安全"等新领域都有涉及。

[2]《办案规则》第 24 条规定，公益诉讼案件线索的来源包括：（1）自然人、法人和非法人组织向人民检察院控告、举报的；（2）人民检察院在办案中发现的；（3）行政执法信息共享平台上发现的；（4）国家机关、社会团体和人大代表、政协委员等转交的；（5）新闻媒体、社会舆论等反映的；（6）其他在履行职责中发现的。

样本中可以发现，多数建议书对于违法行为有所提及，而对于行政不作为的情形却未指明。此外，还存在大量检察建议书仅仅概括性指出行政机关行为的不妥当之处，却未提及公益受损的情况。如有的检察建议书制发内容表述为"本院在履行公益诉讼职责过程中发现……本院依法进行了调查……存在上述情形"。没有表明相关行为对于公益的侵害情况，在表述逻辑的完整性上略有欠缺。

2. 对于经调查查明的内容表述不清

根据《格式样本》的要求，检察机关经调查查明的内容应是检察建议书的核心部分，包括行政机关违法行使职权或者不作为的具体情形、国家利益或者社会公共利益受到侵害的有关事实以及有关证据这三部分内容。实践中检察机关制作的检察建议书从不惜笔墨在"行政机关违法行使职权"这部分大写特写，论述得清晰且充分，甚至显得过于冗长；而与此相反的是，对于"国家利益或者社会公共利益"受到侵害这一事实却轻描淡写，尤其是案件所涉利益为何属"公共利益"这一问题论证明显不足，反而对"保护公共利益的重要性"以及论述为违法行为处置的重要性问题上又是长篇大论，显得过于"画蛇添足"。

在对待"有关证据"的问题上，由于《格式样本》并未要求是否要具体列明有关证据，实践中的做法不一。有的检察建议书在正文部分对于各项证据进行了详细阐明，也有的以附件形式附在建议书正文之后，但也有建议书的正文部分对有关证据完全没有提及。表现最多的情形是，在正文部分对有关证据进行了略写。

3. 对行政机关不依法履职的理由缺乏论证

关于行政机关不依法履职的理由和依据是体现公益诉讼检察建议书明法说理的核心，重在对被建议单位行政行为合法性的审查，通过完整的逻辑论证得出行政机关不依法履职的结论。但现实中，这部分内容在论证方面以及逻辑连贯性方面都存在不足。其一，论证内容偏离重心。目前尚无法律法规对于诉前检察建议书的说理有具体要求和细化规定，则由各检察机关自行安排，这就出现实践中对于该部分论证可谓五花八门。有的对于所涉公共利益保护的重要性长篇累牍，有的则对纠正违法行政行为的重要性紧迫性大写特写，但却都没有抓住对行政机关行为进行合法性审查的论证重点，更没有突出对行政机关不依法履职理由的详细说明。其二，论证说理缺乏逻辑。检察机关向被建议单位制发检察建议的出发点是基于"违法行使职权"或"不作为"，但针对行政机关的不作为行为，存在将"行政相对人违法"就等于"行政机关不作为"的强行逻辑，缺乏在行政机关怠于履职方面的论证。

4. 具体建议的内容和格式把握不准

虽然目前的规范性文件并未对"具体建议"做实质性要求，但这部分内容却承载着检察机关对被建议单位的具体要求以及被建议单位的整改方向。在实务中，这部分的内容和格式各地检察机关差别较大。从格式上，可以归纳为"分条列举"和"统一归纳"两种类型，大多数为"分条列举"的方式提出具体建议。从建议的具体内容上，有的建议为"具体性建议"，有的为"一般性建议"。"一般性建议"通常采用概括性语言，如"建议依法查处""建议加强对相关政策法规宣传和教育工作""建议开展专项整顿，加大执法力度"等，其针对性不强，无法为被建议单位提供指引，也很难二次判断被建议单位是否"不依法履职"。对于"具体性建议"虽然对于被建议单位提供了整改的具体目标，但是有些建议却有违检权的谦抑性，比如，有的检察建议书甚至对行政机关对违法相对人进行行政处罚的具体数额区间都作出具体的建议，这种做法并不值得提倡。

5. 回复整改和异议期限采用标准不统一

《办案规则》要求检察建议书的内容需要体现"行政机关整改期限"以及"其他需要说明的事项"，而从考察样本中发现检察建议书对于"其他需要说明的事项"的描述并不常见，主要的问题表现在回复整改的期限以及是否提出异议这两方面。根据"两高"出台的《检察公益诉讼解释》的要求："行政机关应当在收到检察建议书之日起两个月内依法履行职责，并书面回复人民检察院。出现国家利益或者社会公共利益损害继续扩大等紧急情形的，行政机关应当在十五日内书面回复。"虽然绝大多数检察建议书采用了 2 个月的一般回复期限，但也有个别采用 15 日回复的"紧急情形"，那么 2 个月一般期限和 15 日"紧急情形"的采用标准是否一致呢？显然目前是由检察机关来自由定夺。

此外，根据目前法律法规的规定，被建议单位是否有权提出异议并未明确，在实践中，有的检察建议书在最后会有"在收到本院检察建议书后及时研究，如有异议，在收到本建议书后×日向本院提出"，还有的检察建议书表述为"若有异议一并提出"，虽然这种情况并不多见，但执法不统一的现象也需要引起重视。

三、国有财产保护行政公益诉讼检察建议书的优化路径

(一) 优化检察建议书的整体思路

1. 检察建议书要体现法律监督的特点

从行政公益诉讼的启动条件上看,诉前检察建议具有行使检察法律监督和开启公益诉讼程序双重职能,其前连行政权、后接审判权,具有典型的双重价值。虽然从《行政诉讼法》第 25 条第 4 款的规定上看,检察建议的诉讼价值更为突出。一定程度上弱化了其法律监督属性,但在实际运行中,其法律监督的价值体现更为突出,在监督对象上,诉前检察建议指向行政权是否违法,体现监督性质;在监督内容上,诉前检察建议书的监督内容直指被监督对象行政违法行为或者不作为行为。因此对于诉前检察建议的价值解读,不应局限于行政诉讼法的框架,还需要从制度本身考量,行政公益诉讼制度的旨趣不在于扩张司法权而是督促行政[1]。另外,《行政诉讼法》对于行政公益诉讼的制度设计也是将检察机关向行政机关制发检察建议书为前置程序,诉讼环节相较于诉前程序只是具有强制力的兜底性保护手段,即一旦受损的公共利益通过诉前程序得到恢复,那么最后的诉讼和审判程序就不具有必然性。[2]检察机关制作诉前检察建议书和提起公益诉讼,实质上是"以诉的形式履行法律监督职责"。[3]因此,检察机关在制作检察建议书时,检察建议的法律监督价值应得到优先体现。

2. 检察建议书要体现从被动监督到主动监督、从单向监督到多元监督

随着时代的发展,法律监督的概念也需要重新审视和调整,相较于传统的被动消极的法律监督,检察机关制作的诉前检察建议书应当体现新时代检察职能的主动性和多元化。

受"分工负责、互相配合、互相制约"原则的影响,如果没有线索移送,人民检察院通常不会主动开展监督。但在国家利益、社会公共利益因行政机

---

[1] 参见刘超:《环境行政公益诉讼诉前程序省思》,载《法学》2018 年第 1 期。

[2] 参见刘艺:《论国家治理体系下的检察公益诉讼》,载《中国法学》2020 年第 2 期。

[3] 参见余凌云:《检察行政公益诉讼的理论构造》,载《行政法学研究》2023 年第 5 期。

关违法行使职权或者不作为遭到严重侵害的情况下，应适时适当调整检察机关消极的监督模式，通过行政公益诉讼制度，对行政行为的监督由过去的间接监督转变扩展为直接监督，能够化解审判权无法自行启动带来的监督不力的窘境，以检察权的积极主动增强司法对行政的监督力度，[1]以便更好满足当下人民群众对法治需求以及公共利益保护的需要。从实际适用的效果看，目前检察机关办理的行政公益诉讼案件，以制作诉前检察建议书方式结案率最高，截至 2022 年 6 月底，全国检察机关办理的行政公益诉讼案件 61.4 万件，制发诉前检察建议书 52 万余件，行政机关回复整改率达 99.5%，实现了检察法律监督环节由"事后"转变为"事中"，有些案件还通过事前研判预防，实现监督的"事前"效果。

行政公益诉讼检察建议书还需要体现协商共治的特性和追求，不能将行政公益诉讼理解为一项变相问责机制，要发挥在特定领域内检察权和行政权的合作治理机制特性。[2]在行政公益诉讼中，实现"双赢多赢共赢"是检察公益诉讼制度设计理念之一，从保护公共利益的角度看，检察机关与作为监督对象的行政机关的职责和目标是共同的，且行政机关在公益保护领域具有更强的专业性和经验积累，因此，制作诉前检察建议旨在通过检察建议督使行政机关履职尽责，共同推进严格执法，守护公益。除此之外，检察机关还要积极走出去、请进来，积极邀请民众尤其是具有相关领域专业知识的专家、学者参与进来，包括案件线索提供、辅助调查、公开听证、整改评估等多个环节，发挥群防群治功效。

3. 检察建议书要谨防扩张为一般监督

在发挥检察建议主动性和协同性特点的基础上，需要警惕检察建议从法律监督扩张为一般监督。法律监督者的身份要求检察机关必须以中立和超然的角色独立于当事人和法院之外，在进行行政公益诉讼时严守检察监督权力边界。对于诉前检察建议更要警惕检察权对行政权的僭越，落实到检察建议书的制作上，应当体现司法性要求，保持司法的中立性和谦抑性，在被建议单位的确定上，防止被建议单位级别上的"向上向高"的倾向；对线索来源

〔1〕　参见王万华：《完善检察机关 提起行政公益诉讼制度的若干问题》，载《法学杂志》2018年第 1 期。

〔2〕　参见刘艺：《论国家治理体系下的检察公益诉讼》，载《中国法学》2020 年第 2 期。

和监督起因的表述也要体现其合法性审查，尤其是检察建议的具体内容不可过于精准、精细。

（二）优化检察建议书的具体路径

1. 完整表述案件来源和监督起因

检察机关履行法律监督职责应当有明确的监督起因和充分的依据。因此，诉前检察建议书的书写需要对照《办案规则》的规定写明案件线索的具体来源，即明确体现出该案件的线索来源于《办案规则》中第 24 条"5+1"中的某一项或某几项规定情形。在监督起因部分，应用简短的语言将"违法行为—公益受损—制发检察建议"的逻辑关系描述出来。一份逻辑完整的诉前检察建议书应在开头段落开门见山点明行政机关的违法行为可能造成或已经造成公益受损的情况，并准确表达出被建议单位存在的未履行监管职责的情形，以突出诉前检察建议书保护公共利益的公益性和对违法行政行为的监督特性。

2. 论证公益受损情况应详略得当

诉前检察建议书的第三部分为检察机关查明的案件情况，包括被建议单位违法行政行为的情形、国家利益或社会公共利益受损情况以及有关证据，应为检察建议书的核心内容之一。首先，行政相对人并非检察机关的监督对象，因此诉前检察建议书不宜对行政相对人的违法事实进行过多的描述，避免造成头重脚轻的感觉，不过也不能忽略这部分事实的列举，这就要求检察建议书对行政相对人违法事实的描述要精准得当。"精准"要求完整表达具体行政相对人、违法行为发生时间、违法地点以及具体违法方式；"得当"要求对行政相对人违法事实描述不宜浓墨重彩，而须突出对行政机关履职不到位的阐释。其次，对于公共利益受损的情况也需要做到详略得当。通常而言，传统的国财国土领域的公共利益不言自明，不必过多阐述其保护的重要性；但如果涉及新型领域的国家利益、国有财产，如文物保护案件中牵扯到国有财产等国家利益的，此时检察建议书就需要对其所涉利益的公共性进行必要的说明论证。最后，目前对于检察建议书中是否要具体列明详细的证据，并无明确要求。有学者认为没有必要在建议书的正文部分列明证据情况，理由是检察建议书说理部分已充分说明行政机关未依法履职的理由和依据。[1]我

---

[1] 参见侯毅：《浅析行政公益诉讼诉前检察建议书的制作》，载《中国检察官》2019 年第 23 期。

们认为，本着重证据、重调查研究的原则，有关证据可以采用略写的形式体现在检察建议书的正文之中，一方面可以增强检察建议书的说服力，另一方面也有利于衔接后续可能的诉讼环节，为将来可能进入的诉讼程序作铺垫。当然，也可以采用附录的形式附于检察建议书后，有利于被建议单位对照自查，落实整改。

3. 充分论证行政机关不依法履职的理由

诉前检察建议书对于被建议单位不依法履职的论证应着重体现在对行政行为的合法性审查上，可以从三个层面展开：第一个层面，论证行政机关依法对特定损害公益的行为负有监督管理职责。这个层面的论证也要按照大前提、小前提的逻辑顺序，大前提有法律法规的依据、"三定方案"、权力清单和责任清单等。其中对于法律法规的引用，需要按照先上位法后下位法的顺序，既要援用公法也要根据实际情况援引私法，既援用行政一般法又援用部门管理法，进行完整的引用。[1]小前提即为检察机关查明的被建议单位在本案中应负有监管职责的事实。通过上述论证得出被建议单位在该案中负有某种监督管理职责。第二个层面，论证被建议单位在特定案件中应当作出相应行政行为。重点考察被建议单位在该案中是否采取了相应的监管行为，要体现被建议单位的行政行为是否具有违法性以及违法行为的性质，从而导致公益受害的具体表现、公益受损程度等。第三个层面，论证由于被建议单位存在违法履职或者不作为，致使公益受损存在因果关系的结论，从而完成对被建议单位行政行为合法性审查。这样的逻辑顺序可以较好地体现被建议单位的行政违法行为与国家利益或社会公共利益受到侵害之间的关联性，增强文书说理性，避免从损害后果直接推出行政机关违法的跳跃式论证缺陷。

4. 适当把握具体建议的广度和深度

虽然检察机关制作的诉前检察建议书需要强化其针对性，但是仍需要警惕检察权对行政权的僭越以及检察建议从个案监督演变为一般监督的风险。一方面要尽量避免泛泛而谈的内容空乏式的诉前检察建议书，但另一方面也不能追求过于"精准"，指导被建议单位如何履职、作出何种具体的行政行为以及采取何种行政措施这些做法都不宜采用，但对被建议单位应当依法履行何种监管职责及时挽回国家利益损失可以进行提醒或提示。

----

〔1〕　参见关保英：《行政公益诉讼中检察建议援用法律研究》，载《法学评论》2021年第2期。

若干重点领域国有财产保护公益诉讼
可行性路径探索

第一节 国有土地使用权出让领域国有财产的保护路径

国有土地使用权出让是指，国家以土地所有者的身份将土地使用权在一定年限内让与土地使用者，并由土地使用者向国家支付土地使用权出让金的行为。国有土地使用权出让是物权法定原则下依法创设的物权，不同于国有土地租赁等债权行为，其本质是国家使用一定期限的土地使用权换取金钱或者其他对价的行为。如《民法典》规定的建设用地使用权，是常见的用益物权之一。国有土地属于国有财产，其使用价值交换所获收益自然属于国有财产范畴，因此对国有土地使用权出让的保护，也是对国有财产保护的一部分。国有土地使用权出让领域国有财产的保护主要包括土地出让金流失、迟缓缴纳、怠于征缴土地闲置费等。

一、相关案例分析

2022 年 11 月 7 日，最高人民检察院发布国有财产保护、国有土地使用权出让领域行政公益诉讼典型案例，[1]其中福建省惠安县人民检察院督促收缴国有土地使用权出让收入行政公益诉讼案即涉及国有土地使用权出让金流失问题。2017 年 10 月 25 日，福建省惠安县国土资源局就惠安县某片区的 A、

---

〔1〕 最高人民检察院，载 https://www.spp.gov.cn/xwfbh/dxal/202211/t20221107_ 592001. shtml，最后访问日期：2023 年 2 月 4 日。

B、C 三块土地与惠安某置业有限公司（以下简称某置业公司）分别签订三份《国有建设用地使用权出让合同》。合同约定：某置业公司应于 2017 年 11 月 25 日前缴纳第一期土地出让金 63 650 万元，应于 2018 年 1 月 25 日前缴纳第二期土地出让金 63 650 万元；若逾期未缴纳，应自滞纳之日起，每日按迟延支付款项的 1‰缴纳违约金；若延期支付土地出让金超过 60 日，经催缴后仍不能支付的，惠安县国土资源局有权解除合同并叫请求赔偿损失。某置业公司除了在合同签订前缴纳 14 000 万元履约保证金外，没有支付其他款项。福建省惠安县人民检察院（以下简称惠安县院）获悉后，于 2018 年 8 月 1 日向惠安县国土资源局提出检察建议，督促征缴土地出让收入、违约金或依法解除土地出让合同并承担赔偿责任。惠安县国土资源局收到检察建议后，催促某置业公司于同年 9 月 5 日缴清 C 地块土地出让收入、违约金合计 47 765.5 万元。2018 年 9 月 17 日，惠安县国土资源局将上述情况函告惠安县院，并表示如果某置业公司逾期交款上报县政府批准后，将解除与其签订的出让合同，并追究其违约的相关法律责任。2018 年 12 月 6 日，惠安县院跟进监督中发现某置业公司在 2018 年 9 月 17 日之后未再继续交纳土地出让收入、违约金，且未依照惠安县国土资源局《土地出让金催款通知》的要求于 2018 年 11 月 30 日缴清全部土地出让收入、违约金。后惠安县院采取召开圆桌会议等方式持续跟进监督，促使惠安县自然资源局已催缴全部的土地出让收入 12.73 亿元及违约金 8165.5 万元。

　　该案例中，某置业公司在签订《国有建设用地使用权出让合同》后未及时缴纳土地出让金，直接侵害国家财产权利，惠安县国土资源局作为负有监督管理职责的行政机关，未依法积极履职，致使国有财产受到侵害的状态持续存在。检察机关以行政公益诉讼立案，通过诉前程序督促负有监督管理职责的行政机关积极履职，弥补国有财产受到的侵害，有效保护了国家利益。但是，并非每一起国有财产受损案件都能如此顺利、及时地得到保护。最高人民检察院发布的该批典型案例共计 12 件，其中涉及国有土地使用权出让的案件 4 件，2 件涉及土地出让金流失、迟缓缴纳，2 件涉及怠于征缴土地闲置费，其中 1 件因行政机关在行政公益诉讼诉前程序中未能及时整改到位，后诉至人民法院。不难看出，国有土地使用权出让领域的国有财产受侵害案件较为多发，仅仅依靠行政公益诉讼路径保护国有财产，部分案件可能因行政机关整改不及时，导致国有财产处于持续受损状态，国有财产保护力度需要进一步加强。

二、国有土地使用权出让领域国有财产保护路径之完善

检察机关应当立足检察监督职能定位，探索采用综合施策的方式，不断丰富、完善国有土地使用权出让领域国有财产保护路径。一是强化协作，提升线索发现能力。及时发现国家利益受到侵害、行政机关怠于履行职责的线索是检察机关办案的第一步。《民事诉讼法》及《行政诉讼法》均要求检察机关在"履行职责中"发现公益诉讼案件线索；《办案规则》第 24 条对公益诉讼案件线索来源做了具体规定。[1]在实践办案中，检察机关可以与审计、税务、国土资源局等构建线索移送机制，借助行政机关的专业能力发现国有土地使用权出让领域的违规情况，再由检察机关对公益受损事实和行政机关怠于履行情况进行认定，可以有效拓宽公益诉讼案件线索来源渠道。如上述惠安县督促收缴国有土地使用权出让收入行政公益诉讼案中，检察机关为解决国有土地使用权出让领域公益诉讼案件线索来源不足难题，主动加强与审计机关协作配合，开展案件线索"双向移送"，由审计局定期向检察机关移送《自然资源资产离任审计意见》，截至 2022 年 6 月，惠安县院已从中发现线索 61 条，立案办理 46 件，督促相关行政机关追缴国有土地使用权出让收入及滞纳金等国有财产总计 13.78 亿元。二是综合施策，立体式监督推动问题整改。行政机关有各自的职责分工，但国有财产保护可能涉及诸多方面，仅靠一家行政机关的力量难以实现保护目的，此时检察机关要注重发挥检察一体化制度优势，综合施策推动问题整改。如湖南省长沙市人民检察院督促追回违法支出国有土地使用权出让收入行政公益诉讼案件中，检察机关除了向市财政局制发行政公益诉讼诉前检察建议，还就有关部门执行法律不到位、审批把关不严格、未依法履职尽责等问题，向某市人民政府公开送达社会治理检察建议，建议加强对国有土地使用权挂牌出让流程、土地出让收支管理力度，对国有土地使用权出让流程监管与收支管理中存在的人员失职、失范问题依

---

〔1〕《办案规则》第 24 条规定，公益诉讼案件线索的来源包括：（一）自然人、法人和非法人组织向人民检察院控告、举报的；（二）人民检察院在办案中发现的；（三）行政执法信息共享平台上发现的；（四）国家机关、社会团体和人大代表、政协委员等转交的；（五）新闻媒体、社会舆论等反映的；（六）其他在履行职责中发现的。

法依规进行处理，从源头上降低甚至消除国有财产受到侵害的风险。三是完善立法，探索国有土地使用权出让领域国有财产保护新路径。国有土地使用权出让领域案件往往金额巨大，涉及的不少企业都是地方纳税大户，行政机关出于地方经济压力或者招商引资指标等现实考量，可能存在追究相关责任单位积极性不高、工作推动滞后等问题。国有财产保护领域中，检察机关以行政公益诉讼对负有监督管理职责的行政机关立案，再督促行政机关穷尽行政手段，甚至借助司法程序履行国有财产保护职责，如此"检察公益诉讼诉前程序—行政履职—行政公益诉讼—民事或行政诉讼—行政或司法强制执行"的路径构造将显著推迟国有财产的保护进程，过多消耗司法资源。事实上，在违法行为人明确、违法事实清楚的情况下，法律若授权检察机关在履行公告前置程序后直接提起民事公益诉讼，将构建"检察民事公益诉讼—司法强制执行"的更优路径，大大提高检察机关国有财产保护效率，减少监督阻力。与之类似，在生态环境损害赔偿案件中，如果权利人未能有效保护受损社会公共利益的，检察机关应当提起民事公益诉讼。[1]

第二节　生态环境和资源保护领域国有财产的保护路径

生态环境和资源保护是检察公益诉讼办案的重点领域，涉及生态环境保护和资源保护两个方面。"生态环境"作为一个词组多次出现在我国《宪法》、法律条文之中，但其具体的概念尚未被立法所明确。《环境保护法》第2条规定，环境是指影响人类生存和发展的各种天然的和经过人工改造的自然因素的总体，包括大气、水、海洋、土地、矿藏、森林、草原、湿地、野生生物、自然遗迹、人文遗迹、自然保护区、风景名胜区、城市和乡村等。生态，一般认为是生物生存状态，包括生物本身以及与环境之间的交互关系。资源，一般是指一定区域内的物质要素的总称，可分为自然资源和社会资源两大类。检察公益诉讼中提到的资源主要是自然资源，包括土地、矿藏、森林、草原、湿地、生物等。根据宪法法律规定，上述自然资源多归属国家所

---

〔1〕《办案规则》第96条规定，有下列情形之一，社会公共利益仍然处于受损害状态的，人民检察院应当提起民事公益诉讼：（一）生态环境损害赔偿权利人未启动生态环境损害赔偿程序，或者经过磋商未达成一致，赔偿权利人又不提起诉讼的；……。

有，属于国有财产的范畴。

一、相关案例分析

从生态环境与自然资源二者所包含的内容不难看出，生态环境和自然资源之间有着共存共生的关系：自然资源是生态环境的静态载体，生态环境是自然资源的动态表现。例如，某一区域国家所有的林木资源集合构成了森林生态环境的基础；而阳光、水、动植物等与林木的交互关系形成了完整的森林生态环境。因此，破坏资源类案件往往也属于破坏生态的案件。

2005年9月至2018年12月间，郭某、邢某等15人为牟取非法利益，未经林业主管部门许可，非法占用某居委会林地，采伐梨树544棵，且擅自改变林地用途，违法建设围墙、房屋及相关附属设施，对外出租牟利，用于他人堆放煤炭、建设房屋、收购废品等非农业用途。经鉴定，涉案地块属于经济林（有林地二级地类），现状已被建筑占用，没有相关林地变更合法备案手续，属非法改变林地用途。涉案地块用于非法建设，造成种植条件严重毁坏，无法恢复耕种。烟台市芝罘区人民检察院在刑事案件办理过程中发现上述线索，查明该区自然资源主管部门对郭某等人盗伐林木、非法改变林地用途等破坏森林资源的违法行为怠于履行监管职责，致使森林资源处于受侵害状态，损害了社会公共利益。在芝罘区检察院制发诉前检察建议后，区自然资源主管部门仍未能修复受损公益，芝罘区检察院遂向人民法院提起行政公益诉讼并获支持。[1]

上述案件中，林木、林地资源均遭受破坏，负有监督管理职责的行政机关怠于履职致使社会公共利益持续受到损害。郭某、邢某等多人因犯罪行为被判处刑事处罚，但刑事处罚与行政处理的目的、性质、功能、实现方式不同，刑事处罚不能替代行政处理，刑事处罚难以实现行政处理恢复森林资源的补救性法律效果。

值得注意的是，本案中检察机关充分论证了森林资源受到侵害的事实和社会公共利益受到侵害的情况，而未提及盗伐林木、非法改变林地用途等破

---

〔1〕 参见《［生态环境和资源保护领域公益诉讼典型案例三］：烟台市芝罘区人民检察院督促保护森林资源行政公益诉讼案》，载 http://www.sdjcy.gov.cn/dxal/202206/t20220607_4026057.html，最后访问日期：2023年2月10日。

坏生态环境的问题。《民法典》第 260 条第 1 款第 1 项规定，集体所有的不动产和动产包括法律规定属于集体所有的土地和森林、山岭、草原、荒地、滩涂。遇到属于集体所有的林地资源遭到侵占、破坏的情况，如果仅论证资源受损而忽略生态环境受到的同步损害，则可能难以在"集体资源遭受破坏"和"社会公共利益受到侵害"之间建立完整的逻辑链条。也就是说，对自然资源的破坏未必必然损坏社会公共利益。[1]另外，本案中检察机关通过行政公益诉讼立案督促区自然资源主管部门履职，先后经过了"行政公益诉讼诉前程序—行政公益诉讼—行政机关履职履行判决结果"等流程。本案线索系检察机关在刑事办案中获取，违法行为人已经明确，违法事实和证据亦有刑事案件证据支撑，如果检察机关论证后从生态环境和自然资源遭受破坏的角度办理该案，可以借助刑事附带民事公益诉讼追究违法行为人的生态环境修复责任，更高效地维护社会公共利益。

二、生态环境和资源保护领域国有财产保护路径之选择

在生态环境和资源保护领域，公益诉讼一般涉及生态环境破坏和自然资源破坏两个问题，且两种损害结果往往同步产生，损害国家利益和社会公共利益，《行政诉讼法》第 25 条第 4 款是检察机关提起行政公益诉讼的依据。大量的实践案例表明，检察机关通过公益诉讼制度保护国家利益和社会公共利益的顶层设计是成功、有效的，在国有财产保护方面也发挥着重要作用。但是实践中，检察机关还面临着行政执法与检察监督衔接不畅、检察监督"刚性"不足、协同办案能力不强等问题。如上述案例中，从烟台市芝罘区自然资源主管部门收到检察机关诉前检察建议书和人民法院判决书后的不同履职情况可以看出，行政公益诉讼的诉前刚性还有待进一步加强，以便督促行政机关尽可能前置履职整改节点，更加及时充分地保护国家利益和社会公共利益。据此，需要在以下方面有所突破：一是加强行检衔接，建立行政机关与检察机关线索移送、沟通协作制度机制。行政机关掌握着城市管理的一手数据，面对一些违法行为，行政机关虽然履行了自身职责对违法行为进行了制止、处罚，但部分违法行为已经造成国家利益损失、国家资源破坏的后果。二是争取各方支持，不断提升检察公益诉讼诉前程序刚性。公益诉讼检察

---

〔1〕　参见张雪樵、万春主编：《公益诉讼检察业务》，中国检察出版社 2022 年版，第 326 页。

"督促之诉""协同之诉"的定位，决定了要实现"诉前实现保护公益目的是最佳司法状态"办案理念，就必须赋予诉前程序刚性特点。检察机关应当积极争取各级党委、政府、人大支持，用制度机制为诉前程序刚性护航。例如，2021 年上海市崇明区人民检察院将"提升公益诉讼刚性"作为重要理论课题与专家学者研讨，与区纪委监委制定工作衔接机制倒逼行政机关积极履职，同时还推动区人大出台上海市首个区级层面支持检察公益诉讼的决定。三是加速业务协同，探索"行政+刑事+公益诉讼"融合办案新模式。行政执法、刑事打击和公益诉讼监督各有所长，在办理复杂的国有财产保护案件中，三种手段协同使用可能给国有财产保护开辟新路径。

第三节　文物和文化遗产保护领域国有财产的保护路径

文物和文化遗产具有物质和精神双重属性，是一个国家的血脉和灵魂，也是全人类的共同财富，具有显著的财产特征和公益特征。文物和文化遗产的国家所有权，体现其法律上物的属性；文物和文化遗产见证着历史变迁、蕴含丰富的民族特性，体现其精神属性；文物和文化遗产的客观存在又与周边环境相互融合，构成生态环境资源的一部分。因此，对文物和文化遗产采用何种保护路径需要从国有财产、精神内涵、环境资源等多个方面进行充分论证。

一、文物和文化遗产的性质

（一）文物和文化遗产的概念界定

文物是指人类在历史发展过程中遗留下来的、能够反映不同时期人类社会活动、社会关系、意识形态以及生存环境、利用自然、改造自然的遗物、遗迹的总称，是人类宝贵历史文化遗产的重要组成部分。《文物保护法》第 3 条将文物分为"古文化遗址、古墓葬、古建筑、石窟寺、石刻、壁画、近代现代重要史迹和代表性建筑等不可移动文物"，以及"历史上各时代重要实物、艺术品、文献、手稿、图书资料、代表性实物等可移动文物"。文化遗产是指某个民族、国家或者群体在社会发展过程中所创造的一切精神财富和物质财富。从形态上来看，文化遗产又分为物质文化遗产和非物质文化遗产。

根据《中华人民共和国非物质文化遗产法》第 2 条规定，非物质文化遗产，是指各族人民世代相传并视为其文化遗产组成部分的各种传统文化表现形式，以及与传统文化表现形式相关的实物和场所。

有学者认为，文物的实质是历史文化遗产，包括物质文化遗产和非物质文化遗产，物质文化遗产包括可移动文物、不可移动文物和历史文化名城、街区、村镇，非物质文化遗产包括各种以非物质形态存在的传统文化形式，包括传统表演艺术、民俗、民间工艺等。[1]笔者认为，从文物和文化遗产的不同定义可以看出，文物更倾向于相对独立、有形、客观存在的实物，而文化遗产则更强调某个物或某类物上所承载的精神内涵，两者存在大量的交叉重合但又各有侧重；而将非物质文化遗产认定为文物有待商榷。根据文物客观存在的特点，《文物保护法》对文物所有权进行了不同的区分，主要分为国家所有和非国家所有。[2]文化遗产强调物与精神内涵的统一，其内容在《环境保护法》中有所体现。[3]如果将表演艺术、民俗、民间工艺等非物质文化遗产定义为文物，将难以按照现行法律规定确认文物所有权，不利于非物质文化遗产的保护。

（二）　文物和文化遗产与国有财产、环境资源的关系

基于《民法典》《文物保护法》的直接规定，国家依法拥有所有权的文物和文化遗产属于国有财产。对于侵犯破坏文物和文化遗产的行为，检察机关可以通过行政公益诉讼程序督促负有监督管理保护职责的行政机关保护国有财产，维护国家利益。但也有观点认为，根据《环境保护法》第 2 条规定，

---

〔1〕　参见陈冬：《文物保护公益诉讼与环境公益诉讼之辨析——以公共利益为中心》，载《政法论丛》2021 年第 2 期。

〔2〕　《文物保护法》第 5 条第一款、第二款和第四款，第 6 条对文物的所有权进行了界定，中华人民共和国境内地下、内水和领海中遗存的一切文物，属于国家所有。古文化遗址、古墓葬、石窟寺，属于国家所有。国家指定保护的纪念建筑物、古建筑、石刻、壁画、近代现代代表性建筑等不可移动文物，除国家另有规定的以外，属于国家所有。中国境内出土的文物，国家另有规定的除外；国有文物收藏单位以及其他国家机关、部队和国有企业、事业组织等收藏、保管的文物；国家征集、购买的文物；公民、法人和其他组织捐赠给国家的文物；法律规定的属于国家所有的其他文物属于国家所有。集体所有和私人所有的文物受法律保护。

〔3〕　《环境保护法》第 2 条规定，本法所称环境，是指影响人类生存和发展的各种天然的和经过人工改造的自然因素的总体，包括大气、水……人文遗迹、自然保护区、风景名胜区、城市和乡村等。第 29 条第二款规定，各级人民政府对……人文遗迹、古树名木，应当采取措施予以保护，严禁破坏。

文物"具有生态环境和资源属性",[1]系"生态环境资源"的组成部分,因此,在文物保护领域发生的公益侵害案件应当属于环境公益诉讼的范畴。如河南省郑州市马顾村不可移动文物侵权纠纷案,河南省郑州市上街区人民政府对原马顾村进行搬移时,拆除了五处获得认定的不可移动文物,其中包括马顾村王氏宗祠这一重点文物保护单位。后中国生物多样性保护与绿色发展基金会(以下简称绿发会)对河南省郑州市上街区人民政府提起民事公益诉讼,所依据的就是环境公益诉讼的相关规定。[2]

二、相关案例分析

2020 年 12 月,最高人民检察院发布检察机关文物和文化遗产保护公益诉讼典型案例[3],其中新疆维吾尔自治区博乐市人民检察院诉谢某某等 9 人盗掘古墓葬刑事附带民事公益诉讼案,涉及文物损坏类国有财产刑事附带民事公益诉讼的路径适用。2019 年 10 月,谢某某提供作案工具及车辆,与杨某某、李某某等 8 人共同盗掘乌图布拉格土墩墓(第六批自治区级文物保护单位)。后因盗洞塌方渗水,盗掘行动被迫停止。经新疆维吾尔自治区文物考古研究所认定,盗掘人员采用掏挖盗洞的方式进行盗掘,盗洞深处已达墓葬封堆下中部位置,接近墓室,盗掘行为已对墓葬本体造成了严重破坏。新疆维吾尔自治区博乐市人民检察院在办理刑事案件发现该线索后,移送公益检察部门,并以刑事附带民事公益诉讼立案审查,最终人民法院判令谢某某等 9 人盗洞回填修复费用 44 592.24 元,并通过国家级媒体向社会公众赔礼道歉。

该案中,谢某某等人盗掘古墓造成墓葬本体严重破坏,侵害了国有财产,盗掘行为破坏人文遗迹,对生态环境也造成了破坏。从文物性质来看,古墓葬属于国有财产,也属于生态环境的一部分。从保护目的看,一方面,谢某某等人盗掘行为对墓葬本体造成了破坏,改变了古墓葬内文物的原有保存环

---

〔1〕 参见蓝向东、杨彦军:《以公益诉讼方式开展文物保护的可行性研究》,载《北京人大》2018 年第 6 期。

〔2〕 参见何勇海:《首起文物保护公益诉讼的破冰意义》,载《人民法院报》2015 年 10 月 21 日,第 2 版。

〔3〕 最高人民检察院网上发布厅:《检察机关文物和文化遗产保护公益诉讼典型案例》,载 https://www.spp.gov.cn/spp/xwfbh/wsfbt/202012/t20201202_ 487926. shtml#2,最后访问日期:2023 年 2 月 3 日。

境，不利于古墓葬内文物的继续保存，应当承担墓葬本体修复费用；另一方面，谢某某等人盗掘行为产生的盗洞也给周边环境带来损害，应当承担环境修复责任。从责任承担来看，主要是恢复古墓葬内文物保存环境、消除盗掘造成的周边环境损害。因此，案件可以从国有财产保护和生态环境和资源保护两个角度办理。考虑到刑事案件办理中，违法行为人和损害事实相对明确，博乐市检察院以"盗掘古墓葬的犯罪行为破坏了古墓葬的完整性，改变了古墓葬内文物的原有保存环境，不利于古墓葬内文物的继续保存，侵害社会公共利益"为由从环境保护切入，从而提起刑事附带民事公益诉讼并获得法院支持，这样的路径选择既维护了生态环境、保护了国有财产权益，又节约了司法资源同时提升了保护效率。此外，本案的办理也可以看出通过民事公益诉讼保护国有财产的必要性和可行性。

三、文物和文化遗产相关国有财产保护公益诉讼的实践探索

文物和文化遗产保护与国有财产保护、环境保护以及英雄烈士纪念设施保护存在交集，检察机关可以依据与后者相关的法律法规将文物和文化遗产保护工作纳入对应的国有财产保护、环境保护、英雄烈士纪念设施保护领域进行办理。检察公益诉讼制度全面铺开后，尽管《民事诉讼法》《行政诉讼法》《文物保护法》等国家层面的法律规范还未将文物和文化遗产保护规定为公益诉讼专门领域，但全国多个省已经出台文件明确将文物和文化遗产保护纳入公益诉讼新领域案件范围，检察机关也可以根据地方人大的授权依法履行检察监督权保护文物和文化遗产。办案实践中，检察机关具体应当采用何种路径保护国家利益和社会公共利益，应当从所保护的文物性质、修复目的、责任承担等角度进行分析。笔者将重点围绕文物和文化遗产领域国有财产保护公益诉讼实践进行路径分析。

（一）文物和文化遗产领域国有财产的常规保护路径

我国《文物保护法》第 5 条、第 6 条从物权所有权的角度对属于国家所有的文物范围进行了界定。行为人如果直接破坏上述范围内的文物和文化遗产，则必然构成对国有财产的直接侵害，检察机关可以根据《行政诉讼法》通过行政公益诉讼督促行政机关积极履职保护国家利益。例如，陕西省府谷县人民检察院督促保护明长城镇羌堡行政公益诉讼案中，行政机关未对施工

单位违法施工履行监督管理职责，导致明长城镇羌堡这一文化遗产在政府组织的工程施工过程中受损，国有财产受到侵害。检察机关据此向行政机关制发行政公益诉讼诉前检察建议，督促整改落实，保护文物安全，维护国家利益。[1]

（二）文物和文化遗产领域国有财产的特殊保护路径

虽然根据《民事诉讼法》第58条第2款规定，检察机关对于国有财产保护领域案件尚不能单独提起民事公益诉讼，但鉴于文物和文化遗产保护与其他多个公益诉讼领域存在重叠交织关系，必要的时候检察机关可以借助其他领域的法律授权通过民事公益诉讼保护国有财产。

第四节 国防军事和英烈保护领域国有财产的保护路径

一、国防和军事领域的国有财产形态及保护路径

国防是国家进行的军事及与军事有关的活动，关系国家生存与发展的安全保障。国防利益是国家利益的重要组成部分，是指满足国防需要的保障条件与利益，包括国防物质基础、作战与军事行动秩序、国防自身安全、武装力量建设、国防管理秩序等。[2]军事是指一切与战争、国防、军队直接相关的活动。军事利益是国家政治利益的极端形式，对内反映了一国统治阶级的经济物质利益，对外反映了一个国家的民族利益。国防利益和军事利益内涵虽存在交集但又无法完全相互取代，在检察公益诉讼中，用"国防和军事利益"表述"国防利益"与"军事利益"，较为全面且严密地体现了利益主体与利益内容的广度。[3]根据《国防法》第39条、第40条规定，"国家保障国防事业的必要经费"，"国家为武装力量建设、国防科研生产和其他国防建

---

〔1〕参见最高人民检察院网上发布厅：《检察机关文物和文化遗产保护公益诉讼典型案例》，载 https://www.spp.gov.cn/spp/xwfbh/wsfbt/202012/t20201202_487926.shtml#2，最后访问日期：2023年2月3日。

〔2〕参见刘勇、张春华：《检察公益诉讼视域中的"国防和军事利益"》，载《中国检察官》2021年第11期。

〔3〕参见张雪樵、万春主编：《公益诉讼检察业务》，中国检察出版社2022年版，第497页。

设直接投入的资金、划拨使用的土地等资源，以及由此形成的用于国防目的的武器装备和设备设施、物资器材、技术成果等属于国防资产。国防资产属于国家所有。"因此，国防建设投入的资金、使用的土地、用于国防目的的武器装备和设备设施、物资器材、技术成果等均属于国防和军事领域国有财产保护的范围，是该领域国有财产的主要表现形态。

国防、军事利益直接关系国家安全，理应得到有效保护。对国防和军事领域国有财产的侵犯，将同时损害国家利益和社会公共利益。2020 年 4 月 22日最高人民检察院和中央军委政法委联合印发《关于加强军地检察机关公益诉讼协作工作的意见》，根据该意见要求，检察机关应积极拓展公益诉讼案件范围，加大对破坏军事设施、侵占军用土地等涉军公益诉讼案件的办理力度，积极稳妥探索办理在国防动员、国防教育、国防资产、军事行动、军队形象声誉、军人地位和权益保护等方面的公益诉讼案件。[1]2021 年 8 月 1 日施行的《中华人民共和国军人地位和权益保障法》增加公益诉讼条款，将"军人地位和权益保障"正式纳入检察机关公益诉讼办案领域中。据此，检察机关办理国防和军事领域公益诉讼案件中，涉及军事设施破坏、国防建设资金侵害等，可以借助国有财产保护开展行政公益诉讼，督促负有监督管理职责的行政机关积极履职，保护国防和军事利益、国家利益；涉及军人地位和权益损害的，可以根据法律授权通过行政公益诉讼或者民事公益诉讼的途径办理案件；涉及国防和军事领域其他类型案件的，可以根据上述意见开展行政公益诉讼，督促负有监督管理职责的行政机关积极履职，保护国防和军事利益。

二、英烈保护领域涉及的国有财产保护公益诉讼问题

关于英烈保护领域的公益诉讼，一是涉及对烈士纪念设施等财产的保护。根据《烈士纪念设施保护管理办法》第 2 条规定，烈士纪念设施是指在中华人民共和国境内按照国家有关规定为纪念缅怀英烈专门修建的烈士陵园、烈

---

〔1〕　参见最高人民检察院网上发布厅：《最高人民检察院、中央军委政法委员会印发〈关于加强军地检察机关公益诉讼协作工作的意见〉 军地检察机关将加强涉军公益诉讼案件协作配合》，载 https://www.spp.gov.cn/xwfbh/wsfbt/202005/t20200511_ 460764.shtml#1，最后访问日期：2023 年 6 月26 日。

士墓、烈士骨灰堂、烈士英名墙、纪念堂馆、纪念碑亭、纪念塔祠、纪念塑像、纪念广场等设施。对烈士纪念设施的保护即为对上述有形财产的保护。其中，根据《中华人民共和国英雄烈士保护法》（以下简称《英雄烈士保护法》）第 4 条第 4 款、《烈士纪念设施保护管理办法》第 6 条等规定，由国家出资建设、列入各级政府预算的英雄烈士纪念设施应当认定为国有财产，因此对该类财产的保护属于英烈保护领域国有财产公益诉讼的案件范围。二是涉及对英雄烈士人格利益的保护。根据《民法典》第 185 条和《英雄烈士保护法》第 25 条的规定，侵害英雄烈士等的姓名、肖像、名誉、荣誉损害社会公共利益的，应当承担民事责任。在无其他适格主体提起诉讼的，检察机关应当提起诉讼，保护社会公共利益，但对英雄烈士人格利益的保护不涉及英烈保护领域国有财产的公益诉讼。

在现有法律规范中，检察机关发现属于国有财产的英雄烈士纪念设施遭到破坏、失修污损的，可以通过行政公益诉讼保护国家利益。应当注意的是，对于行为人故意破坏属于国有财产的英雄烈士纪念设施的，是否属于对英雄烈士等人格利益的侵害，检察机关应当在充分调查后予以判断，并在我国"二元化"的公益诉讼模式下，选择适当的路径实现对国家利益和社会公共利益的充分保护。一是无针对性的、单一过失的破坏行为，因该类行为的行为人不具有侵犯英雄烈士人格利益的主观目的，主要侵害的是英雄烈士纪念设施的财产完整性。对英雄烈士纪念设施特定物的客观破坏一般也不容易导致公众对英雄烈士的社会评价降低，不易造成恶劣社会影响损害社会公共利益，因此检察机关可以选择行政公益诉讼对英烈保护领域国有财产进行保护。二是有针对性的、故意的破坏行为，英雄烈士纪念设施往往能直接展现对应英雄烈士的光荣事迹，是后者彰显的优秀民族精神的实物象征和人格利益的现实载体，行为人故意有针对性地破坏、污损英雄烈士纪念设施的，同时侵害了英雄烈士的人格利益和纪念设施的财产完整性，既造成国家财产受损也损害社会公共利益，此时检察机关选择民事公益诉讼可以兼顾两种利益的救济，实现国家利益和社会公共利益的共同保护。

此外，英烈保护领域还与文物和文化遗产保护存在交叉。《英雄烈士保护法》第 8 条规定，对具有重要纪念意义、教育意义的英雄烈士纪念设施依照《文物保护法》的规定，核定公布为文物保护单位。例如，2018 年长沙市望城区人民检察院接到群众举报称，长沙市望城区的县级文物保护单位、郭亮烈士故居，未免费向公众开放，经检察机关调查发现长沙市望城区文物管理局作为辖区内文物保护主管部门怠于履行监管职责，侵害了社会公共利益。后向区文物管理局发出行政公益诉讼检察建议并获采纳，郭亮烈士故居免费向社会公众开放，社会公共利益得到保护。上述案例可以看出，在英烈保护领域、文物和文化遗产保护领域，英雄烈士纪念设施可能同时属于文物的范畴，两者存在交叉关系。该类领域交叉的公益诉讼案件办理过程中，检察机关可根据具体案件情况，借助不同领域法律授权检察机关救济途径不同，寻找最有利于生态修复和资源保护的途径办理案件，促成联合执法，协同解决问题。一般而言，选择行政公益诉讼手段保护公共利益，主要是基于公益诉讼检察监督职能的运行、行政机关具有专业队伍、行政执法效率高于司法审判等。但如果行政手段已经穷尽，公益仍然受损，提起民事公益诉讼可以弥补行政手段的不足，更有利于公益的保护或恢复，亦可考虑作为民事公益诉讼案件办理。[1]对于刑事案件中需要追究被告人侵害社会公共利益的民事责任的，检察机关可以一并提起附带诉讼，以达到节约司法资源的目的。

---

〔1〕 参见傅信平主编：《检察公益诉讼研究——贵州司法实务样本》，中国检察出版社 2021 年版，第 30 页。

行政公益诉讼在国有财产保护领域的
瓶颈问题突破

第一节　线索发现和国有财产损失认定

一、国有财产损失线索发现机制

为了拓宽国有财产损失线索发现方式，需要根据不同类型国有财产特性总结、掌握国有财产可能存在损失的风险点，明确何种行为、证据可能发现国有财产损失，进而构建完整的国有财产损失线索发现机制。在现行法律制度框架下，按照国有财产的运作方式不同，可以分为三种主要类型：一是资源型国有财产，主要指人类针对某一资源进行开发，从而带来经济价值的国有财产。根据《宪法》第9条、第10条、《民法典》第251条至254条规定，矿藏、森林等自然资源、城市土地、动植物资源、文物、国防资产、公路、电力等属于国家所有，故上述资源与国家利用上述资源产生的相应财产性收益为资源型国有财产；二是经营型国有财产，主要指国家按照法律和主权取得的财产和债权，这些财产是通过资金投入和资产收益的形式取得，拥有增值保值功能。如根据《民法典》第257条规定，国家出资的企业，享有出资人权益，此处"国家"作为"股东"，其支配的企业因生产、经营、流通、交换等行为产生的收益及该企业为经营型国有财产，主要管理单位一般是国家国资委；三是行政型国有财产，主要由我国行政事业单位占用和使用的，能够以货币计量的经济资源的总称。如《宪法》赋予国务院、地方各级人民政府行政权力，国务院、地方各级人民政府按照法律法规规定权限管理所属行政区域经济、文化等事业和财政等行政工作产生的税收、费用、罚没款等财产性权益，以及国家通过收入再分配、给予货币、非货币补贴等形式保障老、病、伤、孕群体基本生活权益而产生的支出性财产权益，主要由各个机关事业单位进行管理。上述三种不同类型的国有财产损失线索发现渠道各有不同。资源型国有财产保护因与生态环境和资源保护有共通之处，其发现机制较为成熟，经营型国有财产损失线索大多来源于贪污、职务侵占等刑事案件的办理，而行政型国有财产则更依赖于公益诉讼办案人员日常积累发现。

　　一是建立"公益修复金一案一查"机制。资源型国有财产损失表现为资源被侵害及资源修复费用流失，前者如非法捕捞水产品侵害渔业资源、盗伐林木侵害森林资源、在农田上堆放建筑垃圾侵害耕地资源等，检察机关已将上述行为作为生态环境保护领域公益诉讼重点关注范围，发现机制较为成熟，在日常公益监督过程中即可实现，发现方式可依托群众反映、人大监督、政府专项行动等。笔者认为，资源型国有财产应特别关注资源修复费用流失发现方式，由于资源修复费用流失具有较强的隐蔽性，对于该类线索的发现应从检察机关自身做起。在最高人民检察院发布的《检察机关全面开展公益诉讼五周年工作情况》一文中显示，自 2019 年 11 月至 2022 年 6 月，全国共办理公共安全领域公益诉讼案件 3.7 万件；[1]在《公益诉讼检察篇》一文中则反映出环资领域案件在所有公益诉讼案件中占比已达 52%。[2]检察机关在办理环资、公共安全领域公益诉讼案件中建立"公益修复金一案一查"机制，已能挖掘资源型国有财产损失线索的"富矿"。如在办理危废污染环境案中，检察机关可以在督促行政机关、违法行为人修复环境的同时，注意审查行政机关是否履行生态环境修复费用追偿职责、违法行为人缴纳的生态修复费用是否专款用于修复，又如在公路被破坏侵害公共安全案中，检察机关应查明路面损坏原因，如果路面为违法行为人损害，行政机关先行进行路面修复，检察机关则应进一步关注行政机关是否向违法行为人追偿路面修复费用等，通过对公益修复金追缴、使用、管理情况的持续跟踪以发现国有财产流失

---

〔1〕 参见最高人民检察院：《检察机关全面开展公益诉讼五周年工作情况》，载最高人民检察院网上发布厅 https://www.spp.gov.cn/xwfbh/wsfbt/202206/t20220630_561637.shtml#2，最后访问日期：2023 年 3 月 19 日。

〔2〕 参见最高人民检察院：《公益诉讼检察篇》，载最高人民检察院微信公众号 mp.weixin.qq.com，最后访问日期：2023 年 3 月 19 日。

线索。

二是更主动地借助刑事检察和行政机关力量。经营型国有财产损失最直接的表现是资金流失，该种流失大多通过购销、转让、投资、并购、工程承包等方式输出，且一般伴随有国有资产主管、管理、经营、经手职权的行为人超越程序、权限审批行为的存在。检察机关对该类型线索的发现可从对内、对外两方面发力。对内，检察机关履行刑事检察职能，具有对贪污贿赂犯罪、职务犯罪的提起公诉权，从刑事检察掌握的职务犯罪线索出发，倒查犯罪嫌疑人履行国有资产管理职责中行为的各环节是经营型国有财产线索发现的主要来源。对外，财政部门、国有资产监督管理部门、审计部门等分别负有收取企业国有资本收益、监管国有企业国有资产、对审计监督对象实施经济责任审计等职能，检察机关与上述部门建立线索互通机制，围绕国有资产流失的突出问题开展合作监督，系挖掘经营型国有资产流失线索的重要渠道。

三是注重总结提炼、挖掘典型案例线索。行政型国有财产的流失表现方式较为一致，包括但不限于应征未征、应罚未罚、骗取、挪用税费优惠、保障补贴等。检察机关办理的国有财产领域公益诉讼案件大多集中在行政型国有财产领域，[1]对国有财产的流失线索，一方面可以来源于对指导性案例、典型案例的总结提炼，对于案例中反映的问题进行梳理，再排查本区域内是否存在类似问题，以此发现线索。另一方面，检察机关民事、行政检察职能中也可发现大量国有财产流失线索，如民事检察方面有大量的房屋买卖合同纠纷、虚假诉讼纠纷，该类民事案件常伴随偷税漏税问题，行政检察方面多为当事人对行政机关决定等不服，行政机关行政决定就包括行政许可、行政处罚、医疗、社保待遇等，该部分行政决定中极可能出现如土地征用费用、处罚罚金、养老保险、医疗保险等处置不当导致国有财产流失情形，检察机关应加强对民事、行政检察案例的学习，进而从中发现国有财产流失线索。

二、不同类型国有财产损失认定

检察机关办理国有财产保护领域公益诉讼案件另一难点在对国有财产损失的认定。"损失"在经济学中一般分为直接计入所有权者权益的损失和直接

---

[1] 以最高检已发布的国有财产保护领域典型案例为例统计，发布的 12 件典型案例中有 10 件均属于行政型国有财产范围。

计入当期权益的损失两种类型，前者类似于预期损失，指的是因正常生产、经营、流通等环节造成的可预见的损失，但该种预见受制于市场、人为因素等呈现隐性特征；后者则表现为直接的损耗、流失，极易发现且清楚明了。司法实务中，因发现隐性损失需具有极强的专业性，故国有财产的隐性损失认定成为检察机关办理国有财产保护领域公益诉讼案件的主要难点。笔者认为，检察机关在认定国有财产损失时，可以借鉴经济学对"损失"的界定方式，对不同类型国有财产的显性损失和隐性损失表现形式予以研究，从而防止因忽略隐形损失而错失关键的公益诉讼监督点。

首先，资源型国有财产损失通常表现为资源因侵害受到减损的显性形态和公益修复金流失的隐性形态。对于显性损失，各单行法已明确规定对各种资源的保护方式，检察机关可以从行为人或者行政机关是否实施违法行为导致资源被侵害，来判断资源型国有财产的减损。如因违法行为人向水源地排污导致水体变成劣五类无法饮用系对水资源的减损，因行政机关违法颁发砍伐许可证导致森林被滥砍滥伐系对森林资源的减损，目前对于该种减损检察机关主要通过对侵害资源违法行为人提起修复类民事公益诉讼、对行政机关提起环资类行政公益诉讼予以保护，一般被纳入到环资类公益诉讼案件办理领域。公益修复金流失的隐性形态则完成属于国有财产保护领域。公益修复金系行政机关在水、林、土、气、动植物、公路、电力等国家资源被破坏后依照法律授权向违法行为人追缴的用于修复生态环境、公共利益的费用。该种费用依托国家资源，在违法行为人缴纳义务产生时即为国家财产的一部分，其减损具有较强的隐蔽性。以生态环境损害赔偿为例，生态环境损害赔偿金在环境要素、生物要素产生不利改变或生态系统功能退化时产生，按照《生态环境损害赔偿制度改革方案》，赔偿权利人应根据相关鉴定评估结果向赔偿义务人索赔生态环境修复费用。如被授权的行政机关不启动生态环境损害赔偿程序、启动程序后未对环境损害进行评估、与赔偿义务人磋商时随意降低赔偿金数额、赔偿金追回后未用于生态修复等，均会导致生态环境损害赔偿金流失，而行政机关是否及时依法履行上述职责不易被发现。实践中，行政机关在其职责范围内行使处罚权，有些生态环境破坏行为仅由一家行政机关掌握，有的行政机关因对生态环境损害缺乏认识，对其程序、运行机制不了解，常常出现对其职责范围内的环境要素损害未启动生态损害赔偿，即由行政机关财政支出予以修复兜底的情形，该情形正是对国有财产的一种隐性流失，对于此种减损形态应纳入行政公益诉讼重点关注范围。

其次，经营型国有财产损失可分为资产直接减少的显性损失和由于违反国有财产管理规定而导致的可预期收入减少的隐性损失。显性损失的认定可通过对国有企业在支配其资产过程中形成的合同、交易明细、资产评估材料、审计报告等进行审查，以数字比对、经济文件核对、专业审计、发票核查等直接认定资产减损数额及具体情况。隐性损失认定形式更为多样化，只要行政机关未对其管理的国有财产按照法律法规、政策等要求进行合理利用、支配，即认为可能存在可预期收入减少，如国有企业在进行工程项目招投标时，未按照招投标程序进行、执行招投标结果明显违反法律法规，或以明显低于市场价格的不合理售价出售国有资产，均导致本应属于国有资产的收入以"隐性"方式灭失，对于后种国有财产损失系检察机关履行刑事、公益诉讼检察的关注重点。

最后，行政型国有财产流失重点表现在对税、费、罚没款应征未征，或骗取税费优惠等，对该类型国有财产流失检察机关是否能以公益诉讼介入，是否能从公益诉讼角度认定，存在一定争议。笔者认为，行政机关执法，包括征收税收、费用、追缴罚没款系行政机关在法定权限内履行法定职责的过程，如果纳税人、行政相对人未缴纳税收、费用、罚没款，此时应由行政机关启动行政程序执行，国家利益和社会公共利益并未受到侵害，公益诉讼不宜介入，也不宜认定国有财产已造成流失。检察机关仅在行政机关明知相应税款、费用、罚没款未征收仍不履行追缴义务时，可因行政机关不作为、慢作为等行为导致国有财产流失而启动公益诉讼程序。同时，认定税收类、费用类国有财产流失，检察机关要更多地依靠税务机关、行政机关，不同税种、费用，税率、税额、享受的税收、费用优惠政策均不相同，检察机关需根据不同税种、费用的征收标准确定税额、费用征收额度后，方能明确国有财产流失的具体数额。但此种证明标准对于检察机关公益诉讼过于严苛，对该类财产的认定应更加宏观，只要出现纳税人、行政相对人对应缴税种、费用未尽到缴纳义务，行政机关未及时追缴，即可认定财产流失，无需确定具体金额。对于骗取税收、费用优惠的认定，也仅需在纳税人、行政相对人有骗取行为且已因行政机关违法作为或不作为而实际享受税收、费用优惠，即可认定国有财产流失。同时，行政型国有财产中有一部分财产系为了特定人的特定权益分配的一项财产，该类型国有财产流失更关注特定保障金额有无用于特定用途。此种损失的认定关键点在于要明确补贴、社会保障是否具有公益属性。以医疗保险为例，国家建立医疗保险制度，是为了解决公民防病治病问题，医疗保险金虽有一部分系公民个人缴纳，但还有一部分系国家投入保障资金，因此管理医疗保险金的部门在管理过程中侵占医疗保险金、违规发放保险金，系对国家医疗保险金制度的侵害，损害了国家利益，也损害了缴纳医疗保险金的不特定群众的利益，系对公共利益的侵害，此时检察机关可将医疗保险金流失作为国有财产保护领域公益诉讼办理。但对于不具备公益属性的补贴，如住房公积金，虽由国家机关管理，但该部分财产属职工个人所有，该部分财产不具备公益性，不宜认定为国有财产流失。

第二节　负有监督管理职责的行政主体资格认定

一、行政机关作为民事主体和行政主体的区分

行政机关具有特殊性，其在社会活动中存在双重身份，一种系基于行政法律关系而获得的行政主体身份，另一种系基于以平等身份与其他民事主体进行民事活动而自然形成的民事主体身份。行政机关通过民事手段追回国有财产，是否属于"履行国有财产保护监督管理职责"，这是司法实务中迫切需要解答的问题。司法实务中对该问题的不同认识会导致行政公益诉讼中检察机关认定行政机关是否履职存在同案不同处理等情况，不利于统一司法认识和司法尺度，故应对上述问题尽快予以明晰。

其一，明晰行政机关作为民事主体和行政主体的不同。我国的行政法律关系主要有行政"管理"法律关系和行政"监督"法律关系，行政机关作为行政法律关系中的当事人，因行使法定行政权而获得一方当事人的主体资格，此时称为行政主体，拥有法律赋予行政主体的地位和身份，与之相对应的另一方当事人为行政相对人。在这种状态下，行政机关受行政法律规范调整，其可以享有比行政相对人更多的行政优益权和行政优先权，相对人需服从行政机关管理，行政机关行为具有公定力，行政机关与行政相对人不是平等主体关系。如《最高人民法院关于审理行政协议案件若干问题的规定》第2条，列举了政府特许经营协议、土地、房屋等征收征用补偿协议、矿业权等国有

自然资源使用权出让协议、政府投资的保障性住房的租赁、买卖等协议系行政机关的行政协议，即行政机关为了实现行政管理、行政监督或公共服务目标实行的行为为行政行为，此时其为行政主体，因此提起的诉讼在行政诉讼受案范围。而行政机关如果以平等身份与其他民事主体进行民事活动，则其身份为民事主体身份，此时行政机关与对方当事人的法律地位是平等的，两者的法律关系受民事法律规范调整，而不受行政法律规范调整。如《最高人民法院关于审理行政协议案件若干问题的规定》第 3 条，行政机关之间因公务协助等事由而订立的协议、行政机关与其工作人员订立的劳动人事协议非行政协议，提起的诉讼不属于人民法院行政诉讼的受案范围。

其二，明晰行政机关作为民事主体和行政主体作出行为后对检察公益诉讼的影响。行政机关作为行政主体，其实施的行为产生不良后果，当事人可以先行政复议，对复议不服的，再向法院提起行政诉讼，也可以直接提起行政诉讼，行政机关对当事人不履行行政决定的，可以申请法律强制执行。于检察公益诉讼而言，行政机关作为行政主体违法作为，检察机关可以提起行政公益诉讼，对此不存在争议，如果行政机关对当事人不履行行政协议提起的是民事诉讼，行政机关此时即为错误履职，检察机关当然可对行政机关错误履职进行监督。行政机关作为民事主体，其实施的行为产生不良后果，当事人则应通过民事诉讼予以解决，不再适用行政诉讼法律规范。于检察公益诉讼而言，行政公益诉讼的立案条件之一系负有监督管理职责的行政机关可能违法行使职权或者不作为，行政机关作为民事主体实行行为不属于行使行政违法行为也不属于行政法意义上的不作为，此时也不再适合直接提起行政公益诉讼。

综上，在国有财产保护领域，仅当行政机关作为行政主体时，不作为或违法行使职权导致国有财产流失，方可认定该行政机关未履行法律法规赋予的监督管理职责，其方有行政公益诉讼监督主体的身份特征。故对行政机关实施的行为属于行政法律规范调整范围还是民事法律规范调整范围是行政公益诉讼案件办理要突破的重点问题，而在界定行政机关的行为受何法律体系调整中，行政机关与当事人签订的协议是最具有争议的。笔者认为，就该问题可以从三个维度去考虑：一是当事人关系维度。行政机关实行行为时与当事人是何种关系，如果行政机关与当事人是平等的，如买卖、租赁关系，此时行为是民事行为，主体是民事主体；如果行政机关依托其行政权力与当事人签订了诸如征收协议等，此时签署协议的行为是带有强制执行力的行政行为，主体是行政主体。二是契约关系维度。行政机关与当事人形成的契约是否带有公权力色彩，如果行政机关立足于其对国有财产的监督和管理职责与当事人签订了追回国有财产的"还款协议"，这种单纯依靠行政机关单方强制意志作出的契约就是行政机关行使行政职权的"工具"，本质上是行政契约理论在公共治理领域的具体应用。[1]三是行政事实行为维度。如果行政机关系立足于其法定行政监管义务，与当事人签署协议，则可以认为行政机关与当事人签订协议是行政机关履行法律义务的具体表现方式，这种协议是当事人与行政机关的一种"合意"，系行政事实行为法律效果书面形式指代。[2]对行政机关作为行政主体和民事主体进行严格区分，有利于检察机关理解行政机关的"监督管理职责"。

二、国有财产保护领域"负有监督管理职责"的理解

行政机关"监督管理职责"的认定来源于法律授权，在现有法律框架中，尚未有关于国有财产保护的系统法律、法典，行政机关在国有财产领域的监管职责散见于各单行法，对其理解和把握可分三种情形：（1）不同类型的国有财产具有相应的监管部门。如征收型国有财产，大多涉及税务部门、作出相应罚没款的行政机关；保障类国有财产，大多涉及人社和医疗保障部门、民政部门。（2）相关法条会明确赋予行政机关在国有财产保护各领域中所应承担的职能，找到相应的国有财产类型后，对应可能适用的法律法规规章。如确定税收型国有财产受损，也确定了系由于税务机关违法作为或不作为造成，下一步就可查找税收相关的法律法规规章，同时，在法律法规规章对某些行政机关描述较为宏观时，也可借助"三定方案"等，核查该行政机关是否对某行为负有监管职责。（3）与行政机关沟通协商。和行政机关沟通是公益诉讼办案履行调查程序的重要手段，在沟通中可获得行政机关工作人员自认、行政机关内部文件等材料，以此强化对行政机关负有监督管理职责

---

〔1〕参见郭海蓝、陈德敏：《生态环境损害赔偿磋商的法律性质思辨及展开》，载《重庆大学学报（社会科学版）》2018年第4期。

〔2〕参见李一丁：《生态环境损害赔偿行政磋商：性质考辨、意蕴功能解读与规则改进》，载《河北法学》2020年第7期。

的认定。

对于国有财产保护领域的"监督管理职责"的认定难点不在于法律已有明确规定的职责，而在对法律未明确规定的职责的论证。如某事业单位为国有土地的使用权人，该事业单位属某行政机关主管，行政机关对该事业单位具有相应的监督管理权，那么该行政机关是否对登记在该单位名下的国有土地的租赁等行为负有监督管理职责就会成为认定的难点所在。笔者认为，对于法律没有明确规定的"监督管理职责"，可以从以下两方面予以论证：（1）是否有保值增值、防止损失职责。从《民法典》第 259 条第 1 款看，履行国有财产管理、监督职责的机构及其工作人员，应当依法加强对国有财产的管理、监督，促进国有财产保值增值，防止国有财产损失，即履行国有财产管理、监督职责的机构其职责包括管理、监督、保值增值、防止损失四种类型，只要行政机关负有其中一种职责，都应认定其为有"监督管理职责"的行政机关。就上述问题中登记在事业单位名下的土地既属于资源型国有财产，又属于经营型国有财产，从资源型国有财产角度，行政机关对事业单位有监督、管理职责，事业单位对国有财产有保护职责，自然行政机关对其主管的事业单位对国有财产的处分等也有管理职责；如果从经营型国有财产角度，上述国有财产出租会产生收益，属于国有财产的增值，行政机关依据《事业单位国有资产管理暂行办法》等规定，对其所属的事业单位利用国有资产对外投资、出租等事项承担审核职能，此时行政机关亦有"监督管理职责"。（2）是否为国有财产保护主体中的一环。此处以税收类国有财产保护为例，在税收类国有财产保护中，如环境保护税一类，需要行政机关与税务机关通力合作，虽然税款由税务机关追缴，税务机关系负有监督管理职责的直接机关，但其他的具有环境处罚权的行政机关实行的行政行为也是追缴环境保护税过程中的重要一环。再如《环境保护税法》目前明确生态环境部门要将涉环境保护税信息交予税务机关，但对其他具有环境违法行为处罚权的行政机关未作明确要求，然而司法实践中，许多环境违法行为的处罚权都已经交予乡镇政府实行，如果乡镇政府未将相关涉税信息交予税务机关，也将导致税务机关履行不能，此时应认为具有环境违法行为处罚权的行政机关具有"监督管理职责"，虽然这种"监督管理职责"不是直接的，但实际上已经影响了直接"负有监督管理职责"行政机关的作为可能性，使"负有监督管理职责"的行政机关产生履行不能的风险，检察机关在办理国有财产保护公益诉讼案件中需要特别注意该种情形[1]。

三、案涉两个以上行政机关时检察监督对象的确定

在确定了行政机关负有监督管理职责后，检察机关如何确定检察监督对象又是国有财产保护领域的常见问题。实践中，常见的国有财产监管行政主体非常丰富，有传统的国有财产监管主体，如统领全局的财政部门、专管税收的税务部门、国有企业的监管主体国有资产监督管理部门，也有因国有财产类型不同，而由法律赋予某个领域行政机关对其领域国有财产负有监督管理职责的部门，如涉及资产类国有财产，即关联生态环境部门、自然资源部门。如果存在案涉两个行政机关对国有财产监管存在职责交叉的情况时，该如何认定检察监督对象？以河南省焦作市中站区人民检察院督促收缴水资源税行政公益诉讼案为例，2020 年 5 月，河南省焦作市中站区人民检察院调查发现，辖区内有 36 家企业未办理取水许可证、未缴纳水资源税。在该案中税务机关负责水资源税征收，水行政主管部门负责对行为人用水核实和擅自用水处罚。中站区检察院认为，水行政主管部门、税务部门履行水资源税征收不到位，遂向该区水利、税务两部门制发检察建议，督促两部门共同履行监管职责和政策落实职责。该案涉及两个行政机关，首先水行政主管部门未能先履行好对行为人用水核实和信息移送职责，将导致税务机关履行不能，此时造成国有财产流失的行政机关系水行政主管部门，水行政主管部门应作为检察监督对象；而税务机关负有水资源税征收职责，其未穷尽监管手段，如主动与水行政主管部门联系获取纳税人用水信息等，也导致其未履行好法律赋予其的水资源税追缴职责，此时税务机关也是检察监督对象，故检察机关应对案涉两个行政机关进行检察监督。

处理案涉两个行政机关的检察监督案件，除了应对两个行政机关在各自监管权限范围内的履职情况进行全面调查，厘清负有监督管理职责的行政主体外，还需要处理好以下关系：其一，案涉两个以上行政机关对国有财产的保护具有关联性时。如果在确定检察监督对象时，一味将行政机关的职责强加于传统的国有财产监管部门，既不符合公益诉讼制度创建的目的即维护社

---

[1] 参见邢光英、许佩琰：《税收类国有财产保护公益诉讼案件办理实践探索》，载《中国检察官》2023 年第 6 期。

会公共利益，也不符合公益诉讼法协同之诉的定位，易造成行政机关的抵触情绪，得不到行政机关的认同。如上述税收类国有财产的追缴，如果检察机关只将税务机关作为监督对象，无法从根本上解决环境保护税追缴问题。笔者认为，在确定检察监督对象时，可以尝试"追溯法"，第一步先确定国有财产流失的情形，如环境保护税没有缴纳；第二步再确定国有财产流失的直接原因，如企业没有缴纳环境保护税；第三步确定何行政机关有追回国有财产的职责，如税务机关有追回环境保护税的职责；第四步核查负有监督管理的行政机关未追回国有财产的原因，如税务机关不能掌握环境违法行为处罚信息；第五步调查与追回国有财产各环节相关的行政机关，如环境违法行为处罚信息掌握在生态环境部门和乡镇政府；第六步确定与国有财产保护相关的行政机关是否都履行了职责，如生态环境部门和乡镇政府未将涉税信息交予税务机关；最后一步确定检察监督对象。通过上述步骤对从国有财产流失的前端—中端—后端环节进行研判，将关联行政机关一并纳入检察监督范围。

其二，案涉两个行政机关为上下级行政机关时。我国行政机关体系较为复杂，实践中国有财产保护常出现下级行政机关经上级行政机关授权后履行国有财产监管职责情形，也有为保障国有资产顺利运行而临时组建的机构代组建行政机关履行国有财产使用职责等情形。对于上述两种情况，下级行政机关能否作为检察监督对象也是司法实践中需要考虑的问题。笔者认为，可以先明确下级行政机关的属性，如果下级行政机关是临时机构，临时机构一般为代组建机构履行国有财产发放职责的临时性主体，其与组建机构是被委托与委托关系，在行政诉讼领域，委托的行政机关是行政诉讼法中适格的被告，被委托机构无权无名，不应作为检察监督对象；如果下级行政机关是可以作出具体行政行为的行政机关，其虽无法律明确赋予对国有财产的监督管理职责，但其通过上级机关行政权下放获得监管主体地位，常见如乡镇政府、街道办事处，其作出的具体行政行为导致国有财产流失，其即为检察监督对象；此外，如果给予可以作出具体行政行为的下级行政机关职权的上级行政机关对下级行政机关履行国有财产监管职责未进行有效规制，出于案件效果考虑，也可同时对案涉两个行政机关进行检察监督。

第三节　行政机关"违法行使职权"和"不作为"的认定

一、行政机关"不作为"造成国有财产损失的认定

根据《行政诉讼法》第 25 条第 4 款的规定，检察机关启动国有财产保护公益诉讼的条件之一是行政机关存在"违法行使职权或者不作为"并导致"国家利益或者社会公共利益受到侵害"。"违法行使职权"首先要求行政机关必须负有职责，而行政机关却并未按照法律规定作为，导致国家利益或社会公共利益受到损害；"不作为"同样要求行政机关负有职责，但却没有行使职权，从而导致国家利益或社会公共利益受损。从最高检发布的指导性案例和典型案例来看，检察机关启动国有财产保护公益诉讼程序往往是因为行政机关的不作为。这是因为：（1）国有财产领域规章制度滞后、执行机制缺失导致不作为现象频发。目前我国没有一套完整的国有财产保护法律体系，负有国有财产保护职责的行政机关在国有财产保护方面的制度设置比较宽泛、前瞻性不足。对行政机关履行国有财产保护职责一般系从比较宏观的角度界定，司法实践中，往往一个对国有财产有经手、管理、分配职权的工作人员起了贪欲，国有财产就有流失的风险，而行政机关在国有财产的制度执行监督、评价和追究机制的严重滞后性，造成只有在行为人行为触及刑事犯罪，行政机关才意识到国有财产已流失。（2）国有财产流失的隐蔽性导致了行政机关不作为。国有财产流失的隐蔽性极强，如在资源型国有财产保护中，行政机关通过保护国有资源、合理合法使用国有资源及其产生的收益来履行国有财产保护职责，但是实践中行为人破坏了如林地等国有资源，行政机关花费资金主动修复，往往没有再向行为人追偿，虽然行政机关依法履职恢复了受损公益，但也造成了国有财产的流失，本应由行为人担责的财产由行政机关兜底，导致行政机关实质上存在不作为。（3）信息壁垒也容易导致行政机关不作为。国有财产保护需要多部门联通协作，如果各职能部门之间不能做到信息共享互通就极易导致国有资产的流失。以环境保护税国有财产保护为例，司法实践中就出现了因环保部门与税务机关涉税信息共享平台运行不畅，导致环保部门未能及时向税务机关提供环境监测数据等计税依据，税务机关

计税依据缺失，引发环境保护税征收迟滞的问题，而该种问题同样出现在耕地税、水资源税等国有财产保护领域中。

二、"违法行使职权"造成国有财产损失的常见情形

相较于"不作为"，行政机关"违法行使职权"的隐蔽性更强，查处难度更大。如能根据司法实践总结出违法行使职权造成国有财产损失的常见情形，便于后期发现同类案件线索及时止损，则更具现实指导意义。（1）在资源型国有财产流失案件中，行政机关违法行使职权常见于：滥用管理资源，如对矿产资源等自然资源疏于管理导致自然资源被破坏；未经合法程序私自划拨、出让、租赁国有资产，如私自划拨国家所有的土地；滥用生态政策补助资金，如滥用国家投入的环保专项使用资金等。（2）经营型国有财产保护主体更多为财政部门和国有资产监督管理部门，实践中国有资产管理部门通常委托国有企业管理经营型国有财产，故该类型国有财产保护不到位常见于：国有企业管理者违法支配国有财产，如制造虚假交易套取资金、违规开展招投标、低价转让国有资产、投资项目预算严重偏离实际等。此处要特别注意，经营型国有财产的流失虽大多由于国有企业管理漏洞导致，但国有企业是否能成为行政公益诉讼的监督对象司法实践中仍有不同看法，检察机关介入经营型国有财产保护领域时，应多关注由国有资产监督管理部门审批后，国有企业方能作出处置行为的事项，以监督行政主体保障经营型国有财产。（3）征收型国有财产保护职责大多归于税务机关和作出行政处罚罚款决定的行政机关，前者违法作为在各地税收征收管理办法中有明确指向，包括但不限于少征税款、低估计税依据、延缓征收税款、擅自停征税款、擅自免税、退税等情形；后者违法履行职权则常见于不依法作出罚款、不追缴违法所得等。此处要注意，对罚款类国有财产如果行政机关作出罚款原因不涉及国家利益或社会公共利益，仅是具有未依照法律规定作出罚款决定或作出罚款决定的数额明显低于法律规定的行政违法行为，不属于公益诉讼保护范围，检察机关应通过行政检察职能督促相关行政机关依法履职。（4）保障型国有财产是包含公共利益属性最为明显的国有财产类型，其大多伴随国家政策而生。该类型国有财产保护不到位常见于：行政机关挪用社会保险、社会福利、优抚安置，行政机关被行政相对人骗取补贴，如行政相对人已受刑罚依法不能领取低保金，

但行政机关因工作疏忽等原因在行政相对人服刑期间仍发放低保金等情形。

第四节　检察建议后行政机关"依法履行职责"认定

一、行政机关依法履行职责的衡量标准

行政机关是否依法履职，是行政公益诉讼中的争执焦点，也是检察机关提出公益诉讼请求且能否获得法院裁判支持的基础。学界对行政机关是否依法履职的标准存在很大的争议，目前有三种主要观点：一是"行为标准说"。该观点认为行政机关在竭尽所能完成法律所规定的相关行政行为之后，即使国家利益或者社会公共利益受侵害的状态仍在持续，仍然可以认定行政机关已经依法履行了职责。[1]笔者认为，"行为标准说"的适用在司法实务中会出现一些问题，比如其要求行政机关穷尽手段，何为穷尽手段，手段有哪些难以一一列举，单纯适用"行为标准说"在国有财产保护法律还不健全的情形下，没有统一标准，容易出现同案不同处理等情形，行政机关也可以轻而易举找到其已经依法履行职责的理由，甚至可能因为行政机关已穷尽行政手段进入到"程序空转"的怪圈中，最终难以实现行政公益诉讼的诉讼目的。二是"结果标准说"。该观点认为只要国家利益或者社会公共利益受侵害的状态一直在持续，则就可以以此断定行政机关没有"依法履行职责"。与"行为标准"不同，主张"结果标准"的学者更倾向于将国家利益或者社会公共利益还处于持续被侵害的状态作为检察机关提起行政公益诉讼的必要条件。"结果标准"的立论基础是认为行政公益诉讼的立法目的在于维护社会公共利益。[2]笔者认为，"结果标准说"虽然符合行政公益诉讼的立法原意，但对行政机关太过苛责，尤其是在环资案件中，生态环境由于客观外部因素往往难以恢复到原始状态，一味要求从"结果"判断行政机关是否依法履职，容易加重行政机关的负担，也会让真正的责任主体没有及时得到追究，进而使

---

〔1〕　参见张袁：《行政公益诉讼中违法行政行为判断标准的实践检视与理论反思——以1021起裁判样本为考察对象》，载《行政法学研究》2022年第2期。

〔2〕　参见刘加良：《行政公益诉讼中被告依法履行职责的判断标准及其程序应对》，载《国家检察官学院学报》2022年第2期。

公共利益受侵害处于持续的状态，最终不利于诉讼目的的实现。三是"三要件说"，即"职权要件+行为要件+结果要件"。这种观点认为从行为要件看，行政机关有无及时制止违法行为或有无积极采取措施，从结果要件看国家利益或者社会公共利益有无得到恢复，从职权要件看行政机关没有有效制止违法行为也没有使国家利益或者社会公共利益得到恢复的情况下是否已经穷尽了行政手段。参照《办案规则》第74条，行政机关未违法行使职权或者不作为的、国家利益或者社会公共利益已经得到有效保护的、行政机关已经全面采取整改措施依法履行职责的，应当终结案件，可见我国"政策实施型"司法模式决定了以结果标准为原则，以行为标准为例外的混合标准，有效保护公共利益是衡量行政机关是否依法履职的标准，把穷尽行政监管手段和客观因素超出主观能力等因素作为尽职免责的合理考虑。[1]"三要件说"更符合检察机关办案实际和办案需要。检察办案人员在司法实践中应当坚持"三要件说"，在认定行政机关未依法履行职责后，方可进入公益诉讼办案的下一程序。

二、行政机关未依法履行职责的几种情形

在司法实践中，检察机关对行政机关"未依法履职"多作扩大解释，而行政机关则对"未依法履职"多作缩小解释，导致进入到诉讼程序的行政公益诉讼案件争议焦点多为行政机关是否未依法履行职责。如果不能厘清行政机关是否属于未依法履职，对检察机关后续获得法院判决支持、法院对行政机关的合法性进行判断等问题即无法达成统一认识。笔者认为，检察机关提起行政公益诉讼，应严格从如今作为指导性司法解释的《办案规则》出发，结合公益诉讼制度确立的本意、诉讼的目的来确定行政机关是否依法履职。根据《办案规则》第82条规定，可从以下四方面论述行政机关未依法履行职责：（1）不予答复。不予答复是行政机关不依法履职的形式表现，但是行政机关不予答复并不能成为提起行政公益诉讼的条件，仅当行政机关不予答复且也未采取有效整改措施的，即逾期不回复检察建议，且对检察建议置之不理时，方可认定行政机关未依法履职。司法实践中偶有出现行政机关已采取

---

〔1〕 参见李大勇：《论行政公益诉讼"不依法履职"的评判标准》，载《行政法学研究》2023年第3期。

整改措施恢复公益，但未按期回复检察建议情形，对于该种情形本课题组认为，一方面因无从知晓整改情况增加了检察办案人员跟进监督的难度，另一方面也不利于树立检察公益诉讼制度的刚性，容易使行政机关陷入自身纠错后无需理会检察机关的误区，故对于该种情形，检察机关可以尝试与同级监察委等部门建立协作机制，将未回复检察建议作为工作人员不依法履职线索移送监察委。（2）不履职或不完全履职。行政机关履行职责是由一系列的职能、行为方式、手段来组成的，但凡缺少某一个职能环节或行为方式都有可能会影响到职责履行的完整性和全面性，使得履职的法律效果、社会效果与法律要求不符，进而影响到公共利益的实现，《办案规则》第74条规定行政公益诉讼案件终结条件之一系"全面履职"，如果行政机关已制定措施，但没有实质性执行或只执行了一份整改措施，仍可认定行政机关未依法履职。如针对税收国有财产追缴，已与相关行政机关构建数据交换机制，但掌握了数据后仍未追缴税款，属于不完全履职。（3）不恰当履职。行政机关依法行政是依法治国理论的重要内容，行政机关应当采用法定形式依法履职，并保证履职方式能达到修复公益目的。不恰当履职通常表现在行政机关以行政处罚或违法行为人被追究刑事责任为由认为已履行职责或已整改，如行政机关将骗取医保金的行为人移送公安侦查机关处理，按照法律规定其仍应追回医保金，但其未履行医保金追回程序，仅以行为人已移送公安机关处理为履职手段，该种履职方式从行为上看行政机关未穷尽行政手段，从结果上看无法满足公共利益恢复的目的，也不符合公益诉讼制度确立的本意，仍可认定为行政机关未依法履职。（4）推诿履职。即行政机关以存在客观障碍为由延迟履职，客观障碍消除后，仍未及时回复检察建议且进行整改。如因疫情防控，行政机关给予企业缓交税款等政策，但疫情防控情形消除后，涉案主体未按时缴纳税款，税务机关仍未主动征收税款导致国有财产流失等情形。

实践中行政机关未依法履职表现形式多样，仅根据《办案规则》第82条规定教条式判断行政机关行为有失精准，对于行政机关未依法履职还应考虑公益诉讼制度确立目的，即维护国家利益或社会公共利益这一基本条件，结合《办案规则》第74条关于终结案件的规定，总结行政机关未依法履行职责的例外情形：（1）国家利益或者社会公共利益已经得到有效保护，即行政机关即使采取了不恰当的履职方式，如本应对行为人行政处罚，但行为人积极修复公益后，行政机关未按照法律规定作出行政处罚，此种情形下，公益恢复的目的已经达成，检察公益诉讼的目的已全部实现，检察权不应过多干涉行政权的使用，亦不应再认定行政机关未依法履职。（2）行政机关已经全面采取整改措施，此处的"全面"可以理解为穷尽所有行政手段，笔者认为，如果行政机关穷尽其所有行政手段，仍未达到恢复公益的目的，此时也不应苛求行政机关，但行政机关应对"穷尽履职手段"进行充分举证，防止行政机关出现表面上"穷尽"，实质上未全面履职。（3）存在客观障碍。司法实践中，国家利益和社会公共利益的恢复受制于自然条件等各种客观因素。在国有财产保护领域，因为各类国家政策的转变，导致部分国有财产的使用等经历了周期性变化。故检察机关在判断行政机关是否依法履行保护国有财产职责时，应对是否存在阻却国有财产追回利益实现的客观因素进行审查，考虑不依法履行法定职责行为与客观因素在损害发生过程和结果中所起的作用等。

三、相关案例分析

司法实践中，行政机关是否依法全面履行职责直接影响受损国有财产的修复效果，检察机关在判定行政机关是否依法履职时，应对行政机关的履职方式、履职效果进行全面分析，厘清行政机关履行不能和怠于履行职责的界限，当行政机关未能穷尽合法手段履行职责，导致国有财产受损时，检察机关应及时向人民法院提起行政公益诉讼。此处以广东省蕉岭县人民检察院（以下简称"蕉岭县院"）诉蕉岭县住房和城乡建设建局（以下简称"蕉岭住建局"）未依法追缴城市基础设施配套费行政公益诉讼案为例。

蕉岭县院在履职中发现，广东省蕉岭县鑫某公司兴建商住居民小区，但未按规范缴纳城市基础设施配套费。后蕉岭县院向蕉岭住建局制发检察建议，建议其依法追缴涉案公司欠缴的城市基础设施配套费。后蕉岭住建局回复，已向涉案公司下发催款通知书，且随附涉案公司还款计划书。蕉岭县院持续跟进监督，发现涉案公司未按期缴纳城市基础设施配套费，蕉岭住建局亦无有效措施追缴相关费用，后蕉岭县院法院提起行政公益诉讼，请求确认蕉岭住建局怠于追缴被拖欠城市基础设施配套费的行政行为违法，并判决该局依法履行职责，及时追缴190.29万元城市基础设施配套费。后人民法院作出一审判决，支持检察机关全部诉讼请求。蕉岭住建局不服判决提起上诉，二审法院驳回上诉，维持原判。

国有财产保护案件中，行政机关常以涉案责任主体已制定还款计划等回复检察机关其已积极履职，检察机关对于此类回复应持续跟进监督。涉案责任主体的还款计划并不是行政机关的履职手段，如果涉案主体制定还款计划却未按期还款，行政机关也未采取措施追回国有财产，此时行政机关仍是未依法履职，如上述案件中，蕉岭住建局强调系涉案公司未按期缴纳相应费用，其履职不能，但从履职方式上看，其未穷尽一切手段追回国有财产，如提起诉讼等方式，实际上已构成怠于履职，在该类案件中，检察机关判定行政机关是否依法履职应全面审查行政机关履职方式，结合履职结果予以分析，只有行政机关穷尽一切手段或行政机关已获得涉案主体关于还款标的的担保等，能够保证涉案主体按期还款，才能视行政机关已依法履职。

第五节 大数据法律监督在国有财产保护领域的探索与实践

信息化时代，大数据就是生产力、战斗力，谁掌握了数据，谁就掌握了主动权。2021年6月15日公布的《中共中央关于加强新时代检察机关法律监督工作的意见》明确提出，加强检察机关信息化、智能化建设，运用大数据、区块链等技术推进公安机关、检察机关、审判机关、司法行政机关等跨部门大数据协同办案，实现案件数据和办案信息网上流转，推进涉案财物规范管理和证据、案卷电子化共享。在内容丰富的国有财产保护领域，检察机关目前还面临着监督范围窄、线索发现难、调查取证难等问题，而借助大数据赋能新时代法律监督的思路，将在国有财产保护领域探索出新的更优路径。

一、国有财产保护领域大数据法律监督的司法实践

2019年，浙江省嵊州市检察院接群众举报线索，称"有地下流动加油车和黑加油点"。经过调查和抽检发现，涉案"非标油"的含硫量竟超过了国家标准限值的184倍。嵊州检察院利用已开发的"非标油偷逃税监督模型"，通过车辆运行轨迹、电子运单、税务申报等数据，借助智能算法、卫星图像识别及大样本拟合方法，对油罐车运输及装卸油数据进行采集，再对比税务申报数据，从而精准锁定偷逃税的油品数量，最终利用税务监管手段击破"非

标油"黑色产业链，取得显著成效。浙江省嵊州市检察院"非标油偷逃税监督模型"在全国检察机关大数据法律监督模型竞赛中获得一等奖，并在北京等多地推广，经初步数据比对碰撞，已发现近 200 家民营加油站偷逃税额达 45 亿元，为检察机关高质效开展监督工作、维护国家利益、保护国有财产提供了重要的线索来源。

该案的实践意义在于，检察机关从个案办理入手，秉承数字化思维，将公益诉讼的办案逻辑转化为数字化语言，打破各部门间的信息、数据壁垒，与检察办案线索搜集、分析研判、调查取证等流程相结合，可以有效弥补检察机关的监督短板，一揽子解决诸多问题，实现对国家利益和社会公共利益的统筹保护。

二、国有财产保护领域大数据法律监督的创新与发展

大数据法律监督在国有财产保护领域的应用成效已经得到实践验证，但国有财产保护内涵丰富，需要检察机关始终保持高度的的数字敏锐度，增强从"个案办理"到"类案监督"再到"系统治理"的逻辑思维，实现在国有财产保护领域的创新探索。一是要明确大数据法律监督应用场景，有的放矢地开展模型设计。大数据法律监督最重要的是要将法律监督业务规则用数据的方式表达出来，将办案需求转化为数字特征并形成特定的对应关系。二是要把握由简到繁的模型设计路径，实现"探索—实践—优化"良性循环。国有财产保护内涵丰富，而检察机关对于大数据赋能新时代法律监督的探索也刚刚开始，模型着眼点力求"小而精"而避免"大而全"。三是要注重模型数据跨行业横向整合，在共建共享共用中体现双赢多赢共赢理念。在大数据时代，人人都是数据的生产者，也是数据的使用者。行政机关担负着各项城市管理职责，尤其在国有财产管理、使用领域掌握着大量关键数据。检察公益诉讼是督促之诉、协同之诉，监督者与被监督者之间不是零和博弈，而是有着守护国家利益和社会公共利益的共同目标。在搭建大数据法律监督模型、实现数据互通的过程中，也要考虑行政机关的城市治理需求，协力消除治理盲点，用高质量检察监督不断助推城市治理体系和治理能力现代化。如实践中因公租房违规转租、久占不退等现象，导致国有财产受到侵害。2020 年绍兴市柯桥区人民检察院通过公租房申请人、实际居住人以及本地购房人员名

单三类数据比对，对辖区内公租房租赁乱象开展监督整治，督促收回公租房 142 套 10 000 余平方米，追缴租金 50 余万元。在治理公租房乱象后，柯桥区检察院还推动开展专项整治工作，协同行政机关用大数据法律监督思维前置公租房申请资格动态甄别程序，有效提升了该领域行政监管能力。

民事公益诉讼在国有财产保护领域的
介入路径考量

第一节　党的二十大报告对国有财产保护的科学指引

一、党的二十大报告对国有财产保护的思想指引

（一）坚持党的领导

中国共产党是为中国人民谋幸福、为中华民族谋复兴的党，[1]党的领导是人民当家作主的根本保证。中国共产党从诞生之日，就以实现人民幸福、保障人民当家作主为己任，这也是我们党的先进性的体现和要求。[2]习近平总书记指出：“人民当家作主是社会主义民主政治的本质和核心。人民民主是社会主义的生命。没有民主就没有社会主义，就没有社会主义的现代化，就没有中华民族伟大复兴。”[3]从现在起，中国共产党的中心任务就是团结带领全国各族人民全面建成社会主义现代化强国、实现第二个百年奋斗目标，以中国式现代化全面推进中华民族伟大复兴。党的二十大报告明确指出：“中国式现代化，是中国共产党领导的社会主义现代化，既有各国现代化的共同特征，

---

〔1〕　参见习近平：《高举中国特色社会主义伟大旗帜 为全面建设社会主义现代化国家而团结奋斗——在中国共产党第二十次全国代表大会上的报告》，载《党建》2022年第11期。

〔2〕　参见刘昀献：《新时代有效应对重大风险和考验之方略》，上海交通大学出版社2023年版，第60页。

〔3〕　习近平：《在庆祝全国人民代表大会成立六十周年大会上的讲话》，载《人民日报》2014年9月16日，第2版。

更有基于自己国情的中国特色。"〔1〕世界范围内诸多落后国家的现代化实践表明，现代化的发展路径并非自发形成，通常是在外部动力驱动下完成的，而这个外部力量是否足够权威、强大，往往直接决定了其现代化道路能否顺利走下去。正如美国学者亨廷顿所言，处于现代化之中的政治体系，其稳定取决于其政党的力量……那些在实际上已经达到或者可以被认为达到政治高度稳定的处于现代化之中的国家，至少拥有一个强大的政党。〔2〕建设社会主义现代化国家，是一项伟大而艰巨的事业。当前我国进入社会发展的关键时期，经过40多年的高速发展，我国经济取得了前所未有的成就，国内主要社会矛盾呈现出新的变化，与此同时，世界也面临百年未有之大变局。在复杂多变的国际、国内背景下，我国社会经济发展面临新的机遇，同时也要迎接新的挑战。只有坚持和加强党的全面领导，才能确保我国社会主义现代化建设的正确方向；只有坚持把党的领导落实到党和国家事业各领域各方面各环节，才能确保拥有团结奋斗的强大政治凝聚力，才能万众一心、共克时艰。

在国有财产保护领域，坚持党的领导发挥着至关重要的作用，通过强化党的组织和监管功能，可以确保国有财产的有效管理和正确使用，为国家的长远发展和社会主义现代化建设提供坚实的物质基础。

其一，坚持党的领导可以确保国有财产保护的政策制定和实施符合国家战略和发展需求。在政策的制定和执行过程中，需要坚持党的指导思想和方针，以保证国有财产保护与国家整体利益一致。

其二，坚持党的领导是建立和完善中国特色现代国有企业制度的根本遵循，也是做强做优做大国有企业的重要保障。习近平总书记在2016年10月10日全国国有企业党的建设工作会议上指出，"坚持党对国有企业的领导是重大政治原则，必须一以贯之；建立现代企业制度是国有企业改革的方向，也必须一以贯之"。新形势下，国有企业党组织工作的出发点和落脚点，是提高企业效益、增强企业竞争实力、实现国有资产保值增值。〔3〕

---

〔1〕 习近平：《高举中国特色社会主义伟大旗帜 为全面建设社会主义现代化国家而团结奋斗——在中国共产党第二十次全国代表大会上的报告》，载《党建》2022年第11期。

〔2〕 参见［美］塞缪尔·P.亨廷顿：《变化社会中的政治秩序》，王冠华等译，上海人民出版社2008年版，第341页。

〔3〕 参见《习近平在全国国有企业党的建设工作会议上强调：坚持党对国企的领导不动摇》，载http://www.xinhuanet.com/politics/2016-10/11/c_1119697415.htm，最后访问日期：2023年11月29日。

其三，通过加强党内监督，完善巡视巡察机制，可以减少企业违规行为的发生，有效预防和惩治贪腐，促进企业高质量发展，保障国有财产安全。

其四，在国内外环境复杂多变的背景下，坚持党的领导，可以确保在应对风险和挑战时，国家能够迅速做出决策，采取行动，保护国有资产不受国际市场波动和政治风险的影响。

（二）坚持以人民为中心

坚持以人民为中心既是贯穿习近平新时代中国特色社会主义思想的一条主线，也是习近平法治思想的核心要义之一，在党的二十大报告中，将"坚持以人民为中心的发展思想"明确为前进道路上必须牢牢把握的五条重大原则之一。坚持以人民为中心的发展思想，深刻回答了为谁发展、依靠谁发展、发展成果由谁享有等重大理论问题，指明了人民群众不仅是推进现代化进程的主要力量，也是现代化发展成果的受益主体。党的十八大以来，以习近平同志为核心的党中央始终把促进发展、保障民生置于突出位置，始终把是否有利于民生福祉放在实施政策、采取措施、开展行动时的第一位。

坚持以人民为中心，就要把体现人民利益、反映人民愿望、维护人民权益落实到对国有财产的保护，确保国有财产的管理和利用符合人民群众的根本利益。这不仅要提高国有财产的管理效率和经济效益，更重要的是要通过国有财产的保值增值，推动社会公平与正义，增进人民福祉。

其一，确保国有财产服务于公共利益。国有财产的管理和利用应当优先考虑满足公共需要，如提升基础设施、教育、医疗卫生等公共服务领域的投入，从而提升人民群众的生活质量。

其二，促进公平和共享的经济发展。通过合理调控和分配国有财产，缩小贫富差距，并确保所有社会成员都能享受到经济增长的成果。比如，可通过税收和转移支付等手段对社会弱势群体进行必要的支持和补贴。

其三，提升国有企业的社会责任。国有企业应承担更多的社会责任，如采用先进的环保技术减少对自然环境的影响、设置公益性岗位为社会提供更多的就业机会等。

其四，强化法治保障。国有财产不仅需要规范的监管制度，还需要有科学的立法。科学的立法是融合人民性的立法，要依靠人民立法，为人民立法，随着人民利益发展而立法。科学的立法还要体现及时性。经济社会持续发展，社会主要矛盾发生变化，人民需求不断提升，这些都需要立法及时作出回应。

其五，注重培育社会自治力量。有效发掘社会自治潜能，培育自治力量，分担部分政府职能和国家职能，进一步夯实法治政府、法治国家的社会基础。

其六，强化监管力度。完善对国有财产产的监督机制，提高透明度和公众参与度，接受社会监督，增强人民群众对国有财产管理的信任，确保其不被滥用或挥霍，最大限度地转化为民生改善和公共服务的投入。

总之，在坚持以人民为中心的发展思想指导下，有效地保护国有财产，确保国有经济发展成果更好地反馈给人民群众，实现发展成果共享，不断满足人民日益增长的美好生活需要。

（三）巩固和发展公有制经济

党的二十大报告强调，要坚持和完善社会主义基本经济制度，毫不动摇巩固和发展公有制经济。公有制经济包括国有经济、集体经济，以及混合所有制经济中的国有成分和集体成分，是社会主义经济制度的基础。其中国有经济是公有制经济的重要组成部分，是社会主义公有制的基本载体，具有"全民所有、全民共享"的本质属性。国有经济控制国民经济命脉，对于发挥社会主义制度的优越性，增强国家经济实力、国防实力和民族凝聚力发挥着关键性作用。同时，它还具有服务于公共利益与增进民生福祉的义务。

党的二十大报告指出，"中国式现代化是全体人民共同富裕的现代化，共同富裕是中国特色社会主义的本质要求"。而在实现共同富裕的道路上，国有经济则发挥着主导作用，无论是在"做大蛋糕"还是在"分好蛋糕"上，都有不可替代的作用，[1]这是由国有经济的特殊性所决定的。

国有财产是国有经济的物质基础。广义上的国有经济基本存在形式是国有资本，主要载体是国有企业。[2]作为中国特色社会主义的重要物质基础和政治基础，国有企业是我们党执政兴国的重要支柱和依靠力量，为我国经济社会发展、科技进步、国防建设、民生改善作出了历史性贡献，功勋卓著，功

---

〔1〕　参见谢地、王圣媛：《国有经济推进共同富裕的内在逻辑、现实证据与优化路径》，载《财经科学》2023 年第 10 期。

〔2〕　参见李曦辉等：《党引领国有经济做强做优做大的历程与逻辑——基于域观经济理论的视角》，载《经济与管理研究》2023 年第 2 期。

不可没。当前我国进入新的发展阶段，扎实推进共同富裕是中国共产党顺应人民对美好生活期盼所作的战略安排。国有财产的本质属性及其服务对象的普遍性，决定了其承载着实现人民群众公共利益的基本功能，体现了国有财产有别于集体财产和私有财产，也是中国国有财产与西方市场经济国家的国有财产的本质区别。正因如此，唯有做强做优做大国有资本和国有企业，保持国有财产保值增值，才能为实现全民共同富裕提供坚实的物质基础，健全社会保障体系，实现民生福祉。这就要求，一方面，要进一步深化国资国企改革，加快国有经济布局优化和结构调整，提升国有资本的实力和影响力，提高国有企业管理水平、产品和服务质量，确保其能够在市场经济中以更高的效率和更佳的效益运行，保持国有企业的健康发展，形成持续增值的循环；另一方面，国有经济的发展必须服务于全民利益，确保公共资源的合理利用和分配，为全民提供更多福利，缩小贫富差距，支持养老、医疗、失业等社会保障事业的发展，以确保国有经济发展成果惠及广大民众。因此，保护国有财产不只是维护经济健康发展，更是实现社会公平、促进共同富裕的基石，使国有经济的发展真正转化为全民实实在在的利益，为社会的长期稳定和谐奠定坚实基础。

（四）实现经济高质量发展

党的二十大报告指出，高质量发展是全面建设社会主义现代化国家的首要任务，也是全面建设社会主义现代化国家的核心任务。没有坚实的物质技术基础，就不可能全面建成社会主义现代化强国。只有当国家拥有坚固的物质和技术基础时，才能全面构建起社会主义现代化强国的基础设施和社会体系。以习近平同志为核心的党中央坚持用马克思主义基本原理，不断探索，总结新的经验，特别是为我们认识经济运行过程、把握经济发展规律、推动国家经济高质量发展提供了科学指南。

一是适应经济发展新常态，坚持稳中求进。2014年，习近平总书记在中央经济工作会议上指出：经济发展进入新常态，是我国经济发展阶段性特征的必然反映，是不以人的意志为转移的。认识新常态，适应新常态，引领新常态，是当前和今后一个时期我国经济发展的大逻辑。[1]党的经济工作必须

―――――――――
〔1〕《习近平谈治国理政》（第二卷），外文出版社2017年版，第233页。

适应经济新常态的要求，坚持稳中求进，顺势而为。对于国有财产的保护，要采取积极稳妥又有前瞻性的策略。一方面要稳定国有资本，积极推进结构调整，使之符合市场需求；另一方面更要在稳定中寻找改革和创新的机会，以提升国有企业经营效率和竞争力。

二是坚持系统观念，提高统筹谋划和协调推进能力。经济社会发展是一个系统工程，需要综合考虑政治和经济、现实和历史、物质和文化、发展和民生、资源和生态、国内和国际等多方面因素。[1]国有财产保护也不是孤立的活动，它需要多个部门和层级的有序协同。要从系统论出发，优化保护策略，充分考虑环境变化、市场波动和社会需要。这就要求相关部门加强横向与纵向的沟通与协调，形成保护国有财产的整体战略。

三是要坚持目标导向和问题导向，集中精力办好自己的事。改革开放以来，我国经济实现了稳定增长，综合实力显著增强。但发展不均衡、不协调，特别是区域发展不均衡、城乡发展不协调以及贫富差距拉大和不可持续等问题突出，突破这些问题才能引领全局发展。在保护国有财产方面，侧重于实际效果，识别和解决国有资产管理中存在的漏洞和不足，重视现实问题并采取相应对策，防止资源浪费和效率低下。

四是强调真抓实干，加快建设现代化经济体系。真抓实干是中国共产党的优良传统，也是中华民族伟大复兴的必由之路。对于国有财产保护来说，这要求政策制定者和执行者要将决策转化为具体行动，确保政策得到有效实施。国有企业要积极参与市场竞争，提升科技创新能力，优化服务质量，通过实际行动提升其在现代经济体系中的地位。中华民族的伟大复兴需要代代相传、不懈努力、不断创新、持之以恒地推动社会各方面的发展和进步。保护国有财产不仅是维护社会稳定的手段，也是推动高质量发展并最终实现社会主义现代化强国目标的重要保障。

二、党的二十大报告对国有财产保护的行动指引

（一）完善社会主义法治

党的二十大报告将"建设中国特色社会主义法治体系、建设社会主义法

---

[1]　参见宁吉喆：《深入学习贯彻习近平经济思想 扎实推动我国经济高质量发展》，载 https://baijiahao.baidu.com/s? id＝1739001496083053350&wfr＝spider&for＝pc，最后访问日期：2024 年 8 月 16 日。

治国家"作为全面推进依法治国，建设社会主义现代化国家的主要目标任务之一，不仅表明了法治建设的重要性，还提出了新时代法治建设的总要求。全面推进依法治国是一个系统工程，涉及依法治国、依法执政、依法行政的共同推进；法治国家、法治政府、法治社会的一体化建设；科学立法、严格执法、公正司法、全民守法等国家各方面工作的法治化，正如习近平总书记强调的："全面推进依法治国涉及很多方面，在实际工作中必须有一个总揽全局、牵引各方的总抓手，这个总抓手就是建设中国特色社会主义法治体系。"[1]建设中国特色社会主义法治体系，必须高度重视立法工作，坚持立法先行。党的十八届四中全会以来，以习近平同志为核心的党中央抓住法治体系建设这个总抓手，"加强重点领域、新兴领域、涉外领域立法，统筹推进国内法治和涉外法治，以良法促进发展、保障善治。推进科学立法、民主立法、依法立法，统筹立改废释纂，增强立法系统性、整体性、协同性、时效性"[2]推进全面依法治国要围绕保障和促进社会公平正义，根本目的是依法保障人民权益。具体到立法领域，就必须坚持以人民为中心的立法立场，"要积极回应人民群众新要求新期待，系统研究谋划和解决法治领域人民群众反映强烈的突出问题，不断增强人民群众获得感、幸福感、安全感，用法治保障人民安居乐业"。[3]科学立法还要立足中国实际，"从我国实际出发，同国家治理体系和治理能力现代化相适应，既不能罔顾国情、超越阶段，也不能因循守旧、墨守成规"。[4]"实践证明行之有效的，要及时上升为法律。实践条件还不成熟的、需要先行先试的，要按照法定程序作出授权。对于不适应改革要求的法律法规，要及时修改和废止。"[5]当然，坚持从中国实际出发，并不等于关起门来搞法治，在制定法律的过程中，要善于学习其他国家的先进经验，秉承"以我为主、为我所用"的原则，以更加开放、动态、与时俱进的立法观念构建符合国情的现代化法治体系。

国有财产作为国家经济的重要组成部分，涉及公共利益和国家安全，国

---

〔1〕 习近平：《关于〈中共中央关于全面推进依法治国若干重大问题的决定〉的说明》，载《人民日报》2014年10月29日，第2版。

〔2〕 习近平：《高举中国特色社会主义伟大旗帜 为全面建设社会主义现代化国家而团结奋斗——在中国共产党第二十次全国代表大会上的报告》，载《党建》2022年第11期。

〔3〕 习近平：《论坚持全面依法治国》，中央文献出版社2020年版，第2页。

〔4〕 习近平：《论坚持全面依法治国》，中央文献出版社2020年版，第110页。

〔5〕 习近平：《论坚持全面依法治国》，中央文献出版社2020年版，第37页。

有财产保护立法的完善，不仅是法治建设的需要，也是经济体制改革和发展的要求，体现了以良法善治推动经济高质量发展的基本方略。推动国有财产保护的科学立法，涉及对立法过程、立法原则和立法内容的科学规划。首先，确立立法原则。在坚持党的领导基本前提下，要树立系统性思维，落实专业立法，以提高立法的针对性和系统性。其次，细化立法内容。在国有财产保护立法中，应明确各种类型的国有财产的权属、使用、管理、监督和处置等各环节的法律责任，制定详细规范和操作流程，以防范和减少国有财产流失。再其次，关注实施细节。务实考虑法律实施过程中可能遇到的问题，并在立法过程中预留相应的操作空间和配套措施，确保法律赋予的职权能得到有效执行。最后，强化监督与问责机制。需要设立完善的监督和问责机制，确保国有财产管理的透明度，以及对违法行为的有效惩处。此外，还要考虑法律应具有一定的适应性，能够跟上改革开放和社会主义市场经济发展的步伐，在确保基本原则不变的情况下，能适应新情况、解决新问题。

（二）完善国有财产管理与监督体制

自党的十八大以来，我国针对国有资产监督管理出台了系统的改革措施，搭建了一个多级三层三类的国有资产监督体制，基本形成了全面覆盖和协同分工的大监督格局，为国有企业在构建新发展格局、推动高质量发展奠定了坚实的基础，同时也完成了国有资产监督体制从"一元监督向多元监督"的演变。[1]在党组织统一领导的架构之下，多元化大监督体系的构建，有利于发挥纪检监察、审计、司法等多部门的监督作用，突出监督主体责任。我国国有财产存量大且形态各异，通常从财产的用途、性质以及其是否投入生产经营领域，将国有财产划分为经营性国有财产和非经营性国有财产。经营性国有财产是指由企业占有、使用的，以市场配置为主，用于生产经营的资产，也称企业国有资产。非经营性财产通常是不直接参与生产与流通领域，不直接创造物质财富，主要用于政府公共管理和为公共事业服务的财产。国有财产分布领域与使用性质的差异也决定了其运营目的多元化特点，在市场经济条件下，经营性国有财产主要是通过国有企业参与市场经济活动以资产保值增值的目标来运营资产；而非经营性财产则由行政事业单位运营，虽然没有

---

〔1〕　参见林盼、郭冠清：《监管主体的变迁过程与国有资产监督体系的制度分析》，载《上海经济研究》2023 年第 7 期。

增值保值的要求，但却体现和影响着社会福祉，是国家行使社会管理职能、推进社会福利的物质保障。不论是企业运营的经营性国有财产还是行政事业单位管理的非经营性国有财产，都会面临财产流失的安全威胁，唯有构建有效的国有财产经营与监督体系，明确国有财产的监管边界和方式，才能确保国有财产安全，有力推动深化经济体制改革。

人民检察院是国家的法律监督机关，是保护国家利益和社会公共利益的重要力量，也是国家监督体系的重要组成部分。当前我国经济发展进入新常态，经济社会高质量发展更需要有力的司法保障，人民检察院应准确把握新发展阶段，充分发挥法律监督职能，加大国有财产保护、国有土地使用权出让等重点领域公益诉讼案件办理力度，通过公益诉讼监督保护国有财产，确保国有资产增值保值，防止国有财产流失，当好国有财产"看护人"。在国有财产保护上，检察机关监督的具体违法情形包括：低价、变相转让、租赁国有资产和行政事业单位占有使用的各种国有经济资源；违法违规少征、免征税款、行政收费、罚没款以及擅自决定税收优惠；违反规定发放各类奖金补贴；违法乱发社会保障、社会救济、优抚安置和捐赠等。在国有土地使用权出让上，检察机关监督的具体情形包括：违法低价出让土地使用权；怠于履行土地出让金征收义务；怠于处理闲置土地违法行为；怠于处理擅自变更土地用途、容积率等违法行为；违法审批等。[1]此外，还要综合运用监督方式，注意加强与其他监管部门的配合协作和信息共享，建立健全案件线索移送、信息交流、工作协助、联席会议等制度，形成合力，完善国有财产监督制度，增强国有财产监管力度。

（三）完善公益诉讼制度

2020 年，习近平总书记在中央全面依法治国工作会议上指出："要继续完善公益诉讼制度，有效维护社会公共利益。"党的二十大报告再次强调："完善公益诉讼制度。"这既是对公益诉讼制度独特价值的充分肯定，也为公益诉讼制度的未来发展提出了更高要求。公益诉讼制度作为保护公益的司法手段，是以法治助力建设社会主义现代化国家的一项重要举措。目前我国公益诉讼制度建设与实践探索取得了长足进步，公益诉讼制度不断完善，案件适用范

---

[1] 参见《如何守护好全体国民的共同财富？最高检这样回答》，载 https://cn.chinadaily.com.cn/a/202012/17/WS5fdae652a3101e7ce9735be4.html，最后访问日期：2023 年 11 月 27 日。

围持续扩展，除了生态环境和资源保护、食药品安全等传统领域外，国有财产保护、国有土地使用权出让、英雄烈士权益保护、反电信网络诈骗、反垄断、安全生产、未成年人保护、个人信息保护等也成为公益诉讼新的着力点。但仍需认识到我国公益诉讼制度发展历史较短，缺乏系统立法，不同诉讼领域的公益诉讼的衔接协调机制还有待完善，为此，还需要积极探索公益诉讼专门立法的必要性与可行性。

目前我国国有财产保护领域只有行政公益诉讼，检察机关通过督促相关行政机关履行国有财产保护监督、管理职责，成为保护国有财产的一支重要力量。党的二十大报告在构建高水平社会主义市场经济体制和增进民生福祉方面作出一系列重大部署，并专门强调"加强检察机关法律监督工作""完善公益诉讼制度"。在这一背景下，国有财产保护从保护的方式、方法、途径与手段的选择与运用，均须与时俱进，国有财产保护民事公益诉讼制度的作用应当受到重视和体现，这是突出以人民为中心、彰显人民立场价值导向的重要举措，也是推进国家治理体系和治理能力现代化的一个重要方面。首先，国有财产保护民事公益诉讼制度的建立可以克服行政公益诉讼制度的局限性，进一步提高监管效率和效果。其次，通过民事公益诉讼制度的运作，鼓励包括法人和其他组织在内的社会公众对国有财产保护的关注，强化公民参与和社会监督，进一步发挥司法民主监督的作用。最后，通过民事公益诉讼，可增加国有财产管理透明度，提高公众对国有企业运营的信任和满意度。但对于国有财产保护民事公益诉讼的制度设计，还需要进一步厘清起诉主体资格、案件范围、因果关系判定、国有财产损害评估等具体问题，还要考虑行政公益诉讼与民事公益诉讼以及行政执法的有序衔接，以建立行之有效的国有财产保护体系。

国有财产保护事关广大人民群众的切身利益，关乎公有制主体地位的巩固，国有财产保护重在建章立制，通过法治手段积极稳妥推进和完善公益诉讼制度，是落实用最严格制度最严密法治保护国有财产的必然要求。

第二节　国有财产保护是否需要民事公益诉讼介入的理论争鸣

目前，国有财产保护在我国行政公益诉讼制度设计中占据重要地位，但能否通过民事公益诉讼保护国有财产这一问题，现行立法存在空白，理论研究也相对滞后，缺少深层次审视。但在目前民事公益诉讼制度框架下探索出一条既符合公益诉讼固有的价值追求，又与公益诉讼的理论内涵要求相一致，同时又能满足国有财产保护实践需求的制度路径，这对构建具有中国特色的国有财产保护体系，充分发挥检察机关在国有财产保护公益诉讼领域的职能作用具有深远的现实意义，同时这也是一个重要的理论问题，有必要深入论证、深刻认识。

一、绝对化否定：认知领域对民事公益诉讼的完全排斥

国有财产保护是否可以提起民事公益诉讼，从学界和实务界一直以来的态度看，多数持否定的观点。归纳而言，以下认识和主张最具代表性：

其一，认为根据法理分析和《民事诉讼法》第 58 条及相关法律、司法解释的规定，民事公益诉讼保护的是社会公共利益而非国家利益，国有财产属于国家利益，所以不能提起民事公益诉讼。基于该理论，在检察公益诉讼中，一些破坏自然资源的行为，若仅对国家或集体利益造成损害而未破坏生态，也未对其他社会公共利益造成损害，则检察机关不能提起民事公益诉讼。[1]

其二，认为国有财产能通过传统民事诉讼进行保护，用不着民事公益诉讼。如有学者提出，现代法律语境下的公益诉讼乃指以公益保护为直接目的的非传统诉讼。对于那些载体有形、可特定化、符合"物"之特征的公共利益，最便捷也最常用的莫过于"物权化"路径，即把具有公益属性的财产分配给具体"个人"，通过行使物权来实现对该财产及其所载公益的保护。这为各国通例。由于传统法为财产权人提供的保护已较充分，对于这些负载公益的财产来说通常也已足够，故相关诉讼不须特别设计，仍为一般"民事诉讼"。[2]

其三，认为国有财产保护通过行政公益诉讼可以达到目的。如对国有财产中的国有资源，检察机关既可以通过生态环境和资源保护领域行政公益诉讼督促行政机关对非法占有、破坏和浪费资源的情况进行监管，也可以通过

---

〔1〕 如湖南省益阳市人民检察院诉夏顺安等 15 人生态破坏民事公益诉讼案（指导案例 176 号）：法院判决支持起诉的理由是非法采砂行为不仅造成国家资源损失，还对生态环境造成损害，致使国家利益和社会公共利益遭受损失。

〔2〕 参见巩固：《公益诉讼的属性及立法完善》，载《国家检察官学院学报》2021 年第 6 期。

国有财产保护领域行政公益诉讼督促行政机关对未依法收缴国有资源税费的情况进行监管。[1]

二、国有财产保护公益诉讼需要理论突破与制度创新

基于上述认识，结合我国国有财产保护现实中遇到的难点、堵点和空白点，笔者认为，我国国有财产保护公益诉讼需要在理论研究上有所突破，在制度建设上加以创新，如此才能进一步发挥检察公益诉讼充分保护国有财产不受侵害，最大化保护社会公共利益的固有且应有功能。

检察公益诉讼制度自全面推开以来，国有财产保护领域案件呈现公益诉讼类型单一化现象。检察机关办理国有财产保护领域公益诉讼案件存在案件线索发现难、案件类型拓展难和国有财产受损后追回难的困境。这固然与国有财产领域案件公益损害隐蔽性强、政策性和敏感性强，且利益牵涉广等因素有关，但不能否认，这一困境出现很大程度上与国有财产保护领域缺失民事公益诉讼存在一定关联。这种缺失不仅导致检察机关与行政机关难以建立对国有财产保护的有效协作配合机制，也造成检察机关和行政机关难以通过民事手段保护国有财产。检察机关应创新检察履职的能动方式，与行政机关协作配合，通过"民行融合"充分保护国有财产。

目前来看，我国现有国有财产保护公益诉讼制度，无论从立法抑或司法领域看，还是从学理研究层面看，基本是呈现单一化设计理念，仅依赖行政公益诉讼，而民事公益诉讼被排除在国有财产保护公益诉讼制度框架之外。笔者认为，建立国有财产保护民事公益诉讼制度既存在必要性，也存在可行性。其一，世界各国国有财产都具有一定的公共性。我国作为社会主义国家，国有财产属于全民所有，与社会公共利益的关系更加密切；其二，尽管传统民事诉讼有时也能维护公共利益，但其作用的局限性非常明显。与具有鲜明主观诉讼和私益诉讼性质的传统民事诉讼不同，作为客观诉讼性质的公益诉讼，不能被传统民事诉讼、行政诉讼的具体规范所束缚；其三，虽然检察机关可通过行政公益诉讼督促行政机关履行国有财产保护的监管职责，但受制于行政权力的行使必须符合严格法定条件的限制，实践中通常存在国有财产

---

[1]　参见江波均、周浩：《个人信息保护中知情同意原则的双重审查》，载《中国检察官》2022年第2期。

受损但通过行政手段无法保护的困境。因此，我国国有财产保护公益诉讼制度体系的合理架构及其应有效能的发挥，从实践需求与经验积累角度看，迫切需要引入民事公益诉讼的特有功能给予强有力支撑。在党和国家高度重视检察公益诉讼工作，党的二十大报告专门强调"完善公益诉讼制度"，为建立我国国有财产保护民事公益诉讼制度提供坚实的理论保障的大背景下，探索国有财产保护民事公益诉讼的介入路径，是一项极具开创性的重大课题，对相关立法与司法会产生巨大推动作用。

三、引入民事公益诉讼：现行国有财产保护制度短板的破解之路

从我国国有财产保护的实践探索及经验积累来看，我国国有财产保护需要民事公益诉讼的充分介入及其应有效能的充分发挥。

其一，国有财产保护不但事关国家利益，也与社会公共利益密切相关。国有财产伴随着国家的产生而产生。我国实行以公有制为主体的基本经济制度，公有制是社会主义制度的经济基础，国有财产作为公有制最基本的决定性因素，在国家政治、经济和社会生活中占有重要地位，在推动国家经济社会发展、保障改善民生、保护生态环境等方面发挥着重要作用。国有财产无论是国有资金、资源还是相关权益，都与社会公共利益密切相关，不是取之于民就是为民享有或者是为民服务。即便是被称为"国家私产"的政府办公大楼、国防资产等国有财产，虽然社会公众不能占有和使用，但是若被侵占或不当使用，最终也会损害社会公益。总之，我国是中国共产党领导的社会主义国家，国家利益与社会公共利益密不可分，保护国有财产既是保护国家利益也是保护社会公共利益。其实，国有财产保护与社会公共利益相关，我国行政公益诉讼立法对此已经明确。根据《行政诉讼法》第25条第4款的规定，国有财产保护领域负有监督管理职责的行政机关违法行使职权或者不作为，致使国家利益或者社会公共利益受到侵害的，检察机关应依法提起行政公益诉讼。

其二，传统民事诉讼不能有效保护国有财产。传统民事诉讼是私益诉讼，私益诉讼的主旨是维护民事主体的私权利及相关利益，这与公权力行使维护公共利益不同。私益诉讼能否保护公共公益呢？可以，但是作用有限。相较于私益诉讼，公益诉讼更能维护公共利益。在实践中，基于国有财产保护而提起民事诉讼的情形较为罕见，之所以出现这种局面，既有客观原因也有主

观原因。客观原因是很多情况下国有财产保护不能提起民事诉讼。如企业国有资产受损很多时候发生在国有企业转制过程中，与产权界定有关，但是根据相关规定这种情况不能起诉。[1]主观原因是国有财产受损后监管主体不愿意提起民事诉讼。致使国有财产受损的因素复杂多样，追回损失的国有财产费时耗力且有诉讼的风险，因此除非国有财产受损明显可见，且不追回损失的国有财产要承担法律责任，否则很少有监管部门会主动提起民事诉讼。目前，我国也有基层司法机关在进行国有财产保护民事公益诉讼的实践探索，但是态度比较谨慎，相关案例的示范作用不够明显。[2]

其三，行政公益诉讼保护国有财产存在制度供给不足。行政公益诉讼的本质是检察机关以诉的形式履行法律监督职责。因此，对于这些受损的国有财产，检察机关不能提供直接的保护，而只能督促行政机关履行监督管理职责。检察机关督促履职，行政机关如何履职以挽回国有财产损失？通常有两条路径：一是行政机关运用行政权力通过行政手段直接追回国有财产，此时行政机关的身份属于行政主体；另一种途径是行政机关自身或者通过其他组织向法院提起民事诉讼，借助司法权力追回国有财产，此时行政机关或其他组织属于民事主体。行政机关通过民事手段追回国有财产，是否属于"履行国有财产保护监督管理职责"，这是司法实务中迫切需要解答的问题，但学界关注较少。实践中对此存在不同的认识，有人认为行政公益诉讼是督促行政机关履行监督管理职责，行政机关提起民事诉讼不属于履行该职责；有人则认为可以。[3]笔者认为，通过行政公益诉讼督促行政机关履行监管职责不能

---

〔1〕　如根据《国有资产产权界定和产权纠纷处理暂行办法》的规定，国有财产所有权及经营权、使用权等产权归属不清发生的争议不属于司法审查范围。最高人民法院《关于因政府调整划转企业国有资产引起的纠纷是否受理问题的批复》（已失效）也明确，相关案件作为民事诉讼人民法院不予受理。

〔2〕　如 2020 年 6 月浙江嘉善、上海青浦、江苏吴江三地法院联合发布了长三角一体化示范区生态环境保护十大典型案例。在被告人李某某故意毁坏财物刑事附带民事公益诉讼案例中，法院认为被告人违法占用河道堤岸，致使防汛墙损坏，侵犯了国家利益和社会公共利益，依法应当承担民事侵权责任。本案的典型意义在于为弥补国家和公共利益损失提供了新的追偿方式，为检察院、法院发挥维护国家财产的职能提供了新的途径。

〔3〕　有观点认为，在财政补贴、社会保障类国有财产行政公益诉讼案件中，财政补贴、社会保障待遇等被骗取，行政机关与行政相对人之间是行政法律关系，不属于平等主体之间的民事法律关系，所以检察机关督促履职后，行政机关不能通过提起民事诉讼予以追回。又有观点认为，在国有土地使用权出让领域，虽然根据《最高人民法院关于审理涉及国有土地使用权合同纠纷案件适用法律问题的解释》的规定，国有土地使用权出让合同的性质属于民事合同，但不可否认行政机关在签订合同时具有行政监管职责，因此若相对人违约，检察机关可以督促行政机关起诉。

充分保护国有财产，行政机关无论是通过行政手段还是民事手段保护国有财产都存在不足。行政权力的行使要符合法定条件，行政机关作出行政行为采取行政手段要主体合法、职权合法、程序合法和内容合法，实践中很多国有财产受损确实是与行政主体或公务人员的滥用权力或渎职行为密切相关，但是国有财产受损后再由某一行政机关通过行政手段予以追回往往难度很大，有时也欠缺明确的法律依据。[1]如果行政机关作为机关法人提起民事诉讼，此时行政机关属于民事主体，就需要证明自身权利受损，这比公民个人提起民事诉讼的证明难度要大。

其四，从我国国有财产的地位和作用看，国有财产的充分保护离不开公法和私法，而民事公益诉讼保护国有财产也是现实所需。[2]不同法律规范发挥着不同的作用，具有不同的存在价值，对国有财产保护会产生不同的法律后果，这对于违法行为人来说，就是要承担不同性质的法律责任。法律责任由轻到重可以分成三种，即民事责任、行政责任和刑事责任。民事责任重在补偿损失和恢复原状，刑事责任重在惩罚罪犯和预防其他人重蹈覆辙，而行政责任则兼具惩罚和补偿两方面的作用。这些不同性质的法律责任通过相互辅助、相互配合，共同维系整体的法秩序。[3]因此，《民法典》第187条规定，民事主体因同一行为应当承担民事责任、行政责任和刑事责任的，承担行政责任或者刑事责任不影响承担民事责任；民事主体的财产不足以支付的，优先用于承担民事责任。除民法典保护国有财产外，我国很多与国有财产相关的单行法也都规定了侵害国有财产的行为需要承担民事责任。如《中华人民共和国森林法》第71条规定，违反本法规定，侵害森林、林木、林地的所有者或者使用者的合法权益的，依法承担侵权责任；《中华人民共和国草原法》第66条至第70条均规定，给草原所有者或者使用者造成损失的，依法

---

〔1〕　如在某区检察院办理的督促追回征收补偿款行政公益诉讼案件中，因国家工作人员渎职致使近200万元国有财产受损，根据有关规定区（县）房屋和土地管理部门为本区征收补偿工作的行政主体，为此，检察机关分别对区住房保障和房屋管局、区规划和土地管理局立案并制发检察建议。行政机关接到检察建议后积极履职，但本案最终是由行政机关下属事业单位区收中心提起民事诉讼追回了国有财产。

〔2〕　参见潘牧天、程竹松：《国有财产充分保护需要民事公益诉讼》，载 https://www.spp.gov.cn/spp/llyj/202211/t20221122_593475.shtml，最后访问日期：2024年8月16日。

〔3〕　参见黎宏：《民事责任、行政责任与刑事责任适用之司法困惑与解决》，载《人民检察》2016年第2期。

承担赔偿责任；《公路法》第 85 条第 1 款规定，违反本法有关规定，对公路造成损害的，应当依法承担民事责任；《文物保护法》第 65 条第 1 款规定，违反本法规定，造成文物灭失、损毁的，依法承担民事责任。但在实践中上述法律规定并没有得到很好的落实，主要原因是国有财产保护缺少民事公益诉讼。民事责任主要是损害赔偿责任，以财产责任形式为主，如返还财产、恢复原状、赔偿损失、支付违约金等，因此，相比较其他领域案件，国有财产保护更需要民事公益诉讼。

第三节　建构国有财产保护公益诉讼"民行融合"新模式的宏观设计

党的二十大报告提出要"完善公益诉讼制度"。习近平总书记强调，决不能把改革变成"对标"西方法治体系、"追捧"西方法治实践，要牢牢把握中国特色，走什么样的法治道路、建设什么样的法治体系，是由一个国家的基本国情决定的。[1]我国公益诉讼制度起步晚但发展迅速，取得显著成绩，是因为坚持了马克思主义和以人民为中心的发展思想，摆脱了西方自由主义道德观束缚和影响。[2]因此，我国国有财产保护的法律制度设计必须立足符合我国国情的立法与司法，走中国特色的国有财产保护行民衔接双轨共治公益诉讼之路，可以遵循如下宏观设计路径。

一、国有财产保护公益诉讼"民行融合"具有理论基础

结合国家安全与非传统安全观，国有财产产权的安全保障与救济制度建构具有重要的现实意义和深远的历史意义。我国实行以公有制为主体的基本经济制度，国有财产作为公有制最基本的决定性因素在国家政治、经济和社会生活中占有重要地位。国有财产保护不仅事关国家利益，也与社会公共利益密切相关。在国有财产保护公益诉讼制度领域引入民事公益诉讼，其重要原因在于公有制经济及其带来的国有财产管理集所有权主体与行政执法主体于一身。涉国有财产管理的行政机关往往具有双重身份：第一种身份是，作为行政主体，行使行政权力履行法定职责，对社会进行管理；第二种身份是，

---

〔1〕　参见习近平总书记 2021 年 12 月 6 日在十九届中央政治局第三十五次集体学习时的讲话。
〔2〕　参见王福华：《公益诉讼的法理基础》，载《法制与社会发展》2022 年第 2 期。

作为民事主体（国有财产代表者），行使民事权利，保护国有财产。

在第一种身份情况下，涉国有财产管理的行政机关履行行政管理职责是其工作常态，不存在争议，但何时作为民事主体行使国有财产保护职责，如何认识其对国有财产保护的本质是一个比较复杂的问题。我国是以公有制为经济基础的国家，国有财产地位重要且作用突出，公法和私法都对其进行特别保护，公法保护的实体内容分散于宪法与行政法、刑法、环境资源法等众多法律法规中，私法保护的实体内容则集中于民法典。民法典的核心要义是保障民事主体的合法权益，其物权篇中专章规定了国家所有权、集体所有权和私人所有权。因此，在民法典意义上，国家所有权属于一种民事权利，国有财产需要民法保护。同时，根据民法典规定，行政机关作为机关法人对其直接支配的不动产和动产，享有占有、使用以及依照法律和国务院的有关规定处分的权利。从公法上看，不同法律赋予相关行政机关履行国有财产管理、监督职责，其应当依法加强对国有财产的管理、监督，促进国有财产保值增值，防止国有财产损失。

二、立法明确国有财产保护领域可以提起民事公益诉讼

我国公益诉讼制度立法是以"领域"进行的。2017 年 7 月公益诉讼检察制度全面实施后，2019 年 10 月党的十九届四中全会对公益诉讼作出新部署，强调要"拓展公益诉讼案件范围"。拓展案件范围有两种理解，一是增加新的领域，另一是在原有领域内拓展办案类型。我国《民事诉讼法》第 58 条没有国有财产保护的相关规定，所以国有财产保护提起民事公益诉讼应当属于第一种情形。有学者提出，《民事诉讼法》第 58 条以开放式立法赋予了公益诉讼适用领域裁量的空间，即某特定纠纷是否能够适用公益诉讼制度，立法给予司法裁量权，可以由司法机关根据具体情形决定。[1]笔者认为，对于拓展案件范围的第二种情形，一般情况下可以由司法机关裁量决定；但是对于第一种情形，则需要专门立法或者特别授权。如《行政诉讼法》和《民事诉讼法》都没有规定安全生产、个人信息保护等领域公益诉讼，但是 2021 年 6 月公布的《中共中央关于加强新时代检察机关法律监督工作的意见》，要求检察机关积极稳妥拓展公益诉讼案件范围，探索办理上述领域公益损害案件，随

---

〔1〕 参见李晓倩：《慈善公益诉讼制度的证立与构成》，载《法学评论》2022 年第 3 期。

后全国人大修改《中华人民共和国安全生产法》《中华人民共和国个人信息保护法》等，明确检察机关可以在相关领域提起公益诉讼。上述立法模式可以借鉴，但是与安全生产、个人信息保护领域有统一立法不同，我国目前没有国有财产保护的统一立法，国有财产保护分散在多个部门法中。因此，在统一的国有财产法出台之前，什么类型的国有财产保护可以提起民事公益诉讼，这需要通过相关部门法进行规定，立法部门可以授权检察机关在国有财产保护某些领域先行探索。[1]

三、明确规定国有财产保护民事公益诉讼中检察机关的地位、职权和作用

人民检察院既是国家的法律监督机关，又是保护国家利益和社会公共利益的重要力量，在推进全面依法治国、建设社会主义法治国家中发挥着重要作用。我国检察机关保护公益的实践探索经历了以原告身份代表国家提起民事诉讼、督促责任主体提起诉讼以及检察机关提起公益诉讼三个阶段。[2]

根据目前的公益诉讼制度，检察机关既是提起行政公益诉讼的唯一适格主体，也是民事公益诉讼的多元起诉主体之一。以立法的方式赋予检察机关国有财产保护民事公益诉讼的职权地位，需要充分考量国有财产保护民事公益诉讼实务的技术性强、操作性高的特点，在赋予检察机关国有财产保护民事公益诉讼权的同时，还必须对其身份和地位给予坚实的立法支撑。事实上，这也是世界上很多国家的通常做法。如在法国，法律不仅明确赋权，而且细化检察机关提起和参与民事公益诉讼的权力。在美国，立法明确赋予检察机关享有民事公诉权，总检察长可以代表联邦政府介入任何民事诉讼案件。在巴西，宪法规定检察机关有提起民事公益诉讼的职权，该国90%以上的民事公益诉讼都是由检察机关提起。立足中国的国情并借鉴国外的经验做法，我国立法应当明确，对国有财产保护民事公益诉讼案件，检察机关不仅依法享有起诉权，也有权实际参与该类案件的全部诉讼程序。但同时需要明确，检察机关在公益诉讼中不同于通常诉讼案件的原告，检察机关以原告的身份提

---

〔1〕　参见潘牧天：《民事公益诉讼视域下国有财产的充分保护》，载《政法论丛》2023年第2期。

〔2〕　参见刘艺：《检察公益诉讼的司法实践与理论探索》，载《国家检察官学院学报》2017年第2期。

起的国有财产保护民事公益诉讼本质上源于其履行法定职责的行为。[1]

四、构建国有财产保护行政公益诉讼和民事公益诉讼的有机衔接机制

目前，我国国有财产保护公益诉讼制度呈现两个基本特征：一是虽然立法规定了"国有财产保护领域"，但是很多国有财产保护相关的公益诉讼不在该领域范围内；二是立法只授予了检察机关保护国有财产的行政公益诉讼权，未授予其他主体诉权，也未授权检察机关可以提起民事公益诉讼。如前文所述，国有财产主要是由行政机关监管，国有财产受损后，一般情况下检察机关可通过行政公益诉讼督促行政机关依法履职。从行政法治发展的一般经验来看，行政权不断扩张以实现对公共利益的充分保护，而司法权则关注对行政权的有效控制，确保其不偏离维护公共利益的轨道，即大体上遵循"相互尊重专长"和"行政权优先"等原则。[2]正因如此，我国建立检察公益诉讼制度的初衷是督促行政机关依法履行监督管理职责，支持适格主体依法行使公益诉权，维护国家利益和社会公共利益。国有财产受损后直接提起民事公益诉讼，检察机关会不会越俎代庖，影响行政机关履行国有财产保护监督管理职责，这成为绝大多数学术研究者所担心的问题。笔者认为，充分发挥公益诉讼制度在国有财产保护领域的应有作用，必须厘清行政公益诉讼与民事公益诉讼在国有财产保护领域的应有逻辑关系，努力创建两者之间的有机衔接机制。基于此，"民行融合"新模式的建构，需要遵循以下宏观设计路径：

一是制定"检察公益诉讼法"，通过专章的方式加以立法，确立我国国有财产保护检察公益诉讼"行政公益诉讼+民事公益诉讼"有机融合模式。目前，我国国有财产保护的法律、法规较为分散，缺乏完整性、系统性和针对性，一定程度上影响了司法实践中对国有财产保护的实际效能和应有效果。特别是在应对国有财产的侵害案件日益复杂化和多样化的背景下，制定一部专门的"检察公益诉讼法"显得尤为必要。"检察公益诉讼法"的立法应重点关注行政公益诉讼和民事公益诉讼的有机结合，二者的有机融合有助于形成一套完整、全面的法律保护体系。在制定"检察公益诉讼法"的过程中，

---

[1] 参见潘牧天：《民事公益诉讼视域下国有财产的充分保护》，载《政法论丛》2023 年第 2 期。

[2] 参见王明远：《论我国环境公益诉讼的发展方向：基于行政权与司法权关系理论的分析》，载《中国法学》2016 年第 1 期。

特别需要强调的是，一方面，对国有财产保护检察公益诉讼应专设一章，明确国有财产保护检察公益诉讼的立法宗旨和基本原则，确立国有财产保护检察公益诉讼的"行政公益诉讼+民事公益诉讼"有机融合模式。另一方面，要细化相关条款，明确"民行融合"案件范围、启动条件、诉讼主体、具体程序以及各自的法律效果。确保国有财产保护"民行融合"机制的可操作性和实效性，从而实现维护国家和社会公共利益的立法目的。

二是要周密考量、合理设计并确定行政公益诉讼与民事公益诉讼的顺位衔接。充分考量诉前程序与诉讼程序的有效转换衔接问题是实现民事公益诉讼与行政公益诉讼两种机制有机融合的关键。行政公益诉讼是通过落实行政责任来保护国有财产，民事公益诉讼是通过落实民事责任来保护国有财产，二者并不冲突。这两种机制的融合，可以使检察机关先行政公益诉讼立案，督促行政机关依法履行国有财产保护监督管理职责，行政机关行政履职存在困难、需要采取民事手段保护国有财产时，检察机关再进行民事公益诉讼立案。关于公益诉讼应采取哪种立法顺序更为科学合理，更加符合相关立法目的和内在规律要求。有学者以环境公益诉讼为例，提出了应先"行"后"民"的主张。认为无论从宪法和法律看、还是从政治层面看，抑或从行政机关和审判机关的不同职责及其特点看，环境行政公益诉讼制度立法都应该优先，立法顺序颠倒会导致相关主体角色及职责发生混乱。[1]从这一点上说，立法许可民事公益诉讼介入国有财产保护公益诉讼领域，必须首先解决"行""民"公益诉讼的顺位选择与衔接问题。[2]因此，国有财产保护民事公益诉讼制度设计需要明确设定顺位衔接应坚持"先行后民"的原则，只有检察机关提起行政公益诉讼后仍不能充分保护国有财产的，才可以依法提起国有财产保护民事公益诉讼。

三是要重点把握、完备设计保护国有财产的"民行融合"诉前程序。公益诉讼的诉前程序包括诉前磋商、公告和制发检察建议。诉前程序既能保障司法公正，又能以最小的司法成本实现最大的公益保护目标。国有财产保护公益诉讼要充分发挥诉前程序的作用，优先通过诉前程序实现国有财产保护目的。我国《行政诉讼法》设计行政公益诉讼程序制度采取诉前程序与诉讼

---

〔1〕　参见王曦：《论环境公益诉讼制度的立法顺序》，载《清华法学》2016 年第 6 期。
〔2〕　参见潘牧天：《民事公益诉讼视域下国有财产的充分保护》，载《政法论丛》2023 年第 2 期。

程序并立的"双程序"架构。在"双程序"体系中,某种程度上说诉前程序在国有财产保护领域的价值和意义不亚于诉讼程序,甚至比诉讼程序还要重要。国有财产保护领域引入民事公益诉讼,同样需要准确理解并把握处理好诉前程序与诉讼程序的有效转换与衔接问题。是否需要转换,需要设定一个核心的判断标准,即检察机关已依法发出检察建议书,行政机关无任何正当抗辩理由和根据,应该履行对受损国有财产的监督管理职责而拒不履行。[1]为避免出现"零和博弈",检察机关与行政机关需要协作配合形成合力,建立良性互动关系,双方可以通过线索共享、调查协作、办案互助、推动协同治理等方式实现合作。

需要明确的是,国有财产保护民事公益诉讼应优先考虑直接服务于社会公共利益的国有财产。国有财产是一个非常重要的法律概念,但目前我国没有任何法律规范对其作出定义。传统大陆法系国家根据国有财产用途不同,将国有财产分为国家公产和国家私产两大类。国家公产是指提供公共产品或服务,直接服务于社会公共利益的国有财产,如公路、公园、城市道路等公共设施;国家私产是指不供公众和公务使用,作为财政收入目的而使用的国有财产,如城市国有建设用地使用权。在公益诉讼检察实务中,通常认为国有财产是指宪法和法律规定属于国家所有的国有资源、国有资金、物权、债权、股权和其他财产性权益,包括经营性国有财产、行政事业性国有财产、资源类国有财产、税收类国有财产、费用性国有财产、罚没类国有财产、财政补贴类国有财产、社会保障类国有财产等多种类型。笔者认为,准确把握国有财产的具体类型及其受损情形对国有财产保护"民行融合"公益诉讼新模式建构至关重要,不是所有的国有财产受损都需要民事公益诉讼进行保护,主要应是与社会公共利益关系更为密切的部分,因此,可以优先考虑通过民事公益诉讼对其进行保护。民事公益诉讼只针对直接涉及社会公共利益的事项,且行政机关的行政手段不能有效发挥作用的场合,提起民事公益诉讼更能彰显价值意义。什么情况下行政机关保护国有财产不能采取行政手段,只能要求民事主体承担民事责任?民事责任产生的主要原因是存在侵权或违约行为,承担民事责任有停止侵害、排除妨碍、消除危险、返还财产、恢复原状、赔偿损失等多种方式。实践中,有些行为既属于行政违法又构成民事侵

---

[1] 参见潘牧天:《民事公益诉讼视域下国有财产的充分保护》,载《政法论丛》2023年第2期。

权，对于行政违法行为，行政机关可以依法处罚但不能要求赔偿损失，为充分保护国有财产，需要以民事主体身份要求侵权者承担民事赔偿责任，这恰是国有财产保护民事公益诉讼的重要内容。

五、国有财产保护民事公益诉讼程序的特别设计

（一）国有财产保护民事公益诉讼的管辖

诉讼管辖是诉讼制度的重要内容，我国《民事诉讼法》规定了诉讼管辖包括级别管辖、地域管辖、移送管辖和指定管辖四种。根据《民事诉讼法》的规定，第一审民事案件一般都是由基层人民法院管辖，除非重大涉外案件、重大影响案件等。但根据《检察公益诉讼解释》的相关规定，基层人民检察院不能提起民事公益诉讼。不过在实践中司法人员逐渐发现其实很多民事公益诉讼案件更适合基层院管辖。为此，最高人民检察院在制定《办案规则》时予以变通，规定人民检察院办理民事公益诉讼案件，由违法行为发生地、损害结果地或者违法行为人住所地基层人民检察院立案管辖；刑事附带民事公益诉讼案件，由办理刑事案件的人民检察院立案管辖；人民检察院立案管辖与人民法院诉讼管辖级别、地域不对应的，具有管辖权的人民检察院可以立案，需要提起诉讼的，应当将案件移送有管辖权人民法院对应的同级人民检察院。《办案规则》创造性使用了"立案管辖"的概念，肯定了基层检察机关有办理民事公益诉讼案件的职权，这在一定程度上节省了司法资源、提高了办案效率，但是不能从根本上解决限制管辖带来的问题。实践中，人民法院审理民事案件其级别管辖多与诉讼标的额大小有关，即标的额达到一定标准才能由中院管辖。相比较其他领域的公益诉讼案件，国有财产保护案件涉及的公共利益更容易量化，诉讼管辖按照标的额大小计算更为方便。因此，理论上完全可以适用《民事诉讼法》规定的级别管辖制度；同时考虑到公益保护比私益救济难度更大，所以立法规定由中院管辖的国有财产保护民事公益诉讼案件其标的额不应太高。

（二）国有财产保护民事公益诉讼的公告和磋商机制

根据《行政诉讼法》和《民事诉讼法》的相关规定，人民检察院提起行政公益诉讼或民事公益诉讼都有前置条件：提起行政公益诉讼，先要向行政

机关制发检察建议督促其履职；提起民事公益诉讼，先要确定没有提起诉讼的适格主体或有适格主体但其不提起诉讼。如何确定没有提起诉讼的适格主体或适格主体不提起诉讼？根据《检察公益诉讼解释》和《办案规则》的规定，人民检察院拟提起民事公益诉讼的，应当依法进行公告，告知适格主体可以提起诉讼，公告期满后没有适格主体提起诉讼，社会公共利益仍然处于受损害状态的，人民检察院应当提起民事公益诉讼。综上所述，我国法律没有规定检察机关提起民事公益诉讼必须公告，司法解释虽然规定了公告，但其本身也只是为了实施法律规定而采取的一种手段。人民检察院办理国有财产保护民事公益诉讼案件，提起诉讼前是否需要公告？笔者认为，这取决于我国法律对国有财产保护民事公益诉讼起诉主体的规定，若全国人大立法能够充分发挥检察机关作为法律监督机关的独特作用，让其成为国有财产保护民事公益诉讼的主力军，则检察机关在起诉前不必公告告知其他主体提起诉讼。其实，人民检察院办理国有财产保护民事公益诉讼案件，公告确实非常重要，但其目的不应是督促适格主体提起诉讼，而是为了主动接受社会监督和保障全过程人民民主。我国检察机关坚持把诉前实现公益目的作为最佳司法状态，实践中95%以上的行政公益诉讼案件都是通过诉前程序结案而未进入诉讼环节。与行政公益诉讼不同，民事诉讼法没有设定诉前程序，但实践中却有磋商机制的设置。如2020年上海市人大常委会出台《关于加强检察公益诉讼工作的决定》，规定侵权行为人自行纠正违法行为，采取补救措施，或者承诺整改的，检察机关可以就民事责任的承担与侵权行为人进行磋商，经磋商达成协议的，可以向审判机关申请司法确认。这一规定内容属于创新举措，实践中也发挥了显著作用，值得推广和借鉴。

（三）国有财产保护民事公益诉讼时效的特别规定

诉讼时效是指权利人在一定期间内不行使权利就在某种程度上丧失请求利益，该制度的主要目的是促进法律关系安定，稳定法律秩序，降低交易成本。根据我国《民法典》的规定，向人民法院请求保护民事权利的诉讼时效期间为三年，法律另有规定的，依照其规定；诉讼时效期间自权利人知道或者应当知道权利受到损害以及义务人之日起计算，法律另有规定的，依照其规定；但是，自权利受到损害之日起超过二十年的，人民法院不予保护，有特殊情况的，人民法院可以根据权利人的申请决定延长。显然，根据法律规定民事诉讼时效是针对"权利人"而设定的，实际上是对权利人起诉权的一种限制。那么在国有财产保护案件中，国有财产的监管主体知道国有财产受损但不行使权利，经过了三年，能否认定超过了诉讼时效呢？笔者认为不能，否则国有财产保护民事公益诉讼的制度价值将大打折扣。因为对于国有财产的监管主体来说，保护国有财产是权利更是职责，职责本身不能放弃；况且，实践中很多时候国有财产受损恰恰是监管主体的渎职行为造成的，此时期待其行使权利保护国有财产也不现实。那么，国有财产保护民事公益诉讼还需要诉讼时效吗？笔者认为也需要。虽然是公益诉讼，但也应遵守诉讼规律。既然人民检察院可以提起国有财产保护民事公益诉讼，就应被视为《民法典》中的"权利人"，诉讼时效自其知道或者应当知道国有财产受损之日起计算。

参考文献

1. 朱虎：《国家所有和国家所有权——以乌木所有权归属为中心》，载《华东政法大学学报》2016 年第 1 期。

2. 周海源：《行政公益诉讼中检察机关调查核实权的界定》，载《安徽师范大学学报（人文社会科学版）》2021 年第 5 期。

3. 中共中央文献研究室编：《十八大以来重要文献选编》（中），中央文献出版社 2016 年版。

4. 郑玉波：《民法总则》，中国政法大学出版社 2003 年版。

5. 郑显华、周家才：《论在立法中用"国有财产"取代"国有资产"的必要性》，载《前沿》2011 年第 8 期。

6. 郑俊田、本洪波：《公共利益研究论纲——社会公正的本体考察》，载《理论探讨》2005 年第 6 期。

7. 章志远：《行政公益诉讼热的冷思考》，载《法学评论》2007 年第 1 期。

8. 张袁：《行政公益诉讼中违法行政行为判断标准的实践检视与理论反思——以 1021 起裁判样本为考察对象》，载《行政法学研究》2022 年第 2 期。

9. 张雪樵、万春主编：《公益诉讼检察业务》，中国检察出版社 2022 年版。

10. 张力：《国家所有权遁入私法：路径与实质》，载《法学研究》2016 年第 4 期。

11. 余少祥：《什么是公共利益——西方法哲学中公共利益概念解析》，载《江淮论坛》2010 年第 2 期。

12. 余凌云：《检察行政公益诉讼的理论构造》，载《行政法学研究》2023 年第 5 期。

13. 叶榅平：《论自然资源国家所有权行使的基本原则》，载《法治研究》2019 年第 4 期。

14. 颜运秋：《公益诉讼理念研究》，中国检察出版社 2002 年版。

15. 颜运秋：《公益诉讼：国家所有权保护和救济的新途径》，载《环球法律评论》2008 年第 3 期。

16. 闫晶晶：《最高检发布检察机关全面开展公益诉讼五周年工作情况——五年共立案公益

诉讼案件 67 万余件》，载《检察日报》2022 年 7 月 1 日，第 02 版。

17. 闫何清：《财产、制度与人——关于财产问题的哲学研究》，中共中央党校 2011 年博士学位论文。

18. 薛澜等：《国家治理体系与治理能力研究：回顾与前瞻》，载《公共管理学报》2015 年第 3 期。

19. 薛刚凌：《行政公益诉讼类型化发展研究——以主观诉讼和客观诉讼划分为视角》，载《国家检察官学院学报》2021 年第 2 期。

20. 徐祥民：《自然资源国家所有权之国家所有制说》，载《法学研究》2013 年第 4 期。

21. 徐海燕：《论实现共同富裕的法律途径——以国家所有权制度为视角》，载《北京理工大学学报（社会科学版）》2022 年第 2 期。

22. 邢光英、许佩琰：《税收类国有财产保护公益诉讼案件办理实践探索》，载《中国检察官》2023 年第 6 期。

23. 肖泽晟：《论国家所有权与行政权的关系》，载《中国法学》2016 年第 6 期。

24. 《习近平谈治国理政》（第二卷），外文出版社 2017 年版。

25. 吴凌畅：《从"公共财产"到"公共财产法"——以财税法学科研究定位为视角》，载《财经法学》2017 年第 1 期。

26. 吴汉东：《论财产权体系——兼论民法典中的"财产权总则"》，载《中国法学》2005 年第 2 期。

27. 王涌：《自然资源国家所有权三层结构说》，载《法学研究》2013 年第 4 期。

28. 王曦：《论环境公益诉讼制度的立法顺序》，载《清华法学》2016 年第 6 期。

29. 王万华：《完善检察机关 提起行政公益诉讼制度的若干问题》，载《法学杂志》2018 年第 1 期。

30. 王祺国：《行政公诉探讨》，载《政治与法律》1987 年第 3 期。

31. 王明远：《论我国环境公益诉讼的发展方向：基于行政权与司法权关系理论的分析》，载《中国法学》2016 年第 1 期。

32. 王名杨：《法国行政法》，中国政法大学出版社 1997 年版。

33. 王建生：《西方国家与社会关系理论流变》，载《河南大学学报（社会科学版）》2010 年第 6 期。

34. 王国飞：《环境行政公益诉讼诉前检察建议：功能反思与制度拓新——基于自然保护区生态环境修复典型案例的分析》，载《南京工业大学学报（社会科学版）》2020 年第 3 期。

35. 王福华：《公益诉讼的法理基础》，载《法制与社会发展》2022 年第 2 期。

36. 王春业：《论公益诉讼中检察机关的调查取证权》，载《浙江社会科学》2020 年第 3 期。

37. 唐清利、何真：《财产权与宪法的演进》，法律出版社 2010 年版。

38. 谭静等：《国有资产立法的国际比较研究》，载《财政科学》2023 年第 4 期。

39. 孙宪忠等：《国家所有权的行使与保护研究》，中国社会科学出版社 2015 年版。

40. 孙廉主编：《检察理论研究综述（1979-1989）》，中国检察出版社 1990 年版。

41. 税兵：《自然资源国家所有权双阶构造说》，载《法学研究》2013 年第 4 期。

42. 秦前红、姜琦：《国有财产的宪法保护初探——以现行法律文本为起点》，载《太平洋学报》2008 年第 4 期。

43. 逄锦聚：《把握习近平经济思想的要义和精髓》，载《经济日报》2023 年 11 月 3 日，第 11 版。

44. 潘小娟、张辰龙主编：《当代西方政治学新词典》，吉林人民出版社 2001 年版。

45. 潘牧天：《民事公益诉讼视域下国有财产的充分保护》，载《政法论丛》2023 年第 2 期。

46. 潘牧天、程竹松：《国有财产充分保护需要民事公益诉讼》，载《检察日报》2022 年 11 月 22 日，第 3 版。

47. 潘牧天：《国有财产保护公益诉讼需要理论突破与制度创新》，载《检察日报》2024 年 1 月 27 日，第 3 版。

48. 潘牧天：《在法理情有机统一中实现社会公平》，载《检察日报》2024 年 5 月 18 日，第 3 版。

49. 宁吉喆：《深入学习贯彻习近平经济思想 扎实推动我国经济高质量发展》，载《人民日报》2022 年 7 月 22 日，第 12 版。

50. 倪斐：《公共利益的法律类型化研究——规范目的标准的提出与展开》，载《法商研究》2010 年第 3 期。

51. 莫静：《宪法上国有财产之使用规则的定性研究》，载《理论与改革》2016 年第 4 期。

52. 马俊驹：《国家所有权的基本理论和立法结构探讨》，载《中国法学》2011 年第 4 期。

53. 马俊驹：《论我国国家公共财产权制度体系的建构——从"主观权利"理论和域外立法实践中得到的启示》，载《法学评论》2023 年第 1 期。

54. 马俊驹：《论我国国家公共财产权制度体系的建构》，载《社会科学文摘》2023 年第 3 期。

55. 马俊驹、王彦：《公有制下国家所有权制度的变革和完善》，载《社会科学研究》2015 年第 4 期。

56. 吕涛：《检察建议的法理分析》，载《法学论坛》2010 年第 2 期。

57. 刘昀献：《新时代有效应对重大风险和考验之方略》，上海交通大学出版社 2023 年版。

58. 刘勇、张春华：《检察公益诉讼视域中的"国防和军事利益"》，载《中国检察官》2021 年第 11 期。

59. 刘艺：《我国食药安全类行政公益诉讼制度实践与理论反思》，载《南京工业大学学报（社会科学版）》2021 年第 3 期。

60. 刘艺：《论国家治理体系下的检察公益诉讼》，载《中国法学》2020 年第 2 期。

61. 刘艺：《检察公益诉讼的司法实践与理论探索》，载《国家检察官学院学报》2017 年第 2 期。

62. 刘加良：《行政公益诉讼中被告依法履行职责的判断标准及其程序应对》，载《国家检察官学院学报》2022 年第 2 期。

63. 刘超：《环境行政公益诉讼诉前程序省思》，载《法学》2018 年第 1 期。

64. 林仪明：《我国行政公益诉讼立法难题与司法应对》，载《东方法学》2018 年第 2 期。

65. 林盼、郭冠清：《监管主体的变迁过程与国有资产监督体系的制度分析》，载《上海经济研究》2023 年第 7 期。

66. 林莉红、马立群：《作为客观诉讼的行政公益诉讼》，载《行政法学研究》2011 年第 4 期。

67. 梁慧星主编：《民商法论丛》（第 36 卷），法律出版社 2006 年版。

68. 练育强：《争论与共识：中国行政公益诉讼本土化探索》，载《政治与法律》2019 年第 7 期。

69. 李一丁：《生态环境损害赔偿行政磋商：性质考辩、意蕴功能解读与规则改进》，载《河北法学》2020 年第 7 期。

70. 李晓倩：《慈善公益诉讼制度的证立与构成》，载《法学评论》2022 年第 3 期。

71. 李龙主编：《西方法学名著提要》，江西人民出版社 2000 年版。

72. 李大勇：《论行政公益诉讼"不依法履职"的评判标准》，载《行政法学研究》2023 年第 3 期。

73. 黎宏：《民事责任、行政责任与刑事责任适用之司法困惑与解决》，载《人民检察》2016 年第 2 期。

74. 蓝向东、杨彦军：《以公益诉讼方式开展文物保护的可行性研究》，载《北京人大》2018 年第 6 期。

75. 姜洪：《深入学习贯彻习近平新时代中国特色社会主义政法思想》，载《检察日报》2018 年 5 月 10 日，第 1 版。

76. 江平主编：《民法学》，中国政法大学出版社 1999 年版。

77. 江波均、周浩：《个人信息保护中知情同意原则的双重审查》，载《中国检察官》2022 年第 2 期。

78. 胡锦光、王锴：《论公共利益概念的界定》，载《法学论坛》2005 年第 1 期。

79. 胡建淼：《比较行政法：20 国行政法评述》，法律出版社 1998 年版。

80. 侯毅：《浅析行政公益诉讼诉前检察建议书的制作》，载《中国检察官》2019 年第

23 期。

81. 何勇海：《首起文物保护公益诉讼的破冰意义》，载《人民法院报》2015 年 10 月 21 日，第 2 版。

82. 韩波：《公益诉讼制度的力量组合》，载《当代法学》2013 年第 1 期。

83. 郭海蓝、陈德敏：《生态环境损害赔偿磋商的法律性质思辨及展开》，载《重庆大学学报（社会科学版）》2018 年第 4 期。

84. 关保英：《行政公益诉讼中检察建议援用法律研究》，载《法学评论》2021 年第 2 期。

85. 巩固：《自然资源国家所有权公私属性辨疑——以"敦煌毁林事件"为切入点》，载《湖南师范大学社会科学学报》2023 年第 1 期。

86. 巩固：《自然资源国家所有权公权说再论》，载《法学研究》2015 年第 2 期。

87. 巩固：《自然资源国家所有权公权说》，载《法学研究》2013 年第 4 期。

88. 巩固：《公益诉讼的属性及立法完善》，载《国家检察官学院学报》2021 年第 6 期。

89. 高富平：《建立国有资产分类规范的法律体系》，载《华东政法学院学报》2000 年第 5 期。

90. 傅信平主编：《检察公益诉讼研究——贵州司法实务样本》，中国检察官出版社 2021 年版。

91. 樊崇义等主编：《域外检察制度研究》，中国人民公安大学出版社 2008 年版。

92. 崔建远：《自然资源国家所有权的定位及完善》，载《法学研究》2013 年第 4 期。

93. 程雪阳：《中国宪法上国家所有的规范含义》，载《法学研究》2015 年第 4 期。

94. 程雪阳：《国有自然资源资产产权行使机制的完善》，载《法学研究》2018 年第 6 期。

95. 程淑娟：《国家所有权民法保护论》，法律出版社 2013 年版。

96. 陈新民：《德国公法学基础理论》（上），山东人民出版社 2001 年版。

97. 陈冬：《文物保护公益诉讼与环境公益诉讼之辨析——以公共利益为中心》，载《政法论丛》2021 年第 2 期。

98. 曹建军：《论检察公益调查核实权的强制性》，载《国家检察官学院学报》2020 年第 2 期。

99. 章志远：《司法判决中的行政不作为》，载《法学研究》2010 年第 5 期。

100. 张旭勇：《行政公益诉讼中"不依法履行职责"的认定》，载《浙江社会科学》2020 年第 1 期。

101. 岳丽：《日本的民众诉讼和抗告诉讼》，载《检察日报》2021 年 1 月 14 日，第 7 版。

102. 余敏、宋国强：《立足诉讼目的构建行政公益诉讼制度》，载《检察日报》2017 年 3 月 1 日，第 3 版。

103. 于安：《行政诉讼的公益诉讼和客观诉讼问题》，载《法学》2001 年第 5 期。

104. 尹田：《再论"无财产即无人格"》，载《法学》2005 年第 2 期。

105. 杨惠嘉：《行政公益诉讼中的磋商程序研究》，载《暨南学报（哲学社会科学版）》2021 年第 9 期。

106. 闫晶晶：《胸怀"国之大者"，加大办案力度——最高检第八检察厅负责人就国财国土领域行政公益诉讼典型案例答记者问》，载《检察日报》2022 年 11 月 8 日，第 2 版。

107. 闫晶晶：《数字赋能，深化国财国土领域检察公益诉讼——最高检第八检察厅负责人就第四十六批指导性案例答记者问》，载《检察口报》2023 年 8 月 4 日，第 2 版。

108. 温建军：《行政公益诉讼应切实强化诉前检察建议》，载《检察日报》2018 年 7 月 1 日，第 3 版。

109. 姬艾佟：《行政公益诉讼诉前检察建议的完善》，载《中国检察官》2019 年第 20 期。

110. 王利明：《物权法论》，中国政法大学出版社 2003 年版。

111. 马俊驹、余延满：《民法原论》，法律出版社 2007 年版。

112. 王桂五：《检察制度与行政诉讼》，载《中国法学》1987 年第 2 期。

113. 王春业：《独立行政公益诉讼法律规范体系之构建》，载《中外法学》2022 年第 1 期。

114. 覃慧：《检察机关提起行政公益诉讼的实证考察》，载《行政法学研究》2019 年第 3 期。

115. 秦前红、谷道敏：《论国有财产的宪法地位及其功能——以中国政治和经济发展为语境的探讨》，载《哈尔滨工业大学学报（社会科学版）》2012 年第 6 期。

116. 潘牧天、李泽豪：《我国国有财产保护公益诉讼的实践检视与制度完善》，载《上海法学研究》2022 年第 2 期。

117. 潘牧天、孙彩虹：《司法体制改革视域下环境公益诉讼制度研究》，法律出版社 2021 年版。

118. 马怀德：《新时代行政公益诉讼制度的发展与实践》，载《人民论坛·学术前沿》2019 年第 5 期。

119. 马怀德：《公益行政诉讼的原告资格及提起条件论析——以两起案件为视角》，载《中州学刊》2006 年第 3 期。

120. 林来梵：《宪法规定的所有权需要制度性保障》，载《法学研究》2013 年第 4 期。

121. 梁捷：《检察机关提起公益诉讼试点工作稳步推进——访最高人民检察院党组副书记、常务副检察长胡泽君》，载《光明日报》2016 年 3 月 26 日，第 3 版。

122. 李成、赵维刚：《困境与突破：行政公益诉讼线索发现机制研究》，载《四川师范大学学报（社会科学版）》2018 年第 4 期。

123. 黄忠顺：《检察民事公益诉讼的基本界定》，载《国家检察官学院学报》2023 年第 3 期。

124. 胡卫列：《论行政公益诉讼制度的建构》，载《行政法学研究》2012 年第 2 期。

125. 胡婧、朱福惠：《论行政公益诉讼诉前程序之优化》，载《浙江学刊》2020 年第 2 期。

126. 郭韦杉等:《自然资源资产核算:概念辨析及核算框架设计》,载《中国人口·资源与环境》2021 年第 11 期。

127. 关保英:《检察机关在行政公益诉讼中应享有取证权》,载《法学》2020 年第 1 期。

128. 封蔚然:《行政公益诉讼检察建议的制度完善》,载《江西社会科学》2020 年第 8 期。

129. 曹建明:《深入学习贯彻习近平总书记重要指示精神 发展完善中国特色社会主义公益司法保护制度》,载《学习时报》2017 年 9 月 29 日,第 1 版。

130. 蔡志方:《行政救济与行政法学》(三),学林文化事业有限公司 1998 年版。

131. 鲍家志:《国家财产权在中国民法典中的地位——论中国民法典财产权总则篇的设置》,载《社会科学家》2016 年第 5 期。

132. 〔英〕史蒂文·卢克斯:《个人主义》,阎克文译,江苏人民出版社 2001 年版。

133. 〔英〕弗里德利希·冯·哈耶克:《法律、立法与自由》(第二、三卷),邓正来等译,中国大百科全书出版社 2000 年版。

134. 〔英〕边沁:《道德与立法原理导论》,时殷弘译,商务印书馆 2000 年版。

135. 〔美〕约翰·罗尔斯:《正义论》,何怀宏等译,中国社会科学出版社 1988 年版。

136. 〔美〕查尔斯·E·林布隆:《政策制定过程》,朱国斌译,华夏出版社 1988 年版。

137. 〔美〕查尔斯·林德布洛姆:《决策过程》,竺乾威、胡君芳译,上海译文出版社 1988 年版。

138. 〔美〕E. R. 克鲁斯克、B. M. 杰克逊:《公共政策词典》,唐理斌等译,上海远东出版社 1992 年版。

139. 〔美〕塞缪尔·亨廷顿:《变革社会中的政治秩序》,李盛平等译,华夏出版社 1988 年版。

140. 〔美〕E·博登海默:《法理学:法律哲学与法律方法》,邓正来译,中国政法大学出版社 1999 年版。

141. 〔法〕雅克·盖斯旦、吉勒·古博:《法国民法总论》,陈鹏等译,法律出版社 2004 年版。

142. 〔德〕汉斯·沃尔夫等:《行政法》(第 1 卷),高家伟译,商务印书馆 2002 年版。

后　记

托马斯·杰斐逊说："法律和制度必须与人类思想的进步携手共进。"这是法律人的一份责任与追求，也是国家与公民的一种信任与期待。中国的法律人，始终坚守着这样一份情怀，彰显着这样一腔热情。坚持司法为民，维护公平正义，一辈辈的法律人紧扣时代脉搏，把握发展契机，在每一次司法改革的法律实践和制度创新中孜孜以求，不懈探索，致力于推进中国式法治现代化建设的蓬勃发展。

在我国，公益诉讼制度的发展脉络，正是这一理念的生动体现。我国公益诉讼演进经历了从顶层设计、法律授权、试点先行、立法保障到全面推进，走出了中国特色，创造了新的发展契机，这一历程也让我们看到了无数法律人并肩前行的身影。从初期的擘画蓝图，到试点探索的踌躇满志，从法律框架的建立到全面实施的泽被四方，每一步的稳健跋涉都印证着社会集体意识的一次次跃升与转变。随着社会责任感的增强和公众意识的提升，公益诉讼制度定将展现出更加鲜活的生命力，不仅在维护公共利益上发挥其不可替代的作用，在推动社会进步、完善中国特色社会主义法律制度上也必将写下浓墨重彩的一笔。

在践行公益诉讼的征途上，检察机关扮演着关键的角色，居于举足轻重的地位。检察官们如同国家与社会的守夜人，守护环境的碧蓝，守望民生的福祉，用法律的严谨铸就了公平正义的长城。从 2014 年 10 月党的十八届四中全会明确提出"探索建立检察机关提起公益诉讼制度"至今，检察公益诉讼制度即将迈入第十个年头，已成为彰显司法为民、维护社会公共利益的利器。但我国公益诉讼制度尚处于成长期，检察公益诉讼规则建设仍在路上，许多新情况、新问题还有待深入研究，许多新规律、新举措还有待持续探索，这是一个渐进的过程，我们既要瞻望未来，设想制度完善后的美好蓝图，又要脚踏实地，妥善处理好现阶段的每一个案件以及每一次法律实施中显现出的短板弱项。这也需要我们学会倾听来自社会各界的声音，因为公益诉讼的真正价值在于为民所用，护民生，保福祉，及时回应社会关切和群众诉求。这方面，我们责无旁贷。

作为我国法律体系的有机组成部分，以及司法制度创新发展的重大成果，当下，公益诉讼制度相关规定却分散在不同的法律规范中，缺乏完整的、系统的公益诉讼法律体系，很大程度上造成大量公益案件在实际操作中面临法律适用上的困难，依靠现有法律框架难以完全予以充分妥善处理。基于这一现状，制定专门的公益诉讼法将成为我国公益诉讼制度未来发展的重要手段与必要选择。这方面，限于作者关注领域、知识结构和研究能力的局限和不足，对这一问题本著作并未深入研究，有待学界与实务界进一步共同探索。公益诉讼制度的未来发展，既有预料中的挑战也有各种未知的可能，但相信，经过理论界与实务界众多有识之士的不断钻研与探索，我国公益诉讼法律制度体系一定会更加健全完善，更加科学理性，更加体现合理的包容性以顺应社会的多元需求。这方面，我们任重道远！

在我国检察公益诉讼制度的发展过程中，理论研究与实践探索相得益彰：理论研究对相关实践操作提供了有利指导，而司法实践则验证并丰富了相关理论研究成果。本研究成果得以最终完成，要衷心感谢上海市崇明区人民检察院公益检察室的检察官们。2022年，上海政法学院与上海市崇明区人民检察院开展了深度的检校务实合作。双方共同组成研究团队，由上海政法学院党委副书记潘牧天教授作为第一负责人，上海市崇明区人民检察院副检察长谢惠检察官作为第二负责人，经申请获批最高人民检察院检察理论研究课题《国有财产保护公益诉讼研究》的课题立项（课题编号：GJ2022D33）。最终形成了5万余字的研究报告，高质量完成课题的研究任务，顺利通过结项验收。在这一研究成果的基础上，作者进一步拓展对这一主题的研究深度和广度。拓宽研究视野，丰富研究方法，完善研究内容与总体研究框架。多方面、多角度予以深入细致的进一步充实和完善。加大理论研究的同时，关注对司法实务领域的有益探索，最终形成了这一研究成果。在此要特别感谢课题研究团队的精诚合作，感谢他们克服繁忙的日常工作和紧张的学业，不吝倾注宝贵的时间与精力，确保课题高质量的完成。同时还要特别感谢上海市崇明区人民检察院提供的详实而典型的司法实务素材，为本书的完成给予了宝贵支持。参与课题研究的有：谢惠，上海市崇明区人民检察院党组成员、副检察长、四级高级检察官；程竹松，上海市崇明区人民检察院公益检察室业务主任、四级高级检察官；许佩琰，上海市崇明区人民检察院三级检察官助理；师小勇，上海市崇明区人民检察院四级检察官；邢光英，上海市崇明区人民检察院检委会委员、公益检察室主任、四级高级检察官；茅诚懿，上海市崇明区人民检察院三级检察官助理；孙彩虹，上海政法学院教授；彭文华，上海政法学院教授、刑事司法学院院长；李泽豪，上海政法学院 2022 级诉讼法学硕士研究生。在此一并表示衷心的感谢！同时，感谢中国政法大学出版社的编辑对本书的出版给予的关心指导与辛苦付出。

潘牧天

2023 年 12 月 26 日